Slackが見つけた未来の働き方

How the Future Works:
Leading Flexible Teams
to Do the Best Work
of Their Lives

ブライアン・エリオット
シーラ・スブラマニアン
ヘレン・カップ 著
山本真麻 訳

いつ、ど
成果を出 のすべて

SE
SHOEISHA

How the Future Works: Leading Flexible Teams to Do the Best Work of Their Lives
by Brian Elliott, Sheela Subramanian, Helen Kupp

前書き

新型コロナウイルス感染症（COVID-19）のパンデミック発生から約1年が経った2021年3月のある日、Slackの幹部メンバーによる週次オンラインミーティングが開かれていた。オフィス勤務再開の計画やリモートワークポリシーをどうするか、タイムゾーンの異なる地域での採用活動をどうするか、居住地域に応じて報酬を変えるかどうかなど、いまではほとんどの業界でおなじみとなった悩ましい議題がもう45分間も続いていた。

議論はなかなかまとまらなかった。最高人材活用責任者のナディア・ローリンソンがこう割って入るまで、そもそも未来の捉え方が一致していないことに気付かなかったのだ。「ちょっと待って。『何が変わるだろう？』っていうのは、2020年2月と比べて？それとも、いまと比べて？　それによって方向性は真逆になると思う」

ナディアのいうとおりだ。人間の脳は近道をしたがるもので、つい過去を前提に未来をイメージしてしまう。僕らは、「オフィス出勤は週2日になるとして、でも、それ以外のだいたいのことはコロナ前の状態に戻る」という無意識の想定のもとでさまざまな議題を検討していた。この想定は間違いだし、何より全従業員がオフィスの通勤圏内に住んでいることが前提となる。世界はすでに変わり始めていたというのに。

いまの「ニューノーマル」の延長線上に未来があるとすれば、これからの勤務環境にはかなり期待できそうだ。ほぼ全員が在宅勤務でも驚くほどのパフォーマンスを発揮できる点は実感してきたが、ほかにも2つの面に期待している。1つ目に、パンデミックが下火になり、リスクや代償ともうまく付き合えるようになるにつれ、平常生活の快適さをもう少し完全に近い形で取り戻せるだろう。移動しやすくなり、人との結びつきが強まり、健康へのリスクも下がるとなれば、心の健康度も生活の満足度も上がるはずだ。

2つ目は、仕事の手段として、対面のコミュニケーションや共同作業を再び選べるようになるだろう。人間関係と信頼関係を構築しやすいうえ、クリエイティブな作業もやりやすい。顔を合わせて仕事をしたいという積もり積もった欲求が収まった後も、定期的に会って時間を共有することで得られる経験は、ナレッジワーカーにとって有意義となるはずだ。むしろほとんどの人は、対面の意義をそこに感じているのではないだろうか。

ナディアの問いかけで、行き詰まっていた会話が普段の僕らしい活気ある議論へと切り替わった。それからも、たくさんの顧客やSlackのようなソフトウェア会社のCEO、業界ウォッチャーとの対話を重ねるうちに、未来の働き方に対して前向きで柔軟に考える姿勢が強まってきていることを、僕は実感した。

新型コロナのパンデミックが浮き彫りにしたのは、対面のコミュニケーションをデジタル技術で補う働き方から、デジタルでのコミュニケーションを対面のやりとりで補う環境へとすでに切り替え済みの企業が多いという事実だ。そんな「デジタルファースト」の環境に合わせて、これからは思考もアップデートしなくてはならない。

莫大なチャンスが転がっている時代だ。僕の全キャリアを振り返っても、「危機を無駄にするな」という教えがこれほど胸に刺さったことはないし、しかもいま訪れている危機は最大級ときている。いまこそ、どのように働き、悪しき習慣をどう打破し、人にとっても企業にとっても良好な仕事環境をどのようにして築くかを、再考する良い機会なのだ。

科学者のいい方を借りれば、「いり卵をもとには戻せない」。もう戻って来はしない懐かしい昔を前提にものを考えるのはやめて、現状の上に理想の未来を描かなくては。僕はもっと多くのリーダーたちに、いまの時代、そしてこの不測の事態は、クリエイティブな発想を持ち、実験し、発明する絶好の機会なのだと思ってほしい。働き方を根本から変える、人生で一度きりの特大のチャンスをつかむときだと。この道を手探りで進むリーダーたちを支援したいという思いから、僕はSlackのコンソーシアムであるFuture

Forumの立ち上げに携わった。
もっとやりがいを感じられ、快適で生産的、それでいてストレスの少ない働き方は可能だと、きっと誰もが気付いている。その実現を目指して、この本がきっと皆さんを後押ししてくれる。

——SlackのCEO／共同創業者、スチュワート・バターフィールド

未来の
働き方について
考える

1

「9時から5時」の働き方はもう機能しない

ビジネス用メッセージングプラットフォームを提供するSlackの創業時、共同創業者のスチュワート・バターフィールドCEOはバンクーバーに、ほかの共同創業者はニューヨークとサンフランシスコにいた。バラバラな場所に住むメンバーが一緒に働けるツールを開発していながら、最初の本社をサンフランシスコに構えた。なぜって、そういうものだから。「銀行間取引のビジネスをするならロンドンに行くべきです。大手メディア企業を立ち上げるならニューヨーク。映画制作会社ならロサンゼルスでしょう」と、2018年のインタビューでバターフィールドが語っている。[1]「テック企業を立ち上げるならサンフランシスコのベイエリアがいいに決まっている」というのが当時のSlackだけでなく、多くの企業の認識だった。結局、本社とテック業界の中心地に近くなるからと、バターフィールドも間もなくサンフランシスコに移り住んだ。

Slackが提供するのはバーチャル空間で共同作業を行えるサービスだが、新型コロナのパンデミック直前である2019年末には、Slackの技術スタッフの79%はサンフランシスコのベイエリアで勤務していた。リモートワークをしていたのはわずか2%だった。柔軟な働き方を否定していたわけではない。結果を残している優秀な人がリモートワークを申請して許可されることはあったし、エリア外の人材を雇うこともときにはあった。しかし共同創業者の1人で最高技術責任者のカル・ヘンダーソンは、「私はまったく乗り気ではありませんでした」という。当時、企業の経営者が重要視していたのは、1つの場所に従業員を集めて結束力を持たせ、決まったスケジュールで出勤させて、力を合わせて革新的な成果を残せる環境を整えることだった。

しかし、このやり方には難点があった。**雇用が困難になる**のだ。ほぼ例外なしに、従業員は不動産価格の高いSlackのオフィス近辺に住んでいるか、わざわざ引っ越してくるかする必要があった。また、家庭の事情や、物価の安い土地に移って生活の質を上げることを理由に引っ越しを決める従業員がいれば、会社は才能ある人材を失うことになった。「代えのきかない、並外れて優秀な従業員にはできる限り便宜を図りましたが、それでも失いたくない人材を失いました」と、バターフィールドは振り返る。

これがパンデミックが始まったときのSlackの状況だった。そしてあっという間に全オフィスが閉鎖となり、ひとり残らずある種の大実験への参加を余儀なくされた。さまざまな企業と業界を次々と襲った、働くことの本質的な変化が、Slackにも訪れていた。

はじめ、Slack経営陣は単に生産性に注目し、以前からの目標を新しい環境でどうすれば達成していけるだろうと考えた。徐々に状況が見え始めてから指標を注視すると、なんと驚いたことに、**成果、品質、信頼性はどれも全体的に高い水準を維持できていた。**「意外にもうまく業務を続けられていたんです」と、ヘンダーソン。なかには生活の大きな変化に見舞われたメンバーもいた。子どもや健康に問題を抱えた家族を持つ人、作業環境やインターネット接続環境に恵まれない人。それも、どこで問題が起きているか、何が問題なのかを会社が見つけ出せるようになり、対処（支援、場所、設備の提供）ができるようになると、見通しはさらに良くなった。

パンデミックが始まったころは、変化は一時的なものだとほとんどの人が思っていた。しかしロックダウンがたびたび延長されるにつれ、Slackだけでなく、私たちがパンデミック禍で付き合ってきたたくさんの企業で、従業員は新たなリズムに慣れていった。働き方の標準を築いてきた古い一般常識が徐々に露わになり、そのたいていはもう通用しなくなった。従来は、全員が空間と時間を共有する働き方があまりにも当たり前だったので、共同作業とイノベーションにもそれが当然必要だという思い込みがあったのだ。たとえば、ブレインストーミングといえばホワイトボードだったが、別のやり方を余儀なくされれば、新しい、それもたいていシンプルな方法が思い浮かぶものだ。Slackのチームメンバーは、アイデアや意見を書き込めるオンライン資料を使って空き時間に各自ブレインストーミングを行い、全員が終えたら一度集まって短い会議を開くようにした。これは予想以上にうまくいった。ブレインストーミングだけでなく、ミーティングやチーム構築、効果測定などといった、ほかの基本的な業務習慣やプロセスに対する改善も、みな予想以上に良い結果を生んだ。

未曾有の事態のさなかで、企業は被る影響を慎重に見極め、従業員の生産性だけでなく意識やエンゲージメントも注視しながら、業績が急激に悪化しやしないかとひやひやしていた。ところが予想外の展開となる。**新しく柔軟な勤務スタイルは、なんと生産性を高めていた**。ゴールドマン・サックス・グループの分析によると、生産性（労働者が1時間あたりに生産する製品またはサービスの量と定義）はパンデミックの最初の1年で3・1%向上した[2]。

数カ月も経つと、Slackの経営陣はすでに、新しい働き方とそこから得た学びを定着させてはどうかと話し始めていた。「とにかく説得力のある証拠を目にしましたから」と、バターフィールドは話す。「突発的な事態のせいだったとはいえ、変革するほかに道がないというのは好都合でした。普通に同じ変革をしようとしても、誰のことも説得できなかったでしょう。全員が自由に働いて事業がうまくいくだなんて、自分の目で見なければ誰も信じなかったと思います」

経営陣が方針転換を決意するほどに、成果はあきらかだった。「ある程度続けたところで、今後もこの働き方でやっていけそうだと確信を持てました」と、ヘンダーソン。2020年にSlackは柔軟な働き方に関する新戦略を敷き、パンデミック前の環境に戻すのではなくさらに前進する意思をあきらかにした。アメリカ全土で求人を開始し、通勤圏外に移住しても働き続けて良いとした。従業員が好きな場所から、自分とチームに都合の良いタイミングで共同作業に参加できるツールと手法の開発に取りかかった。いったん歩き始めたらもう後戻りは難しい道だったが、バターフィールド自身の行動に強い自信が見てとれた。一度は魅了されて移住したベイエリアを離れても良いことに気付き、コロラド州へ引っ越したのだ。「本社を離れたからといって、私のリーダー能力や業務遂行能力が変わるわけじゃないと気付いたんです」

Slackにとっては単なる変化というより、多方面に影響を及ぼす大変革となった。詳細についてはこの本を通して語っていくが、人材配置の面だけでいっても、技術部門でサンフランシスコに残った従業員は2021年末の時点でわずか36％。常時リモート勤務のメンバーは、パンデミック前の2％から50％に増えた。

Slackが柔軟な働き方を徹底的に追究する決意をした大きな理由に、雇用と人材定着がある。いまや人材獲得競争は、ナレッジワーカーを雇う企業にとっての深刻な悩みの種だ。『フォーチュン』誌とデロイトが2021年に行った合同調査によると、CEOの73％が「**労働力不足**」を最も懸念している対外的な課題に挙げた。また、57％が「**人材の呼び込みと獲得**」を自社の主な課題に選び、次点は51％が選んだ「**獲得した人材の定着**」だった。[3]

この本を通して実感してもらえると思うが、柔軟な働き方は、人材を呼び込んで定着させるだけでなく、従業員の働き方を変えて能力を存分に発揮させるきっかけにもなる。というのも、パンデミック前の働き方の大部分は、何十年も前に進化をやめた古い規範や組織モデルに根ざしていた。テクノロジーは常に歩みを止めず、労働者は多様化してきたというのに。私たちの目を開かせ、行動に駆り立てたのは、災厄だったというわけだ。

バターフィールドはこう話す。「なじみの習慣の居心地良さに逃げ込んでいる場合ではありません。対症療法的に動いていてはいけない。いま求められているのは考え抜かれた計画的な対応であり、職場環境と世界をより良くしようとするクリエイティビティが重宝されるでしょう」。経営者たちが思うよりもずっと、これは実現可能なことなのだ。

（柔軟な働き方は）業務のあらゆる側面に疑問を投げかけます。すべてをいったん分解して整理する必要が出てくるのです。これまではオフィス勤務が標準とされ、出社して固定の時間帯に働く必要がありましたが、それは新型コロナがなくたって持続可能ではなかったわけです。従業員の勤務環境のことを考えなければなりません。これは従業員の力を最大限に引き出すチャンスなのです。

MGMリゾーツ・インターナショナル、コマーシャル&グロース部門長、アティフ・ラフィク[4]

「9時から5時」の固定観念を捨てるべき理由

格言「時は金なり」の起源は、はるか昔にさかのぼる。ベンジャミン・フランクリンの言葉とする説が有力で、労働に費やす時間が長ければ長いほど収入が増えるという古くからの考え方を表している。確かにそんな時代もあった。農業が主流だったころ、畑で長い時間を過ごすとは、それだけ多くの作物を植えたり収穫したりすることを意味した（当然ながら、儲かるのは作物の所有者か、時給または収穫量あたりの給料を支払われる人に限った話で、奴隷労働者や年季奉公人には当てはまらない）。とはいえ農業では日没後にはできない作業が多く、季節性もある。そこへ労働習慣をがらりと変えたのが産業革命で、労働者の大半が畑から工場へと移り、毎日固定のスケジュールで作業するようになった。

ジャーナリストのセレステ・ヘッドリーは自著『Do Nothing: How to Break Away from Overworking, Overdoing, and Underliving(何もしない――「働きすぎ・頑張りすぎ・満たされない」から抜け出す方法)』（未邦訳）で、こう述べている。「産業化時代よりも前は、太陽や季節で時間を認識していた。しかし労働者が出退勤時にタイムカードを押し始めたころから、人間の時間への感覚が変わり、休息の喜びにも変化があった」。休息はとれてほんの少し。工場や製造所ではときに1日10時間、12時間、14時間働くことすらあり、余暇といっても食べて眠ってまた出勤する以外にほとんど何もできなかった（いまもこのスケジュールが他人事ではない労働者は多いのではないだろうか）。

過酷な労働環境に声を上げる労働運動は次第に大きな波となったが、改革の必要性を感じていたのはなにも労働者だけではない。1920年代、自動車業界の巨人ヘンリー・フォードは、労働時間を制限するべき理由を経営の観点から見出した。効率性を注視する人間だったフォードは、従業員が長時間働きすぎるとミスが増え、生産性に悪影響があることに気付いたのだ。そして労働時間を週5日、1日8時間に制限した。このような規定はそれ以前にもあったようだが、考え方を世に広めた第一人者がフォードで、「週6日から5日にいったん減らし、また週6日に戻した経験から、週5日でも週6日と同等以上の生産量を確保できることがわかった」と述べた。「1日8時間労働が当社の成功への道を切り拓いたが、週5日制はさらなる繁栄の道を拓くだろう」とも。[5] だが、すべての労働者に対して最長労働時間を定める公正労働基準法がフランクリン・D・ルーズベルト大統領により制定されたのは、それからおよそ10年も後の1938年だった。[6]

　このように、労働が時間と生産量という尺度ともはや切り離せないくらい強く結びつけられたのが産業化時代だった。マネジメント業務もこれに合わせ、経営者はタイムカードなどを用いて、労働者が長時間を費やして大量生産に励んでいるかを監視した。

　仕事内容が大幅に変わっても、この考え方はさほど変わらなかった。20世紀半ばになると、労働者は今度は工場からオフィスへと勤務場所を移したが、畑や工場と同じく、全業務が1つの場所で完結した。仕事に使うファイル類や設備（タイプライター、配電盤、FAX機など）を揃え、必要なやりとりもすべてそこで行われた。

　いまでもほとんどの人が、勤務時間といえばだいたい9時から5時、勤務日といえば月曜から金曜だと思っている。上司は基本的には決められた時刻に出勤するよう部下に求め、何時まで会社にいるかを重要視する（少なくともパンデミック前はそうだった）。多種多様な最新テクノロジーとツールを使えば、現代の経済を担うナレッジワークは、決められた場所からする必要も決められた時間にする必要もないというのに。ナレッジワーカーはもう、作物が育つ畑に行ったり、製品を組み立てる工場に出向いたり、同僚やクライアントとやりとりするのに出社したりする必要はない。オフィスが開く朝9時まで待つとか、消灯時刻までに死に物狂いで仕事を終わらせるなんて考えも（そもそもそんな経験があればだが）、すでに過去のもの。ノートパソコンやスマートフォンの登場で、かばんやポケットに仕事を入れて持ち帰れるようになったからだ。**9時から5時までの勤務時間は、現代の大半のナレッジワーカーにはもう当てはまらない。**

ここ数十年で働き方は大きく変わったが、どうやら変わらない部分もまだ多くある。プレゼンティーズム（訳注／成果よりも勤務態度やオフィス滞在時間を重視して働くこと）、クロック・ウォッチング（訳注／終業時刻ばかりを気にして業務に集中しないこと）、従業員の監視などは、いまでも業界を問わず広く社内でお目にかかる行為だ。でも、こうした古い習慣がいまも通用するだろうかと、立ち止まって疑問視することを私たちは怠ってきた。そこに新型コロナウイルスがやってきて世界中のオフィスを閉鎖に追い込み、私たちの退路を塞いだ。ある日突然、働き方を見つめ直し、別のやり方、それもできれば前よりも良いやり方はないかと問い直すしかなくなったのだ。

人類学者のジェイムス・スーズマンは、古代からの「仕事」の概念の進化を追った自著で、次のように述べている。「我々の経済制度を支える前提の多くが、実は農業革命の産物であり、都市への移住とともに増幅されたものである。そう認識してやっと、私たちは真新しい持続可能な未来を思い描き、枯れることのない人間のエネルギーと目的意識、創造性を駆使して運命を形づくろうと、立ち上がることができる[7]」

いい方を変えよう。**いまの働き方が昔の規範に根ざしているとして、ではそれを変えたりもっと良いやり方を見つけたりするのを妨げているのは、いったい何なのだろう？**

工場勤務の名残である週40時間労働は、ようやく過去のものとなりつつあります。働く人々は辛い通勤から逃れ、自分の1日をもっとコントロールできるようになるでしょう。

Dropbox、共同創業者／CEO、ドリュー・ヒューストン[8]

ところで、Future Forumとは？

Future Forumを立ち上げたのは、働き方を再設計する特大のチャンス、しかも産業化時代ぶりのチャンスを、目の当たりにしたからだ。私たちは、経営者がこの好機を理解する手助けをしたい。リモートワークデーをたまに設けるだけで満足せずに、自社がどれだけ変われるかを知ってほしいのだ。

Slackでは常日頃から、働き方について、また何をすればパフォーマンスを高められるかについて、Future Forumの原点でもある優秀なリサーチチームが専属で調査を重ねてきた。その調査結果がSlackの製品づくりには欠かせないからだ。あきらかになったのは、多くの職場の勤務習慣や組織構造、成果測定方法が、ここ数十年で知識経済の仕事内容ややり方に起きた大きな変化に、適応していないことだった。リサーチチームはかつては主にSlack製品の改良のために調査を行っていたが、バターフィールドを筆頭に、「未来の働き方の拠点」を開設して「仕事」の概念の変化について広く研究し、今後どう変えていくべきかを追究したいという思いを実は長く抱いていた。

それがようやく本格始動したのは、2020年に世界各地でロックダウンが起き、事業は停止を余儀なくされ、Slackも例に漏れずやり方を変えざるを得なくなってからだった。「新たな制約がたくさんあるなかでどうすれば事業を継続できるだろう」という世界中の企業との意見交換が、気付けば始まっていた。はじめのうちは、現実的で切実な話題が多かった。どうやってこの状況に対処していますか？　御社の従業員はこの状況で働けていますか？　どんな問題が起きていますか？　どうやって従業員を支援していますか？　どんな策がうまくいっていますか？　投資家には何と説明していますか？

何カ月か経つとこういった質問も落ち着き、経営者たちは危機感でいっぱいいっぱいの状態から冷静さを取り戻し始めた。私たちはテック業界だけでなく、たくさんの業界のリーダーと意見交換をするようになった。この状況下で驚くほどうまくいったことについて。生産性が向上してはいなくとも、どうやら維持できていることについて。一部の従業員は以前より生き生きとして、かつてないほどの熱意を持って勤務していることについて。その一方で、困難な状況に陥って苦戦している人もいることについて。正直なところ、従業員が主に自己裁量で勤務場所を選び、ほぼ自作のスケジュールとルールに沿って働いても、怠けはしなかったことが、多くの経営者にとって驚きだった。これに気付いてからは、意見交換の話題は「どうすれば柔軟な働き方がうまくいくのだろう？」から、**「いま限定ではなく長期的に取り入れることを検討したほうがいいくらい、**

柔軟な働き方は有効なのだろうか？」に徐々に移っていった。

こうしたなか、さまざまな働き方の再設計に主眼を置くコンソーシアムとして、Future Forumが立ち上げられた。インクルーシブで柔軟で共同作業の環境が整備された職場、そして社会を良い方向に変えられる職場を構築できるよう、経営者を支援する組織だ。独自に調査を進め、多種多様な業界で活躍する何千人もの経営層の人々と話をして、互いに学びを得たり、新たな構想を試したり、これから実現したいアイデアを煮詰めたりしている。

柔軟な働き方が生んだ効果は嬉しい誤算だったが、だからといって完全に楽観視できる状況でもない。これは調査結果にも表れていた。新しい働き方には不公平な面もあり、全員が均等に恩恵を受けるわけではないことがすぐに見えてきた。たとえば働き方を切り替えられない業界などでは、大量失業が起きた。育児を担う在宅勤務者を学級閉鎖が襲うと、働けなくはないものの、どうしても仕事の進みは遅くなる。こうした不公平な環境に置かれる役目は女性、それも特に有色人種の女性に偏っていたが、柔軟な働き方は同時に、歴史的に不利益を被ってきた人種やグループに良い変化ももたらしている。女性と有色人種は、誰よりも働き方に柔軟性を求めている層だ（理由は後の章で）。ほかにも多くの層が柔軟な働き方のメリットを実感したいま、ナレッジワーカーの大半が、さらに柔軟な働き方を望むようになった。Future Forumの調査によれば、柔軟性は仕事への満足度に影響する要因として、給与に次いで2位にランクインしている。

Future Forumの目標の1つは、従業員に最高の成果を上げさせるには何が必要かを理解し、リーダーが何をすればそれを叶えられるかを突き止めることだ。企業と個人の両方が、もっと大きな成功をともにつかめるように。

私が思うに、柔軟な働き方こそが未来です。パンデミックに1つだけ明るい面があるとするなら、オフィスから離れられたおかげで、優先すべきものを各自が考え直せたところでしょう。

Mailchimp、共同創業者／CEO、ベン・チェスナット[9]

未来の働き方までの7ステップ

Future Forumの活動を続ける過程で、この本の必要性が見えてきた。IBM、ロイヤル・バンク・オブ・カナダ、リーバイ・ストラウス、アトラシアン、デル、ジェネンテック、セールスフォース、ボストン・コンサルティング・グループ、そしてもちろんSlackも含めた多種多様な企業の事例と、各分野の専門家の話をもとに、未来の働き方を再設計し、それを実現するための設計図をまとめた本だ。古いやり方ではもううまくいかないことは、疑いようがないからだ。

柔軟な働き方はどんな職場にも効く万能薬ではないが、うまく取り入れれば大きく前進できる。何十年間も決まったやり方を続けてきたのでどう変革すればいいのかわからないという企業にとっては、そう単純な話ではないのはわかる。これまでどおりの業務をバーチャル空間に移すという後付け作業ではすまないからだ。この本のねらいは、7つの重要なステップに沿って皆さんの働き方の再設計を手助けすること。ケーススタディと実践的なアドバイスも盛り込んだので参考にしてほしい。なんにせよ、人材の奪い合いは始まっていて、働く側は柔軟な企業を求めている。そして企業側からしても、**めまぐるしく変化する市場で競争優位性を維持するために必要なのは、柔軟性なのだ。**

2 柔軟な働き方を進めるべきこれだけの理由

「これからは、どこであれ仕事をする場所が職場になり、仕事がある時間がその人の勤務時間になる」[1]。これはDropboxのCEO、ドリュー・ヒューストンが、2020年10月に柔軟な働き方戦略を発表したときの言葉だ。過去の働き方と決別する意思が見てとれる戦略内容だった。以前のDropboxは基本的にはオフィス中心の文化を持ち、最高人事責任者のメラニー・コリンズがいう「最高に楽しく快適な職場環境」づくりに巨額を投じてきた。サンフランシスコからオーストラリアのシドニーまで世界各地に開設されたオフィスには、最先端の設備を入れたスポーツジムや、世界的に有名となったカフェテリア（ここ限定の創作コーヒーが売り）が備わっている。Dropboxといえばこのオフィスなので、オフィス外で勤務する従業員は全体のわずか3％だった。ところが、新型コロナウイルスのパンデミックの影響でそのオフィスが閉鎖となり、従業員の大多数が別の場所で働くこととなった。

Slackと同じようにDropboxも方針転換を余儀なくされたが、生産性とパフォーマンスが大きく損なわれはしなかったことに経営陣は驚いた。それをきっかけに、新しいやり方に改めて注目し、柔軟な働き方のメリットと可能性について活発な議論を交わすようになった。世界中の企業がパンデミックを機に柔軟性を取り入れる羽目になったが、Dropboxはすぐに次の段階へ進んだ。「これを長期的に続けられるのだろうか?」「柔軟な働き方の戦略を仕方なくではなく意図的に決めるとしたら、どうなるだろう?」

答えはすぐに見つかったわけではなかった。徹底的に検討しようと、最高人事責任者のコリンズとデザイン担当バイス・プレジデントのアラステア・シンプソンを共同リーダーに据え、デザイン部門、技術部門、人事部門からメンバーを選んでチームを編成した。しっかりと時間をかけて、固定観念なしに従業員の様子をよく観察し、加えて他社の事例も調査した。「完全にオフィス勤務にする案と、いっさい出社しない案、そしてその中間のあらゆるパターンを検討しました」と、コリンズはいう。

ここで却下された案のなかに、よくあるハイブリッドモデルがあった。リモート中心の人もいれば出社を続ける人もいるという、ほとんどの人が最初に思いつくかもしれないモデルである。Dropboxには適さないと判断した理由を、コリンズはこう説明している。「従業員が2つに分断されてしまい、インクルージョンが損なわれたり、パフォーマンスやキャリアに差異が出たりする可能性があるからです」

Dropboxチームが代わりに選んだのは、**柔軟な働き方を全従業員の標準にする戦略**だった。しかし、この案を経営陣の前で発表すると、即承認からはほど遠い反応を得た。質問攻め、そして反発。なかでもCEOのヒューストンは、細かな構想を要求した。理論的には良さそうに聞こえるが、従業員が会社員としてどのような1日を送るようになるのかを思い描けるようになりたかったのだ。

前述のとおり、いまのヒューストンは、「仕事をする場所」が職場であり「仕事がある時間」がその人の勤務時間であると考えている。では、どうしても共同作業が必要な場合は、この考え方とどう両立すればいいのだろう？　Dropboxチームは、従来の9時から5時までの縛りから離れ、ひとりで集中できる時間を持ちつつ同僚と効率よく共同作業するには何が必要かを考えた。そうして柔軟な働き方の提案書に、「**コア・コラボレーション・タイム**」という1日4時間の枠を設けて同僚からの連絡に応える時間とする案を入れた。なお、この4時間以外は各自が自由に予定を組み、好きな時間帯に業務に集中できる（図1参照）。この案に対する疑問も寄せられた。「タイムゾーンの異なる同僚

[図1]　Dropboxのコア・コラボレーション・タイム

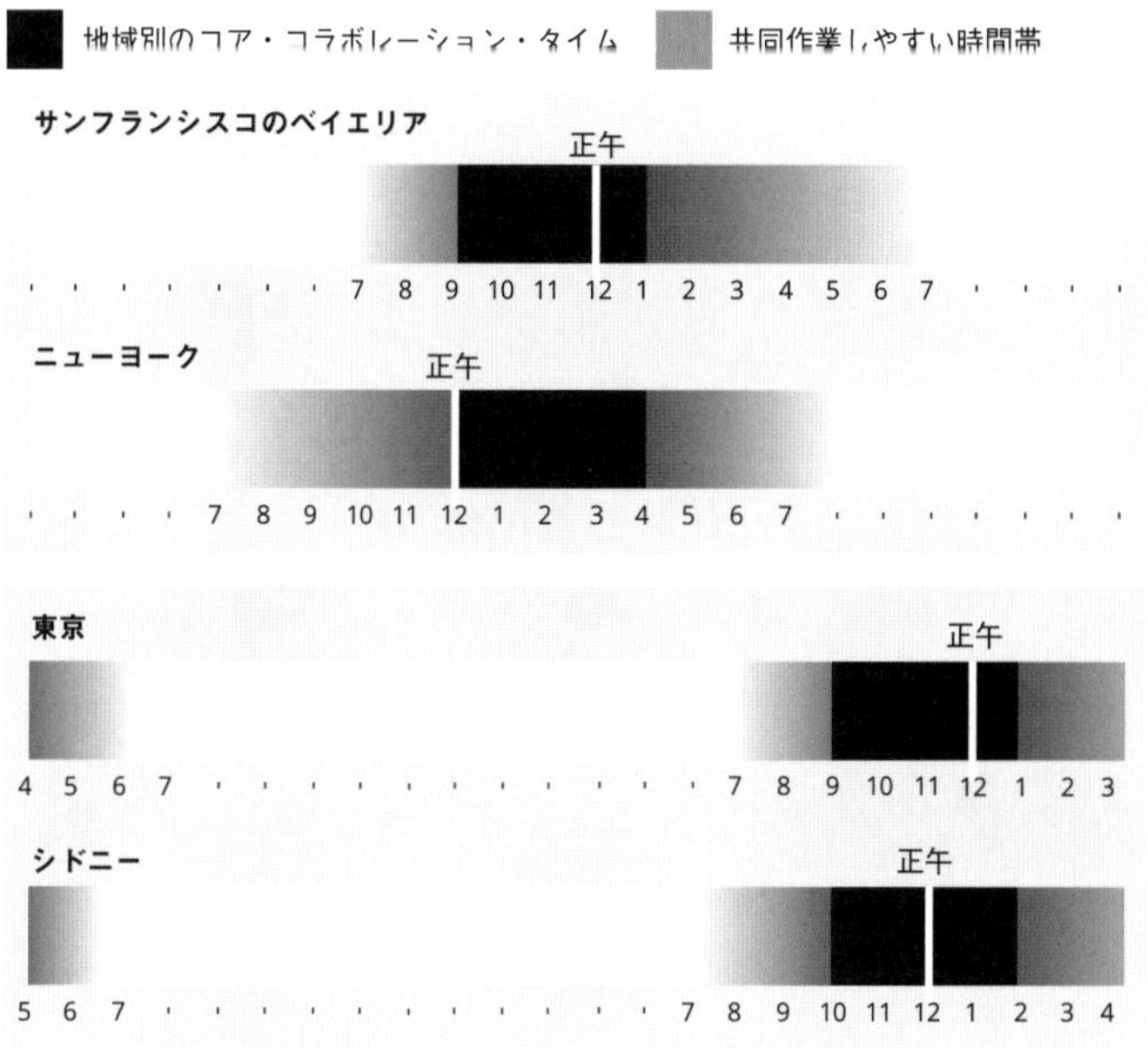

Dropboxは従業員が同時に作業する1日4時間の「コア・コラボレーション・タイム」を、各拠点のタイムゾーンに合わせて設定した。上の図は、アメリカベースのコラボレーション・タイムとアジア・太平洋地域ベースのコラボレーション・タイムをわかりやすく示したもの。
出典:Dropbox

とはどうやって共同作業すればいいのか」、「8時間分の会議をどうやって4時間に凝縮させるのか」などだ。

　チームは知恵を絞った。コア・コラボレーション・タイムはタイムゾーンに配慮する必要がある。たとえば、西海岸の午前9時から午後1時、つまり東海岸の正午から午後4時をコア・コラボレーション・タイムにすれば、全員が無理のない時間に一緒に活動できるうえ、それ以外の時間は柔軟にスケジュールを組めるので、家族と昼食をとったり、サッカーの練習を終えた子どもを迎えに行ったりもできる。

このように課題を整理していくうちに、ただ方針を決めて指示するだけではなく、コリンズの言葉を借りると「社内文化を計画的に変革」する必要があることがわかってきた。会議を開くに値する内容とは何かから、オフィス内のカフェやジムに代わる福利厚生をどう提供するかまで、あらゆる側面で意識を変えるという意味だ。

この構想を社内に広め、何を変える必要があるかを伝えるにあたり、Dropboxは専用のツールキットを用意した。各チームが必要な行動改革に注力できるよう、実践的なエクササイズとアドバイスをまとめた、適宜更新できる公開ガイドだ。内容はタスクの優先順位付けからチームリーダーの役割についてまで多岐にわたり、何よりも、従業員の理解を得るのが難しい「非同期型」の働き方という概念について念入りに解説してある。デザイン担当バイス・プレジデントのアラステア・シンプソンはこう語る。「特に2つの行動改革に重点を置いています。不要な会議を減らすことと、非同期型の働き方を受け入れることです。これができれば従業員の環境は大きく変わると、これまでの調査から確信しています」。柔軟な働き方に重きを置きつつも、対面でのやりとりもやはり重要と理解していたDropboxは、「Dropbox Studios」の設置計画を採用した。従業員が会議やチームイベント、学習機会、その他ニーズに合わせて使用できる共同作業スペースだ。

この新戦略の効果は早速表れている。働く人はますます柔軟な働き方を重視し、勤務先に求めるようになってきていると前章で述べたが、Dropboxでもそれは同じ。社内アンケートによると、従業員の88％が柔軟性の向上を好ましく思っていたうえ、柔軟な働き方に変えた後の生産性は「以前と変わらない」または「向上した」という回答が84％から得られた。

良い変化はそれだけではない。経営陣は、新しい柔軟な働き方が、全社的な目標と財務目標の達成にも役立つようにしたかった。そして早い段階で、期待以上の結果が得られた。新しいやり方を導入してから得た成果は次のとおりだ。

- 求人への応募者数が3倍に
- 採用プロセスにかかる時間を15％削減
- マイノリティの採用候補者の数が16％増加

これはあくまで、柔軟な働き方の効果の一例にすぎない。Dropboxのようなテック企業だけではない。**若い企業も伝統ある企業も、一拠点集中型の企業も世界各地に分散した企業も含む、あらゆる業界のあらゆる規模の企業を変える大きな将来性が、柔軟な働**

き方には秘められている。正しく導入すれば、従業員と企業の両方のためになることは間違いない。

そもそも柔軟な働き方とは？

ハイブリッド、リモート、バーチャル、分散型……どれも、柔軟な働き方の構想に使われる言葉で、何十年も続いてきた従来の慣習とは異なる働き方を表している。この本では便宜上、4つを「柔軟な働き方」という言葉にひっくるめて扱う（ただし、これらだけが柔軟な働き方ではない）。

なぜなら、「柔軟な働き方」は定義もやや柔軟だからだ。会社のニーズ、ときにはチームごとのニーズに合わせた多種多様な選択肢すべてが含まれる。それなのに、あまりにも狭い定義で捉える人が多い。「柔軟に働くとは週に数日か毎日在宅勤務すること」というイメージが強いようだが、それも選択肢の1つにすぎない（しかも後で説明するように、いちばん有益な策とも限らない）。私たちが考える柔軟な働き方とは、特定のルールや方針ではなく思考様式である。**仕事＝オフィス、勤務時間＝9時から5時、という時代遅れの観念から自分を解放する**ことだ。共同作業する方法をもっと柔軟に考え、その人に合っ

［図2］　「どこで」よりも「いつ」のほうが重要

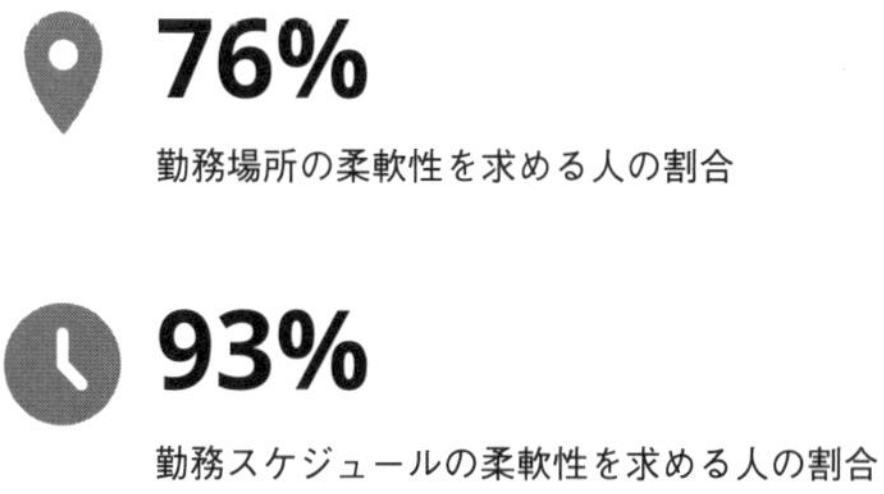

出典:Future Forum Pulse、2021年

たやり方で任務遂行する自由と自律を従業員に与える。そうすれば、「いつどこで業務を進めるか」ではなく、「どんなやり方で進めれば最大の成果を引き出せるか」に的を絞って考えられる。そしてこれには、柔軟な思考が必要だ。

たとえば、在宅勤務が柔軟な働き方のいちばん有益な選択肢といえないのは、**実は「どこで」よりも「いつ」のほうが重要**だからだ。柔軟な働き方について話すと、たいていは場所の話になるのではないだろうか。実際、先ほどの「リモート」や「分散型」などの用語も主に場所の柔軟性を示している。でも、**スケジュールの柔軟性のほうが実はずっと重要**なのだ。6カ国の1万人以上のナレッジワーカーを対象にFuture Forumが実施したアンケートでは、全体の76％が「どこで」働くかを柔軟に選びたいと回答した。注目に値する高確率ではあるが、なんとこれよりも高い確率で求められている柔軟性がある。全体の93％が、「いつ」働くかを柔軟に選びたいと回答したのだ（図2参照）[2]。

この本を通して皆さんには、柔軟な働き方を先入観なしに検討できるようになってほしい。これから紹介していくデータを見ると、経営者の予想を裏切る事実が実は少なくないのだ。勤務場所の自由を許しているとても革新的な企業でさえ、スケジュールの自由の実現には苦戦している。でも、現実を見なければ。9時から5時までZoom会議でぎっしりと埋まったスケジュールは、たとえ在宅勤務であっても本当に柔軟な働き方とはいえないし、従業員も望んでいない。従業員は、自分のパートナーや子どもに合わせて予定を組みたい。休む時間、運動する時間、病院に行く時間も捻出したい。いちばん生産的に動けるスケジュールで仕事をしたい。**時間をやりくりすることと仕事で成果を出すことの両方を叶えるための、自由と自律が欲しい。**

図2のデータからは、求められている柔軟性の種類に関しても、事実と固定観念が一致していないことがわかる。スケジュールの柔軟性を求めるのは、若手社員やワーキングマザーだけではない。年齢、ジェンダー、人種、地域などに関係なくその要望があった。さらにはオフィス勤務を好むと答えた上位管理職の過半数も、スケジュールの柔軟性を確保したいと答えた。従業員の大半が求めているというだけでも十分、変革を検討する理由になるが、理由はこれだけではない。柔軟な働き方には、正しく導入すれば、会社に真の競争力をもたらす利点がいくつもあるのだ。

柔軟な働き方がもたらす競争優位性

働く人々が柔軟性を、それも特に勤務スケジュールの自由を求めているのはわかったが、それだけでは、社内の構造と文化にどんな変化を起こせるのか、起こすべきなのかについて、経営陣の理解を得るのは難しいだろう。まずは柔軟な働き方の導入で得られる見返りを把握しよう。業界に関係なく3種類の大きなメリットがあることを、山のような事例が裏付けている。

(1) 人材獲得競争に勝利する

前章でも触れた『フォーチュン』誌とデロイトによる2021年の調査によると、世のCEOにとってのいちばんの懸念事項は人材だった。調査報告書にはこう書かれている。「いま抱えている最大の課題について尋ねたところ、各社CEOは皆いちばんに人材関連の悩みを挙げた。人材の呼び込み、採用、定着、スキル開発、育成、そしてエンゲージメントだ[3]」。人材獲得競争に勝つというのが、柔軟な働き方の導入に踏み切るいちばん一般的な動機なのかもしれない。ロイヤル・バンク・オブ・カナダの最高人事責任者、ヘレナ・ゴットシュリングは、同社の柔軟なワークモデルについてこう語っている。「正しく取り入れれば、他社との差別化がぐんと進むと思っています」

まずは、企業の採用活動にどのようなメリットがあるかを見ていこう。仕方のないことだが、オフィスで働く従業員はその通勤圏内に住まざるを得ない。このせいで企業が獲得できる人材の幅は狭められている。だから企業は、できるだけ幅広い層から人材を選べるようにと、人が密集した（たいてい土地代の高い）市街地にこぞってオフィスを構える。でも、**働き方を柔軟にすれば、場所に縛られることなく純粋にそのポストに最適な人を選ぶことができる。**雇われる側にとっても雇う側にとっても可能性が広がるのだ。ジーンズブランド「リーバイス」のメーカーであるリーバイ・ストラウスの最高人事責任者、トレイシー・レイニーはベイエリアで勤務しているが、幹部の大半は別の場所にいる。レイニーはこの状況に満足しているという。「私はとにかく最高の人材が欲しいんです。世界にはすばらしく優秀な方がたくさんいますから、決まった地域に住む人や物価の高い場所に引っ越してくる気のある人に絞って採用する必要はありません」

需要が高まっている柔軟性を導入すれば会社の魅力になるし、結果に表れやすい改革でもある。Dropboxでは、柔軟な働き方に切り替えてすぐに、以前の3倍の応募者が集まるようになった。Slackでも似た現象が起きた。勤務場所の自由を認めた後、製品部門、デザイン部門、技術部門への応募者が70％増加したのだ。

特に勤務スケジュールの自由が求められているいま、柔軟な働き方は人材の定着にもプラスに働く。事実、「柔軟性」は職場に対する満足度を決める要素として「報酬」に次ぐ2位にランクインしている。[4] 従業員に個人レベルで大きなメリットをもたらすからだ。調査によると、柔軟な働き方はストレスを大幅に下げ（勤務スケジュールの自由が許されているとストレスは6分の1）、仕事への全体的な満足度を上げる（30％増）。そして、仕事以外の責務も負う人にとっては、勤務時間の柔軟さは命綱となりうる。ハーバードビジネススクールの研究によると、働いている4人中3人が、多少なりとも誰かの世話をしながら奮闘している。[5] 仕事のパフォーマンスに影響が及んで、退職せざるを得なくなる人さえもいる。柔軟に働き方を選べる仕組みは、こうした人たちにはとても画期的だ。たとえば育児中の女性によると、柔軟な勤務スケジュールのいちばんのメリットは「日中に用事や家族関連のタスクをすませられること」だそうだ（育児中の男性は「ワークライフバランスの向上」を主なメリットに挙げている[6]）。

柔軟に働けると、プライベートの責務と職場での責務の両方を全うする余裕が生まれる。これが重要なのは、経営者ならわかっているはずだが、従業員を新たに雇うには時間もコストもかかるからだ。従業員1人分の年俸の2倍の額を投じる羽目になることさえもある。[7]

（2）従業員エンゲージメントを高める

調査会社のギャラップは毎年「State of the Global Workplace」レポートを発表しているが、決まって同じ問題を指摘している。従業員の大半が、仕事への熱意がまったくあるいはあまりないと答えているという点だ。エンゲージメントが低いと生産性も下がって利益も減るので、企業は常にエンゲージメントの向上を意識している。[8] ここで解決策となりそうなのが柔軟な働き方だ。ギャラップによれば、パンデミック前は、多少なりとも柔軟な働き方をしている従業員が最も高いエンゲージメントレベルを記録していた。そして2020年には、パンデミックがもたらした混乱のなか、エンゲージメントの水準が過去最高をマーク。[9] 企業が柔軟さを取り入れざるを得なくなったことが一役買ったと思われる。

柔軟な働き方でエンゲージメントが高まる要因の1つに、**インクルージョン**がある。**あらゆる立場の人々が業務に積極参加でき、大切にされていると感じられる環境をつくれる**からだ。従来の構造のなかでは置き去りにされたり疎外されたりしてきた人々、たとえば歴史的に差別を受けてきたグループにメリットをもたらし支援できるというのも、柔軟な働き方の良い面だ(ステップ2で詳しく説明する)。企業の「標準」になじめない人にも、柔軟性はプラスになる。たとえば著者の1人であるヘレンは、柔軟な働き方が自身の内向的な性格によく合っていると実感している。また、リモートワーカーやサテライトオフィスの従業員は、以前は置いてきぼりにされやすかった。チームのイベントやミーティングに満足に参加できず、まるで階級差があるかのように感じることさえもあった。しかしミーティングがデジタル空間で開催されるようになれば、誰もが平等に参加機会を持てる。これはほんの一例で、取り残されたような気持ちになる状況はほかにも多くあり、それも仕事や考え方のせいではなくもっと些細なこと(見た目、声の大きさ、勤務地など)が原因だったりする。柔軟な働き方に切り替えるタイミングで、共同作業、クリエイティブな作業、イノベーションの手法を全員になじむようにつくり変えてしまえば良い。

柔軟な働き方は、事業の成長には欠かせない創造性とイノベーションにも良い効果をもたらす。逆に妨げるのではないかと懸念する経営者も多いが、それは杞憂であることをFuture Forumの調査が裏付けている。なんと、勤務場所とチームの創造性にはほとんど関係がないのだ(ステップ5で詳しく解説する)。1つ例を挙げよう。新しいアイデアを出すには一部屋に集まってブレインストーミングを行うのがいちばん有効だという根強い思い込みがある。企業は何十年もこのやり方を続けてきたが、実は良くて時間の無駄、悪くて忌まわしい集団思考に陥り生産性が落ちることさえもあると、数々の研究結果が証明してきた。[10]

(3) 成果を上げる

柔軟な働き方は、雇用や人材の維持といった企業共通の課題を解決に導く。従業員の満足度を上げ、ストレスを減らし、エンゲージメントを高めるからだ。よって、適切に導入すれば、当然ビジネスの成果にも結びつく。

それでも経営者たちは決まって不安そうだ。いちばん多いのが、「柔軟な働き方を許すと生産性に悪影響があるのでは」という懸念だ。「メンバーがオフィスにいないと、ちゃんと働いているかどうかわからないじゃないか」なんて声もよく耳にする。でも、そもそもこの質問自体が問題ありだ。前章で触れた、監視とプレゼンティーズムが幅をきかせる産業化時代の価値観を彷彿とさせる。監視に代わる効果的な対策についてはステップ7で詳しく扱うが、ここで理解しておいてほしいのは、経営者の懸念にはデータの裏付けがないことだ。事実はというと、**「柔軟な働き方は実は生産性を向上させる」という調査結果があるうえ、勤務場所の自由はもちろん、勤務スケジュールの自由はさらに大きな成果に結びつくこともわかっている。**生産性が30％以上向上したという報告もあるくらいだ[11]。

生産性向上の実例として、柔軟な働き方へと移行した米国特許商標庁（ＵＳＰＴＯ）を対象としたプリトラージ・チョードゥリー准教授の研究を見てみよう。教授のチームは、ＵＳＰＴＯの主要成功指標（毎月の特許審査数）に関して、職員たちの生産性が４・４％上がったことを確認した。予想に反して仕事の質も維持でき、従業員エンゲージメントは目に見えて高まった。新しい方針が導入された翌年の２０１３年に、ＵＳＰＴＯは連邦政府の「働きやすい職場」ランキングのトップに輝いた[12]。

顧客との関係構築にも、プラスの影響を見込める。Slackでやってみてわかったのは、**訪問ではなくリモート会議にすると1日に話せる顧客数が増えること、そして、テレビ会議は直接会う商談よりも気軽だからか経営者のアポがとりやすいこと**だった。以前は1日に1カ所しか顧客訪問できなかったが、いまは1日にテレビ会議を3つ開ける。セールスフォースも似たようなメリットを感じている。顧客とZoomで会議をする際、顧客企業の役員が出席してくれる確率が25％上がった。また、営業チームがいうには、バーチャルでの営業キックオフは対面で行うより短時間で終わるため、営業活動に費やせる期間が2週間増えたそうだ。

業績にプラスの影響をもたらすと広く認識されるようになったダイバーシティも、働き方を柔軟にすることで獲得できる。これを裏付ける研究結果は多々あり、たとえば２０１７年にボストン・コンサルティング・グループが実施したダイバーシティと収益性の関係を探る研究では、上位管理職に平均以上の多様性がある企業は、平均以下の企業と比べて９％高いＥＢＩＴ（利払前・税引前利益）マージンを記録した。さらに印象的なのは、この平均以上の企業のイノベーションによる利益は、平均以下の企業と比べて19％高く、なんと利益全体のうち45％がイノベーションによるものだった。[13] 多様性を持つ企業は成長が速く、革新的で順応力が高く、キャッシュフローが多く、リーダー育成にも強い傾向にある。[14]

多様性のある組織がすばらしい可能性を、それも特に現代の複雑極まりない問題を解決する力を秘める一方で、多様性につきものの摩擦に苦労することもある。柔軟な働き方はそれを真っ向から解決するソリューションではないが、ツールとして役立つ理由はたくさんある。たとえば、アメリカでは黒人の労働人口の60％が南東部に住んでいるが、南東部にオフィスを構える民間企業は総数のわずか３分の１だ。[15] 勤務場所が自由になれば、オフィスから遠い場所に住む人材も呼び込める。これがどんな効果を生むかは、先述のDropboxの例（マイノリティの採用候補者が16％アップ）で見たとおりだ。Slackは、柔軟な働き方に移行した結果、長く差別を受けてきた属性の従業員のうち、リモート勤務者がオフィス勤務者を30％以上も上回った。

Future Forumの調査によれば、アメリカ在住の黒人、ヒスパニック系、アジア系の回答者の大多数が柔軟な働き方を望んでいた。ということは、働き方を改革すればこれらのグループからの雇用と定着に良い効果があるかもしれない。女性に対しても同じことがいえる。ワーキングマザーや誰かの世話を担う人（ひどく女性に偏っている）にとってのメリットはすでに述べたとおりだ。また、差別を受けてきたグループの状況が改善される可能性もある。たとえば黒人の従業員のなかでもリモートワーカーは、オフィスワーカーと比べて組織への帰属意識を高く持つ傾向にある[16]。この理由はいくつも考えられる。スタンフォード大学教授のブライアン・ローリーは、**オフィス中心の働き方はアウトサイダーの状態を固定しやすい**と説明する。「黒人の従業員は、白人が圧倒的に多い職場でストレスを感じることも多く、これが帰属意識の低さにつながる。重要なのは、居心地の悪さの要因となるのは勤務内容ではなく、会社にいる時間の多くを占める大小さまざまな社会的交流かもしれないという点だ[17]」

最後にもう1つ重要なメリットを挙げると、柔軟な働き方は経費削減にも効果がある。従業員の定着率アップは経費削減になる。生産性の向上もそうだ。また、土地代がかさむ都心にオフィスを持ったり、クライアントや企業をあちこち訪問したりといった大きめの経費を減らすことができれば、その分を、成果につながる別の何かに使える。こう考えてみてほしい。従業員が座る椅子に資金を投じるか、それとも従業員がどこに座ったとしても能力を発揮できるようにするツールに資金を投じるか、どちらがいいだろう？

柔軟な働き方のメリット

柔軟な働き方は、次の領域に良い効果をもたらすことがわかっている。これが、人材獲得競争に勝利する、従業員エンゲージメントを高める、成果を上げるなどの結果につながる。

採用／人材の定着／生産性／クリエイティビティ／イノベーション／顧客エンゲージメント／ダイバーシティ／経費

何が妨げになっているのか

柔軟な働き方のメリットがこれだけあると知ったら、普通はこう思うはず。「どうしてみんな導入しないのだろう?」

答えとしてまずいえるのは、現状維持バイアスが根強くあるうえ、人間は本能的に古いやり方を選びたがる傾向が強いことだ。[18] よく知ったやり方のほうが気楽で安心だからである。そのやり方で私たち個人も企業もここまで来られたのだ。十分うまくいっていたのだから、これからも同じやり方で良いじゃないか。こうした変化への抵抗感について、SlackのCEOのスチュワート・バターフィールドは会議を例に挙げてこう述べている。彼が話したどの企業の経営メンバーも、社内の会議が多すぎるので内容や進行を見直せば大きな改善になるだろう、という意見を持っていた。それなのに、「誰ひとりとして改善のために行動しようとはしなかったそうです。変化を起こすことに慣れていないし、そもそもどうすればいいかが思い浮かばないからです」。Slackもいま、会議の問題に取り組んでいる。会議が多すぎてスケジュールの自由がききづらい。でも、スケジュールの自由こそがSlackが目指す働き方の中核であり、より良い経営のために必要なものである。

「どうして導入しないのか」に対するもう1つの答えは、柔軟な働き方が必ず成功するとは限らない点だ。パンデミックは柔軟な選択肢の必要性を浮き彫りにし、導入を加速させたが、似たような仕組みは昔からあるにはあった。パンデミック前に試してみたものの、CEOが替わったり、期待した結果が出ないことがわかったりして、残念ながらもとのやり方に戻した有名企業は数多くある。ただ、これは最新テクノロジーが状況を一変させるよりも前の話だ。ブロードバンド接続やSaaSツールの普及、またITコンシューマライゼーション（訳注／一般消費者向けのITソリューションやサービスを企業が導入する動き）が進んだことでたくさんのことが可能になり、そこにパンデミックが追い風となって進化のスピードをぐんと速めた。

柔軟な働き方が過去に失敗に終わり、いまでもときにうまくいかない最大の理由は、企業に正しい理解がないことである。なお、次の2つの面で理解が足りていないことが多い。

■What（何を？）　柔軟な働き方が自分たちにとって何を意味するか、どんなものにするべきかを、理解しきれていない人があまりにも多い。特に、勤務スケジュールの自由がどれほど重要かの理解が足りない。

■**How（どうやって？）** どうすればうまく導入できるかを理解できていない。

この両方を理解する秘策を伝授しよう。

What――デジタルファーストを実現する

先述のとおり、柔軟な働き方といっても多様な形があるし、柔軟な働き方の戦略につける名前も企業によってさまざまだ。それでも、独自の調査と経験に基づいて、私たちが提唱する考え方がある。**デジタルファースト**だ。柔軟な働き方を支える背骨であり、柔軟な働き方を本当の意味で機能させるために必要なアプローチである。

では、デジタルファーストとはどのようなことをいうのだろう？　まずはデジタルファースト「ではない」ことを定義してみる。

■デジタルファーストは、従来のオフィス中心の働き方ではない。
■デジタルファーストは、勤務場所の自由だけを指してはいない。
■デジタルファーストは、週に何日間の在宅勤務を許可するという指令ではない。

■デジタルファーストは、人といっさい会わないこと、全業務をリモートで行うことを意味してはいない。

デジタルファーストとは、対面のコミュニケーションをデジタル技術で補う働き方から、デジタルでのコミュニケーションを対面のやりとりで補うという考え方に切り替えることを意味する。従業員同士のやりとりを容易にし、インクルーシブな働き方を築くことが目的だ。これには思考の転換が必要だ。本社はあって良いが、メインはデジタル本社にして物理的なオフィスで補う。同僚との交流や共同作業を重視する文化も引き続き育めるが、基本的にはオンラインで行い、対面のやりとりでそれを補う。おそらく何よりも重要な定義はこうだ。デジタルファーストとは、真の柔軟な働き方を取り入れ、優先すること。従業員が潜在能力を発揮し、最高の成果を出せるように、いつ働くか、どこで働くかを選ぶ自由を与えることだ。

勤務場所だけでなく勤務スケジュールの自由も求められているからこそ、「ハイブリッド」や「リモートファースト」などの言葉にはやはり違和感がある。どちらも場所だけに注目しているからだ。スケジュールの自由を確保する唯一の方法は、場所だけでなく時間にも縛られずに働けるようにするデジタルツールの活用。このデジタルファーストの思考回路を企業に取り入れなければならない。

デジタルファーストに切り替えるとは、生産性アップと共同作業を叶えるデジタルインフラに、ありったけの知恵と労力をつぎ込むということ。以前はオフィスビル、デスクの形状、会議室、間取りなどに注いでいたのではないだろうか。単に重視する対象をずらすという話ではない。何でもそうだが、適切に実行できなければ、つまりＨｏｗ（どうやって？）を理解していなければ、成功は見込めない。

デジタルファーストとは？

柔軟な働き方のことであり、これを実現するには、対面のコミュニケーションをデジタル技術で補う働き方から、デジタルでのコミュニケーションを対面のやりとりで補うという考え方に切り替える必要がある。目的は、従業員同士のやりとりを容易にし、インクルーシブな働き方を築くことだ。デジタルファーストとは真の柔軟な働き方を取り入れ、優先すること。つまり、従業員が潜在能力を発揮し、最高の成果を出せるように、いつ働くか、どこで働くかを選ぶ自由を与えること。

How――枠組みのなかで柔軟に

デジタルファーストは、各自のニーズにいちばん適した場所とスケジュールで働きながら最大の成果を残せるよう、従業員の自由と自律を認めることを意味する。しかし、従業員に自由を与えるという考え方に怖じ気づいてしまう経営者もいる。それは、**柔軟な働き方は完全な自由や規則性のないカオス状態とは違う**と知らないからだ。

雇い主としては完全な自由はあまり与えたくないが、実は従業員側もそんなものは求めていない。週5日、9時から5時まで（ひどい場合は朝8時から夜8時まで）オフィスで働けといわれるとほとんどの従業員は嫌がるが、それでも何らかの決まりごとを欲しがっている。事実、3人に2人（65・6％）が、寛容な柔軟性と規則的な枠組みの両立を希望すると答えている。

変革を成功させるには、「枠組みのなかでの柔軟性」を活用してデジタルファーストな働き方を目指す必要がある。見落とされがちだが、柔軟な働き方を本当に機能させたいなら新方針を足すだけではとても足りないのだ。社内文化、プロセス、インフラを根本から変えなければならない。全体を俯瞰して見られないせいで大きなチャンスを逃す企業がどれほど多いことか。

実はDropboxもそうなりかけた。経営陣ははじめ、勤務場所の自由を認める案には乗り気だったが、勤務スケジュールの自由には抵抗があった。共同作業がやりづらくなるのではと懸念したのだ。そこにパンデミックが起きて仕方なく始めてみれば、意外に手ごたえがあった（Dropboxは「バーチャルファースト」という言葉を使っているが、まさにデジタルファースト戦略の良い例である）。そこで、方針、ツール、インフラの新たな枠組みを整備したのだ。

Dropboxは、保証のない未知の方法に大きく賭けた。大規模な変革と投資を伴ったが、人材採用、新人研修、ダイバーシティに起きた変化を見れば、成功はあきらかだった。しかも、これは始まりにすぎなかった。実験を続け、うまくいったことに会社を順応させていくうちに、柔軟な働き方には真の競争優位性をもたらすというもっと大きなメリットがあることがわかってきた。

さて、次章からが、具体的な実践の話だ。皆さんは誰も試したことのないものに大きく賭ける必要はない。Future Forum独自の調査、そして先駆者企業との連携を経て、デジタルファースト型企業への変革に必要なことを重要な7ステップに凝縮した。ぜひこれを参考に、未来の働き方について改めて想像し、新しいビジョンを実現するための枠組みを設計してほしい。一朝一夕で成し遂げられるものではないが、Dropboxやこれから紹介するたくさんの企業の例からわかるように、試す価値は十二分にある。

7つのステップで未来の働き方を実現する

Step 1

「方針」を策定する——そもそもの目的とねらい

ヘレナ・ゴットシュリングが勤続30年を過ぎたころ、会社が柔軟な働き方を目指して抜本的な改革に踏み出すことになった。いまのゴットシュリングはロイヤル・バンク・オブ・カナダ（RBC）の最高人事責任者だ。1864年創業のRBCはいまや世界中に8万6000人以上の従業員を抱え、クライアント数は1600万を超える。

RBCがこの変革を検討し始めたきっかけは、従業員からのフィードバックだった。パンデミックの影響で多くの従業員がリモートで働くなか、RBCは従業員アンケートやフォーカスグループ、リーダー層との対話集会を幾度も実施し、従業員からの明確なメッセージを受け取った。圧倒的多数が、柔軟な働き方がもたらす個人的なメリットにとても満足していたのだ。人材獲得競争で優位に立つというRBCの主な目標を、後押しするメッセージだった。「人材に関しては、当社は競争の激しい市場にいます」と、ゴットシュリングは話す。「うまくいけば、柔軟性は強力な差別化要因になると思っています」

柔軟な働き方の選択肢はパンデミック前にもあったものの、社内に浸透してはいなかったので、これは会社を一変させる大変革となった。手始めにRBCは「企業方針」と呼ぶものを作成した。36カ国にわたりさまざまな種類の事業を展開する複合的な企業ならではの多様性を考慮すると、「企業方針」が何よりも重要だった。従業員の正しい判断を助け、組織全体にわたる行動変革を進めるには、指針が必要だったのだ。

「当社は事業ごとに業務の性質が大きく異なるため、杓子定規なソリューションを推し進めてもだめだというのは、はじめからあきらかでした」と、ゴットシュリングは振り返る。たとえば、個人向け銀行業務を担う従業員はいつでも顧客に対応できる必要があり、一方で分析や経理を担う従業員には別のことが要求される。RBCの5つの企業方針が土台となって、地理的に分散した多様かつ巨大な企業全体で整合性をとりつつ、部門ごとに最適な方針をとることが可能になった。

RBCの柔軟な働き方の「企業方針」

（1）**柔軟な働き方を定着させる**　RBCの事業、クライアント、従業員にとって実行可能かつ最適なハイブリッド勤務体制を支援する。

（2）**RBCの事業戦略を軸に方策を展開する**　チーム、役割、地域ごとに最適な方策を選べるように、幅を持たせた全体方針をつくる。幅は、社内の標準をもとに、一貫性を維持しつつ社内全体に柔軟な働き方が浸透するように定める。

（3）**物理的な距離も重視する**　RBCが奉仕する地域コミュニティや従業員と物理的に近い距離にいることが、RBCの文化の基盤であるし、今後もそれは変わらないだろう。つまり、基本的に通勤圏内に住むことが前提となる。

（4）**戦略的に投資する**　従業員が最大の力を発揮できるように、より柔軟な環境で勤務するためのテクノロジー、インフラ、スキルに投資する。

（5）**成長機会とインクルーシブな文化を構築する**　従業員には業務体制や勤務地に関係なく、部署間を転々とさせずに一貫性のある有意義な業務に就かせる。

柔軟性に対するRBCなりのビジョンをこの5つのシンプルな方針に集約するのは大変だった。柔軟な働き方のベストプラクティスをRBC特有のニーズにどう合わせるか、徹底的に議論した。たとえば、RBCでも勤務スケジュールの自由と勤務場所の自由の両方を取り入れることにしたが、「物理的な距離も重視する（企業方針の3つ目）」という多少の制限をつけた。だからといって週5日オフィスに通えという話ではなく、Slackがいう「デジタルファーストは、人といっさい会わないことを意味してはいない」と似ている。

RBCのリーダー層は、**ときどき直接顔を合わせる機会を持つことの重要性**（これについては、ステップ5で詳しく解説する）を理解していた。「物理的な距離も重視する」という方針は、「基本的には通勤圏内に住み、週1程度、または各四半期の最初と最後の1週間など、チームにとって良い方法で集まるのも大切にしよう」という考え方を社内に伝えている。会議やイベントを開いても良いし、純粋に同僚と企画を練ったり話し合ったりしても良い。

「避けたいのは、あるグループでは別の地域に移住してオフィスにはいっさい出勤しなくても良いことになり、似た業務を行う別のグループはその正反対の方針をとる、などという状況です」と、ゴットシュリング。「物理的な距離も重視する」は、決して特定の地域や都市に住むことを強いてはいない。ゴットシュリングは、チームごとの集合頻度を踏まえて「どのくらいの距離なら通勤できるか」を各従業員に尋ね、決断を促した。柔軟性と規則のバランスがとれているという、経営サイドと従業員サイドの両方が望む、柔軟性と規則のバランスがとれた状態をつくるのに、具体的な方針がいかに役立つかがわかる事例だ。

柔軟な働き方戦略に対する初期の反応は上々で、RBCはこれを求人資料に「RBCの魅力」として掲載しているほどだ。従業員から懐疑的な意見が上がることもあるが、そのたびにゴットシュリングは、パンデミック禍で18カ月もリモートワークを続けたこと、そのあいだに業績は落ちなかったことを伝えるようにしている。とはいえ、この戦略を確実に成果につなげるために、やるべきことはまだある。

「やりながら学んでいくつもりです。何がうまくいき、何がうまくいかないかを常に情報共有すれば、学ぶのも徐々にうまくなるでしょう」と、ゴットシュリング。戦略を進めながら適宜修正はしても、柔軟性を手放すことはないだろうと確信している。また、こうも話している。「私自身は、週5日のオフィス勤務にはもう二度と戻りません」。大半の従業員もそう思っていると、ゴットシュリングは踏んでいる。

RBCの例からわかるように、**柔軟な働き方の目的と基本方針を経営陣で決めるプ**

ロセスは、従業員の理解を得て社内全体の足並みを揃えるための第一歩なのだ。ステップ1ではこのプロセスについて学んでいく。

「柔軟な働き方の目的」——なぜするのか？

柔軟な働き方、とりわけ勤務スケジュールの自由は、時代遅れの概念を自発的に捨てて考え方を変えなければ成功しない。しかし、柔軟といってもその受け取り方は個人、チーム、企業によって異なるので、会社一丸となって変革を起こすのはなかなか大変だ。まずは目的を理解して、経営陣で意識を合わせることから始めよう。**そもそも、「なぜ」柔軟な働き方を取り入れたいのだろうか？**

なぜこんなところから始めるのか。それは、従業員が望むからとか、競合他社に続きたいからなどという以外に、「なぜ」導入したいのかをよく理解しないまま戦略策定に踏み出す企業があまりにも多いからだ。それには2つのデメリットがある。

1つ目に、調査からわかっているとおり、**明確な目的がある企業は強い**。社会的な目的意識を持つ企業で働きたいと考える人は、若者を中心に増えている。従業員、顧客、地域コミュニティにどのように奉仕するかを明示して行動に移す企業は、業績も良い。『ハーバード・ビジネス・レビュー』誌の研究で、目的をはっきりと表明している企業の成長率は高い傾向にあることがわかっている。また、競争の激しい現代の市場では必須といえる、イノベーションと変革を起こす能力も高い。研究に協力したある重役はこう話している。「メンバー全員が同じ方向に向かって漕いでいるときに、組織は大きな力を発揮できます。その方向を示してくれるのが、よく練り上げた共通の目的です。目的がないと、組織はその場でぐるぐると円を描くばかりで、前進できずに同じ議論をひたすら繰り返すだけになりがちです[1]」。働き方のような基本的なところにこそ、目的意識に基づいたアプローチが重要となってくる。

２つ目に、前の章で説明したとおり、**柔軟な働き方という言葉が指す範囲はあまりにも広い**。２０２１年、パンデミックによる制限が緩和されたらどんな方針をとろうかと、企業が知恵を絞っていた。そのころに「柔軟な働き方」とグーグルで検索したなら、「フルタイムのオフィス勤務に戻る」（ゴールドマン・サックス）から「週2〜3日のオフィス勤務」（数々のフォーチュン５００企業）、「フルリモート」（GitLab）から「バーチャルファースト」（Dropbox）まで、多様なアプローチが目に入っただろう。在宅勤務方針のみを採用した企業もあれば、勤務場所だけでなく勤務スケジュールの自由に手を広げた企業もあった。

企業として進化するには、柔軟な働き方を取り入れる本当の目的について、リーダー層で徹底的に話し合う必要がある。単に従業員を喜ばせるためだけに変革するわけではない。会社の業績を大きく改善する可能性も秘められているのだ。目的は企業によって異なるだろうが、一般的にはある1つのテーマに帰着することが多い。人材だ。前の章でも触れたとおり、柔軟に働ける企業は優秀な人材を引きつけるうえ、より多くの候補者から採用できるようにもなる。従業員のエンゲージメントを高めたり、定着させたりもしやすくなる。RBCの目的は、すでに述べたとおり、柔軟な働き方に関する従業員のニーズに応えることと、競争の激しい人材市場で差別化を図ることだった。これはRBCの事業目標である「クライアントの成功と地域コミュニティの繁栄を支援する」と共存できる。柔軟性を導入する理由としてほかに考えられるのは、世界に散らばった従業員のアジリティ(敏捷性)やつながりを強化することや土地代の節約などだが、いちばん多いのはほぼ間違いなく人材に関する目的になるだろう。

Slackでもそうだった。何カ月間も続く議論を経て、Slackなりの目的を次のように問いかけと見解の形でまとめ、経営陣の認識合わせを図った。

■ **できるだけ広範囲から多様で優秀な人材を集めたいか？** 現在は通勤圏内に住む人のみを採用しているため、当社からリーチできない人材が無数に存在する。

■**従業員は今後も柔軟な働き方を基本の福利厚生として会社に求めるだろうか？** 給与が労働市場に左右されるのと同じように、在宅勤務方針、柔軟な勤務スケジュールに関する方針、デジタルファースト型のアプローチも、従業員が企業に期待する項目に入るようになるだろう。

■**デジタルファーストな働き方が実現するアジリティを手に入れたいか？** 都市や郊外、複数のタイムゾーンや世界中にまたがって共同作業ができる環境も、リモートワーカーが抱く疎外感の解消も、目標についての知識と理解を共有することで得られるスピードも、オフィス中心よりもデジタルファーストの働き方をしたほうが実現しやすい。

柔軟な働き方が事業目標にどう役立つかについての（収拾のつかない）議論をしてやっと、経営陣の認識が合い始める。そうして目的がはっきりとしたら、柔軟な働き方戦略を導入して今度は従業員の認識を合わせられるよう、基本方針に落とし込んでいく。

柔軟な働き方の目的

柔軟な働き方戦略の背景にある主な目的を説明したもの。なぜ自社にとって柔軟性が重要なのかを明確に表し、企業全体の目的と価値観と適合している必要がある。

柔軟な働き方の方針

企業の価値観と似ていて、柔軟な働き方の目的を達成するにあたって必要な、企業としての信念や重視するものを表す。具体的な指示やルールではなく、従業員にどのような行動を期待するか、どうすれば経営陣の意図に沿う決断ができるかを、従業員に伝えるためのもの。目的を実現するための指針ともいえる。

「柔軟な働き方の方針」――目的へどう向かうか？

柔軟な働き方の方針は、企業のコアバリュー（中核をなす価値観）と方向性が近くなるはずだ。具体的な方法（オフィスに週何回通うか、など）よりも、仕事のやり方を大きく方向転換させる際に必要な考え方に注目してつくる。
先ほど紹介したとおり、ＲＢＣの企業方針には次が含まれている。

■全体的な意図「柔軟な働き方を定着させる」
■変革へのアプローチ方法「ＲＢＣの事業戦略を軸に方策を展開する」
■自社にとって柔軟とは何を意味するか、柔軟な働き方にどのような効果を発揮させたいかを考える際に、意識する3つのこと「物理的な距離も重視する」、「戦略的に投資する」、「成長機会とインクルーシブな文化を構築する」

柔軟な働き方の導入とともに、従業員は行動を大きく変えることになる。そこで方向性を示し、組織内の一貫性を保ち、意識喚起するための方針なので、組織全体に共有することが前提となる。ＲＢＣの例をもう一度見てみよう。数カ国にまたがって複数の事業部門を運営しており、幅広い職能にわたる何万人もの従業員がそれぞれのニーズを抱いている。このすべてを考慮に入れた働き方戦略を、いったいどうやってつくればいいのだろう？

その答えは、ゴットシュリングの「杓子定規なソリューションを推し進めてもだめ」

という言葉にある。戦略の実行方法に柔軟性を持たせ、どのやり方を取り入れるかを決める権限を各部門やチームのリーダーに与える。ただし、枠組みの範囲内で、経営幹部が掲げる指針のもとでだ。全社方針とは、いわば北極星。チームが直接集まる頻度や、チームや個人の成果を測定する方法など、あらゆるレベルのあらゆる決めごとがその方角を向いている必要がある。

また方針には、従業員に新しい考え方を徐々に身につけてもらう意図もある。読者の皆さんの誰ひとりとして生まれていないころから続いてきた「仕事はこう進めるべきだ」という概念を、柔軟な働き方でひっくり返すのだと常に意識したい。業務を再設計し、古い「ものの見方」を新しくより良い視点に置き換えるには、時間も人材補強も必要となる。だからこそ事前にたっぷりと時間をかけて、明確な方針をよく練り上げることがとても大切なのだ。**業務の進め方だけでなく考え方まで変えるにあたり、方針は北極星となり、船のいかりとなる。**

RBCの「物理的な距離も重視する」のような、自社特有の方針も出てくるだろう。「好きな場所から働く」というRBCとは正反対の方針を掲げ、たとえば従業員が南太平洋の島に移住すると決めたならそれもよしとする企業だってたくさんある。オープンソースソフトウェアを販売するGitLabは、本社オフィスをいっさい持たないフルリモート体制を敷いているので、要件も当然RBCとは異なっている。[2]自社の柔軟な働き方戦略と全社的なニーズと事業目標が、すべてうまく噛み合うような方針にすることが何より大切だ。

とはいえ、業界に関係なく多くの企業に共通する方針もあることに私たちは気付いた（「柔軟な働き方の方針の例」を参照）。たとえば、「権利を公平に与える」。これはかなり重要ので、次のステップで詳しく説明する。ここで押さえておくべきは、柔軟な働き方は従業員が最大の成果を出せるようにするためのもの、という点だ。出社しなくなったせいで社内で情報を得る機会を失ったとか、昇進機会を失った、または所属意識や同僚との仲間意識が薄れたと感じるなら、変革がマイナスに働いている。単純に「在宅勤務をしたければしていいですよ」といえばいいわけではない。在宅勤務のせいで従業員が疎外感を抱くことのないように気をつける必要もある。

柔軟な働き方の方針の例

多種多様な企業の幹部が働き方改革に使用している方針の例を、もう少し紹介する。

■従業員が最高の成果を出せるように、**柔軟性と自由を与える。**週に何日在宅勤務をするかだけではない。「いつ」「どこで」働くかを柔軟に決めることの意義を考え、**「いつどこで何をしたか」ではなく「何を達成したか」でパフォーマンスを測定**する。

■トップダウンで指示するのではなく、各チームに自治権を与えて目標を達成させる。全体に一律に適応できる方法などはない。就労形態について全社的な指針を敷いたうえで、**細かなルールはニーズに合わせてチームに決定させる。**

■**権利を公平に与える。**リモートワーカーも含め、多様な人材が就労形態に関係なく必ず平等に機会を得られるような就労基準をつくる。リーダーはこれを機に、従業員がどこからでもネットワークを構築し、機会を創出できる新しい方法を模索する。

■**順応性を持ち、学びの姿勢を維持する。**実験する機会を優先してつくり、ベストプラクティスを社内で共有する。指針や習慣は、学びを得るたびに進化させる。**成果を測定し、行動しながら調整する。**

次節では、柔軟な働き方の目的と方針を軸にルールをつくったり社内の認識を揃えたりするプロセスについて語る。でもその前に、方針の表現を考える際に必ず意識してほしい点が2つある。

■**状況がわかるように**　方針は、従業員が柔軟な働き方についてイメージできるように、また、実践するにあたって何が重要なのかを理解できるように書く。

■**シンプルに**　過剰につくりこまない。RBCは方針を5つにまとめた。ほとんどの企業は3～6つにまとめている。何をいちばん伝えたいかは企業によって異なるとはいえ、複雑にすればするほど、経営陣のビジョンが伝わりづらくなる。

目的と方針を定める方法についてのさらに詳しいガイドを巻末につけている（「ステップ1のツール1　柔軟な働き方の目的と方針を設定するフレームワーク」参照）。

認識を揃えるためにまずすべきこと

たとえば目的や方針を決めるというだけの単純な内容であっても、さまざまな意見を持つさまざまな人と議論をすると収拾がつかなくなることがある。一度でも試したことがあればわかるはずだ。Slackで社内変革をひととおり経験し、同様の変革を進めるたくさんの企業と関わってきた私たちにも、痛いほどよくわかる。そこで、その経験をもとに、議論をいくらかスムーズに進めるためのベストプラクティスを選んでみた。何を意識してどんな手法をとれば、抜本的変革の軸として前向きな変化を後押しする「目的と方針」について、社内の認識を揃えられるのだろう。

柔軟な働き方について経営陣主導で社内の認識を揃えるための7つのコツを紹介していく。

(1)正しい方向を向いてスタートを切る
(2)経営陣が中心となって変革を進める
(3)思い込みを捨てる
(4)専用にリソースを割く
(5)従業員を早めに関与させる
(6)透明性を確保する
(7)「学び続ける」姿勢を貫く

(1)正しい方向を向いてスタートを切る

柔軟な働き方の目的と方針を社内に広める際には、成功した企業がみんなある方向を向いていたことを思い出してほしい。どの企業も、「たいして意味をなさない旧式の働き方にはもう戻らない」と意識的に決断していた。同時に、いま起きている変化の甚大さと、それに合わせて考え方も変えるべきということを、理解して受け入れた。そして、「私たちは前進する」という意思をしっかりと固めた。

Slackで柔軟な働き方の方針を構築するとき、最初にこう決意した。「**後ろには進まない。学んだことをすべて抱えて、前に進む**」。パンデミックによる行動制限が解除されたらどうやってオフィスに戻るか（また、そもそも戻るかどうか）に関して経営陣で意見の不一致があり、それを解消するために定めた方針だ。昔の状態に戻したいという意見も出た。まさにこのときに、前書きで紹介したとおり、当時の最高人材活用責任者のナディア・ローリンソンが、後ろか前のどちらに進みたいのかという、みんなをはっとさせる質問を投げかけたのだ。

議論を進めるなかで、「従業員が新しいやり方を経験して受け入れたいま、前のやり方に戻ることはそもそも可能なのだろうか」という真剣な疑問の声も上がった。それから、「前のやり方に戻したら大きな機会を逃すのではないだろうか」という懸念も。CEOのスチュワート・バターフィールドは、のちに「働き方をいちから、それも良い方向につくり直す、一生に一度の機会でした」と語っている。私たちはその機会を無駄にはしないことで合意した。

これを方針の1つ目に据えることで、決意が全従業員に確実に伝わるようにした。完成した方針を社内に発表するときには、次のような解説を添えた。

「後ろには進まない。学んだことをすべて抱えて、前に進む。私たちは柔軟性を取り入れてきました。勤務場所を変え、お子さんやペットたちのZoomサプライズ出演を温かく歓迎し、同僚の人間らしい一面をたくさん知りました。この新しい働き方がうまくいっていること、従業員の皆さんが柔軟な働き方の続行を望んでいることを、私たちは認識しています」

(2) 経営陣が中心となって変革を進める

共同作業はどんな企業でも欠かせない要素なので、必ず経営幹部の人間、それもできればCEOが中心となって変革を推進する必要がある。ボストン・コンサルティング・グループ(BCG)は「未来の働き方」調査で、CEOが変革に参加する重要性を測ることに成功した。柔軟な働き方戦略をCEOが主導したほうが、そうでない場合と比べて速く進むことがわかったのだ(図3参照)。

［図3］　新しい勤務スタイルを実験的に導入済みの企業の比率（CEO主導の場合とそうでない場合）

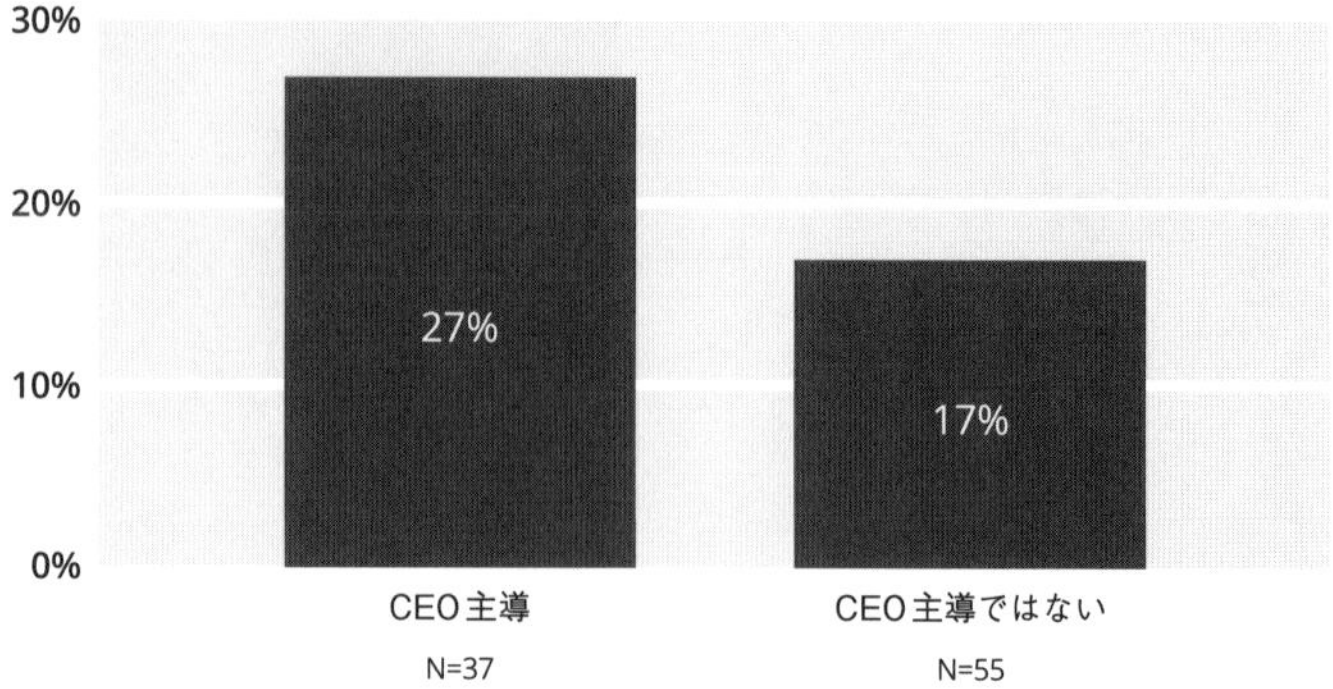

出典：ボストン・コンサルティング・グループCEOアンケート、2021年6月。回答の選択肢：未着手、計画の初期段階、計画が進んでいる、実験的に導入済み。

Slackでは、CEO含む経営陣が時間と関心を注ぐことから、柔軟な働き方への変革が始まった。毎週時間をとって、踏み込んだ話し合いもした。話し合いで中心となったのは、どんな組織にとってもスタート地点となりうる次の3つの質問だった。

■解決したい問題は何か。
■企業として出したい業績面の成果は何か。
■立ちはだかりそうな課題は何か。

ほぼゼロの状態からのスタートだった。当時は調査データもまだ少なく、この本にまとめたようなノウハウも広く発信されてはいなかったからだ。目的を定め、方針を全従業員に公表できる状態にまとめるまでに、2カ月以上の話し合いを要した。導入前に時間をかけすぎたように思えたが、結果的には、経営陣の認識を揃えることができた価値ある時間だった。

(3) 思い込みを捨てる

Slack経営陣の話し合いで出てきた、そしていまもさまざまな企業の経営陣から繰り返し聞く悩みは、「どうすれば柔軟な働き方で結果を出せるのか」、「そもそも本当にうまくいくのか」だ。非常によく耳にする懸念の一例を紹介する。

- ■従業員が本当に作業しているか、生産的に働いているかが、わからない。
- ■オフィスに出勤しなかったら、社内文化はどうなるのだろう。
- ■イノベーションを生み、クリエイティブに考える能力が失われないだろうか。
- ■新入社員や若手社員の実習や学びの機会が減り、置いてきぼりにならないだろうか。

こういった声が聞こえたら、もしくは自分でもそう思うなら、思い込みがないか、なぜ柔軟な働き方にマイナスな印象があるのかを考えてみるチャンスだ。懸念されるようなマイナスの結果はデータには表れていない。Future Forumの調査によると、柔軟な働き方は生産性を下げるどころか上げているし、クリエイティブな思考にもマイナスな影響は与えていない。

RBCでもこうした懸念の声は上がったとゴットシュリングはいう。そして、うまい返し方を彼女は知っている。たとえば、**部下が本当に仕事をしているかをマネージャーはどうやって確かめるのか、と聞かれたら、決まってこう答える。「オフィス勤務の時代には、どうやっていましたか?」**。明確な目標を設定し、定期的に進捗を確認して、部下が出した結果にきちんと注意を向ければ、生産的に業務が行われているかはわかるはずだ。有能なマネージャーならみんながしていることだ。ゴットシュリングはこう続ける。「いってしまえば、何も変わらないのです。オフィスにいたって、部下の背後にぴったりついて監視しているわけではないのですから」

ゴットシュリングの答え方はまさに、ほかの懸念点にも有効だ。

従業員が本当に作業しているか、生産的に働いているかが、わからない。

↓以前、オフィスではそれをどうやって確認していた?

オフィスに出勤しなかったら、社内文化はどうなるのだろう。

↓社内文化の醸成にオフィスが必要な理由は?

イノベーションを生み、クリエイティブに考える能力が失われないだろうか。
↓イノベーションとクリエイティブ思考にオフィスが必要と思う理由は？

新入社員や若手社員の実習や学びの機会が減り、置いてきぼりにならないだろうか。
↓オフィス内での学習や訓練は誰にとっていちばん有効だった？　オフィスで学ぶのが最善だと思う理由は？

「質問をただかわしているだけじゃないか」といわれないように、これからきちんと解説する。ここで伝えたいのは、無意識に抱いている思考様式がないかを早い段階で確認しておくことの重要性だ。その思考様式がのちに障害物となるかもしれない。

思考の転換

RBCは、従業員が柔軟な働き方にスムーズに移行できるよう、「マネージャーのためのハイブリッドワーク・プレイブック」を発行した。そのなかで、よくある懸念点について次のように指導している。

従業員がオフィス以外の場所で働くと生産性も効率も下がるという思い込みがないだろうか。

↓**こう考えよう**　問題の根本原因を突き止める。成績が振るわない従業員がいるとき、それは場所だけの問題ではないかもしれない。どうサポートすれば成果を上げられるかを考える。

直接顔を合わせて働く時間が長いほど生産性も上がりやすいという思い込みがないだろうか。

↓**こう考えよう**　その人が仕事にどのような影響を及ぼしたか、事業目標に沿った成果を上げたか、リーダーシップモデルに沿った行動をとったかに注目しよう。

進捗状況をコントロールし、監督しなければならないという思い込みがないだろうか。

↓**こう考えよう**　自律を認め、自由を与えて、チームが最高のパフォーマンスを出せるようにする。

要は、「そもそもなぜ従業員のスケジュールを一様に固定するべきだと思っているのだろうか」と自問してみよう。もしくは、「なぜ全員が1日8時間、会議に備えていなければならないのだろうか」と。もしも答えが「ずっとそうやってきたから」なら、いまこその思い込みを見直したほうがいい。**過去にうまくいったから今後もうまくいくとは限らない。**これまでうまくいっていたのだからこれ以上の方法（もっと良い結果を生み出すかもしれない方法）はない、というのも間違いだ。

（4）専用にリソースを割く

柔軟な働き方のような抜本的な変革は、目的と方針をただ発表してあとは放置していたら、うまくいかない。成功させるには時間と資金が必要なほか、長期的に責任を持って取り組むことも求められる。また、リソースの割り当てに関しても考え方を変えていく必要がある。これも経営陣が話し合う項目に含めておかなければならない。

たとえば、**柔軟な働き方を、巨額の初期投資が必要なプロジェクトではなくリソースの再配分と捉えてはどうだろう。**土地や建物、オフィスのレイアウト（誰がどこに座り、どの部門をどの階に置けば共同作業ができるか）につぎ込んできた時間と資金を、共同作業がいちばんはかどるデジタルツールとインフラの検討に当てるのも良い。最高の人材を呼び込むためにさまざまな福利厚生（オフィス内のレストランやジムなど）に投じてきた資金を従業員個人に再配分して、自身と業務にいちばん役立つ使い方をしてもらったって良い。

併せて、人材の割り当てについても検討し直す必要がある。柔軟な働き方を成功させるうえで中心にあるのは人であると、移行期だけでなく長期的に意識するべきだ。Slackでは、さまざまな地域や部門（人事、コミュニケーション、ITなど）のリーダー層で構成された「デジタルファースト・タスクフォース」や、変革の推進役となるコアチームを編成した。いずれの組織も経営陣を直接サポートし、フィードバックを返して、最終的には自チームへの方針の導入を実行した。勤務スタイル変革リーダーのような、これまでになかった役割を新設した企業も多い。ビジネスでは何でもそうだが、責任を負う人がいないことには進まないからだ。

（5）従業員を早めに関与させる

リモートワーカーに関するFuture Forum実施のアンケートによると、上位管理職の3分の2以上（68％）が、常にまたは基本的にオフィスで勤務したいと思っている。同じ回答をした一般従業員の3倍の人数だ。[3] そして、前章で紹介した調査を覚えているだろうか。スケジュールの自由を欲する従業員は全体の93％もいて、これは勤務場所の自由を求める人の比率よりもずっと高かった。

どう見ても、上位管理職と一般従業員とのあいだには隔たりがある。何が原因なのだろう？　Future Forumの調査はここにも着目し、主な要因の1つに、この2グループが経験してきた勤務環境に差があることがわかった。上位管理職の仕事への満足度は、一般従業員と比べて62％も高い。さらにワークライフバランスの達成度も高く（78％高い）、ストレスに対処できている人の比率も高い（114％高い）。上位管理職のほうが傾向として強固なネットワークを持ち、自律性が認められ、働くうえで必要な場所や育児サポートも得やすいことを考えれば、納得できる数字だ。要するに、**上位管理職はすでに柔軟な働き方を認められてきたがために、会社全体で新しい働き方に関する方針をつくる必要性をたいして感じていない**のだ。

できるだけ早い段階で、会社のあらゆる階層の従業員から柔軟な働き方に関する意見を集めなければ、この隔たりを埋められないだろう。Slackでは、さまざまな地域や従業員リソースグループ（訳注／Employee Resource Group=ERG、共通の特性を持つ従業員で構成される従業員コミュニティ）、各部門からの代表者を集めた委員会をつくり、会社の戦略や不安な点について複数の視点からの意見を集めた。RBCも、多様な立場の意見を取り入れる努力をしたという。ゴットシュリングはこう話している。「自分たち役員が好む勤務スタイルとこれまでの経験にとらわれがちになりますが、必ず従業員の視点から考えなければなりません。自分が考えたことはサンプル数1の意見にすぎない、と思うよう常々リーダーたちに伝えています。個人的な好みをアクションに投影しないよう、よく注意しなければなりません」

(6) 透明性を確保する

この項目は、5の項目と密に関係している。**柔軟な働き方戦略とは、従業員が最大の成果を出せるようにするためのもの。よって、従業員が戦略を理解する必要がある。**どのような変革か、それによってどんな影響があるのかだけでなく、変革背景にある目的も知る必要がある。それなのに、企業はしばしばここで透明性を軽視してしまう。実際の話、Future Forumの調査で、パンデミック収束後の再開計画について上位管理職と一般従業員に尋ねたところ、企業内に存在する大きな隔たりがもう1つあきらかになった。上位管理職の3分の2が透明性をもって計画を従業員に伝えていると感じていたが、これに同意する一般従業員は全体の半数以下だったのだ。そして、透明性がないと感じている従業員の仕事への満足度はおおむね低く、転職に意欲を示している可能性が高い。

はじめに柔軟な働き方の目的と方針を決めるのは、単に経営陣の認識を合わせるためだけではない。社内全体に伝えるためだ。広範囲に向けて情報発信し、大規模に認識合わせを行う手段、導入計画について自由な意見交換を始める手段が、目的と方針なのだ。透明性とコミュニケーションにはこれから何度も立ち戻ることになるが、それは変化を生み出すのに不可欠な要素だからである。どんな変化にも当てはまるが、なかでもこのような抜本的かつ全社的な変革では特に大切なのだ。透明性があってこそ従業員との信頼関係を築くことができ、その信頼関係があって初めて、働き方改革のような大規模で思い切った計画を進められる。

（7）「学び続ける」姿勢を貫く

最後に、**「柔軟な働き方戦略は未完成であり、自分はすべての答えを持っているわけではない」と率直に認めること**が、透明性の確保になり、信頼関係の継続的な構築につながる。目的と方針の発表を皮切りに対話を始め、そこから戦略を磨きあげて実践に移しながらも対話を続ければ、社内は常に開かれた雰囲気となり、学びに意欲的でいられる。柔軟な働き方は、多くの企業にとって新しい運営方法となる。だから何でも試し、何がうまくいったかをよく観察して、意欲的に適応し、順応していかなければならない。誰もが知っているとおり、ビジネスに停止はない。柔軟な働き方戦略も、変化し続けるニーズに合わせて成長し、変わっていくべきなのだ。まさにゴットシュリングが

RBCの計画について話したとおりである。「やりながら学んでいくつもりです。何がうまくいき、何がうまくいかないかを常に情報共有すれば、学ぶのも徐々にうまくなるでしょう」

Step 1 のチェックリスト

「方針」を策定する

- □柔軟な働き方戦略を導入する背景となる主な目的について、リーダー層の認識は一致しているか。
- □その目的を社内全体に伝えるために、簡潔明瞭な方針に落とし込んだか。
- □柔軟な働き方の方針に共感できるかどうかのフィードバックを、社内のあらゆる階層の従業員から入手したか。
- □働き方を根本から変えるであろうこの大胆な新戦略を、何度も修正しながら導入していくにあたり、変化を起こす精神と柔軟な計画を用意できたか。

Step 2

「ガードレール」を決める——方針を行動に落とし込む

著者のヘレンが駆け出しコンサルタントだったころ、同僚にずば抜けて優秀なリーダーでありマネージャーでもある女性がいた。クライアントへの思いやりある有能な対応から、評判も良かった。あれもこれも兼ね備えていた。ずらりと並んだ重役が容赦なく批判を浴びせる緊迫した会議でも、彼女はいつも最後に同意を勝ち取るのだった。

オチは何かって？　彼女は職場で唯一の週4勤務者だったのだ。子どもと過ごすためといって断固として週3日休み、クライアントや同僚から圧力をかけられても、大量の仕事に追われても、決してぶれなかった。その代わり、仕事をすべてやりきるために入念にスケジュールを練っていた。同僚よりも案件を少なめに抑えることはなかったし、同僚を上回るとはいわないまでも同等の成果を出していた。

［図4］　有色人種のほうが柔軟な働き方を求めている

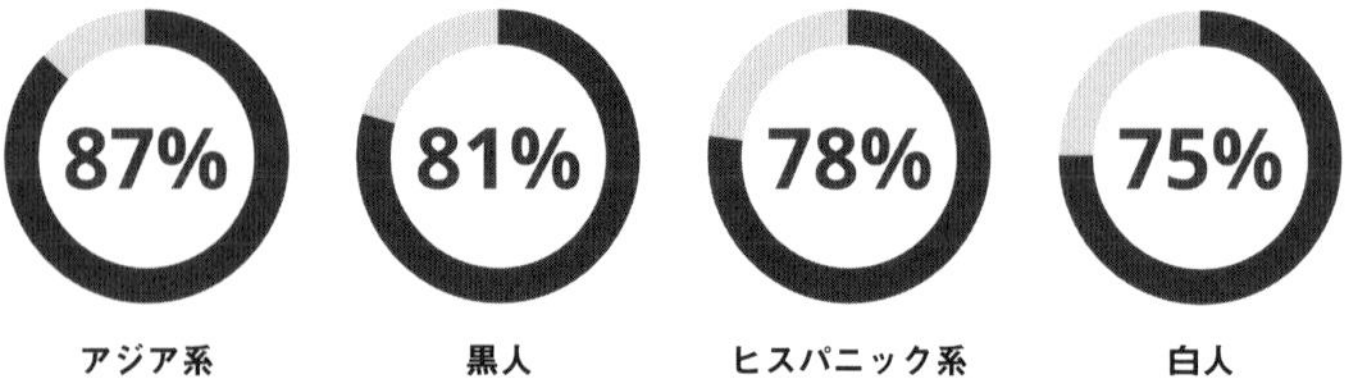

出典:Future Forum Pulse、2021年。アメリカ国内のみ。

にもかかわらず、標準とは異なるスケジュールで勤務するという選択が、彼女のキャリアを大きく妨げていた。本人は「人よりもゆるやかに上がっている」と表現し、犠牲を払うだけの価値はあるといい張ったが、ヘレンはこの不公平さについぞ納得がいかなかった。結局、彼女もヘレンもその会社に長居はせずに、もっと良い条件の企業に移っていった。

　これはそう珍しい話ではない。昔から、勤務スケジュールと勤務場所を柔軟にやりくりしたがる従業員は、周りほど組織に貢献していないと見なされるリスクを背負ってきた。会社にどれほどの価値をもたらしていてもだ。[1] 柔軟な働き方を好む傾向が高いのは誰かを考えてみると、この固定観念は思った以上に手強いことがわかる。Future Forumがアメリカのナレッジワーカーを対象に実施したアンケートによると、アジア系アメリカ人回答者の87%、黒人の81%、ヒスパニック系の78%が柔軟な働き方を好み、白人で同様の回答をしたのは75%だった（図4参照）。

　ジェンダーによる差異も見られた。女性の85%が柔軟な働き方

［図5］　女性のほうが柔軟な働き方を求めている

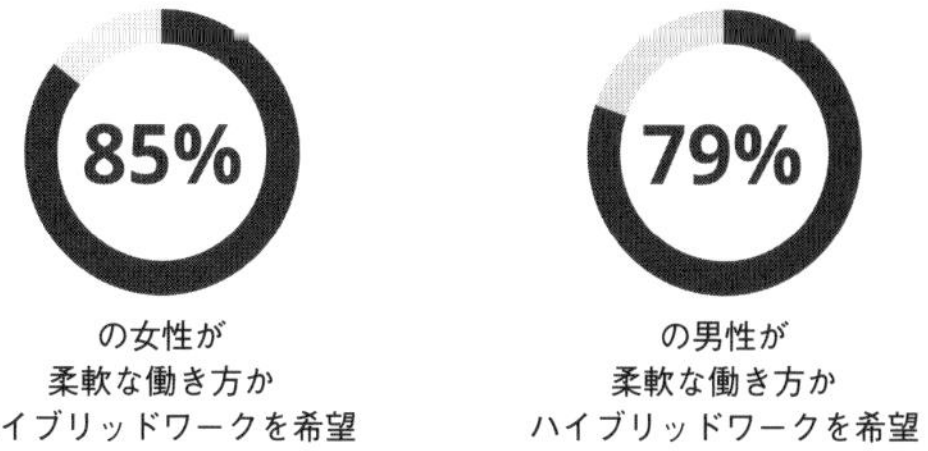

出典:Future Forum Pulse、2021年。アメリカ国内のみ。

を好む一方、男性でそう回答したのは79％だった（図5参照）。

働く父親は、働く母親と比べてワークライフバランスを達成できており（40％多い）、仕事関係のストレスにも対処できている（61％多い）という、自己申告に基づくデータもある。

柔軟な勤務スタイルを望んでいるのは、長く差別を受けてきたグループだけではない。従来のオフィス文化になじめない人（内向的な人など）や、サテライトオフィスでの勤務経験を持つ人も、そう感じている可能性はある。Slackの技術部門リーダーのマイク・ブレボートは2019年、コロラド州デンバーの自宅とサンフランシスコのSlack本社を23往復した。そこまで頻繁に顔を出せと要求されたわけではない。ただ、重要な会議や幹部のプレゼンテーションにリモート出席しても、ほかのメンバーとまったく同じように参加することはできないとわかったのだ。自分以外はみんな同じ役員フロアで働いているので、どうやら会議の前からすでに会話が始まり、会議の後にも話は続いているようだった。

人でいっぱいの会議室のなかでひとりだけスクリーンに顔が映

しだされるのも、マイナス要因の1つだった。はじめはブレボートの顔が全員から見えるが、誰かが資料の共有を始めようものなら顔は映らなくなる。ブレボートがいうには、まさに「目にしなければ、忘れられる」で、出席者の注意を引くのも口を挟むのも難しくなる。さらには、ほかの人の表情を読めない、つぶやきが聞こえない、同僚と冗談をいい合えない、という難点も加わる。そんなわけで、ブレボートは頻繁に長距離移動をすることにした。**本当の意味で仲間に入るにはその場にいる必要があるとわかったから。**そして、重役たちから姿が見えず、声も届かない状態では、キャリアが犠牲になる可能性さえあると感じたからだ。

（控えめにいっても）不満だった。妻と5人の子どもと長いあいだ離れて過ごさなければならないことに対してだ。長距離移動の面倒なあれこれや急な予定変更に多大な時間をとられることにも。やっと自宅に戻り、まだ疲れがとれないうちに次の飛行機に飛び乗るスケジュールにも。疲弊し、自分がどこにいるのかわからなくなり、ここまでする必要はないのではと思えてきた。会社が柔軟な働き方をもっと計画的に導入していさえすれば、必要なかったのでは？

ブレボートが入社したのは、経営するスタートアップがSlackに買収されたことがきっかけだ。つまり起業経験はあったので、これ以上不満が積もるならもう一度起業してもいいし、別の企業に才能を買ってもらうのもありだと感じていた。Slackはブレボートを失うところだったが、そうなる前にパンデミックが発生し、全従業員が在宅勤務に移行した。

状況は一変。デンバーの自宅から仕事ができるのでは、とブレボートに希望が見えた。重役との会議やプレゼンがテレビ会議で行われるようになり、全員の顔が一様に画面上に並ぶようになった。会議外のコミュニケーションはすべて、たとえば新製品のアイデア出しからちょっとした進捗確認まで、Slack上で行われるようになった。打ち合わせも予定調整も連絡も情報共有も、みんな同じツールで同じ方法で行われるので、誰がどこにいるかはもう問題ではなかった。ブレボートは、移動だらけの過密スケジュールをやめたおかげでワークライフバランスを改善できただけでなく、「質を重視した仕事ができる」ようになったという。それも本当の意味で柔軟な働き方ができるからこそだ。「本社はSlack（プラットフォーム）上にあるんです」と、ブレボートは語る。

従業員の能力を本当に最大限に発揮させたいなら、ここで紹介した2人のような状況をつくってはならない。それでも2人はリーダー層だったから、一般従業員よりも選択肢はまだ多かったはずだ。ステップ1で、経営陣の意思決定の指針となる「方針」がいかに重要かについて話をしたが、その方針も策定するだけでは不十分だ。組織の隅々まで意図とともに伝わるよう、そして、全従業員から最大の成果を引き出すために公平な環境を整えられるよう、ガードレールもつくる必要がある。

ガードレールとは？

ガードレールとはその名のとおり、脇道に逸れないようにする柵のことだ。**多くの人が身に覚えがあるであろうダブルスタンダード状態を防いで、柔軟な働き方の方針を浸透させる枠組み**をつくる。また、「偽の柔軟性」に向かうのを防ぐ役割も持つ。見た感じこそ柔軟だが、従業員がより良い生活のために望み、必要としている自由と自律を与えない状態を、私たちはこう呼んでいる（［例］在宅勤務が許可されているとはいえ週1日のみで、それも午前8時から午後5時までパソコンに張り付いていなければならない）。また、柔軟性の真逆をいく状況もこれに含む（［例］上位管理職がいまも週5日フルタイムでオフィス勤務しており、出世するには柔軟な働き方を諦めざるを得ないと暗に示している）。

つまりはこういうことだ。従業員に最大の力を発揮させることが目的ならば、そこに確実に到達できるように立てるのがガードレールだ。柔軟な働き方は導入プロセスをよく練らないと、理想とは逆の状態が出来上がることもありうる。柔軟な働き方を選んだ人と選ばなかった人とのあいだに機会と成長の格差が生まれる、ヘレンの同僚が「人よりもゆるやかに上がっている」と表現したあの状態だ。ある企業の在宅勤務者はオフィス勤務者と比べて生産性は同等もしくは高いにもかかわらず、昇進率はなんと50％も低いことが、スタンフォード大学のニコラス・ブルームによる2014年実施の研究であきらかになった。[2]その企業が機会不平等のリスクを認識していたか、またはそのリスクを回避するために何らかの手を打ったかについては、研究結果からはわからない。それでも、十分予測できる落とし穴だし、意識的に対策できる部分でもある。一日中オフィスで働くという「標準」から外れた人が不利益（それもたいていは不当な）を被るという問題は、Slackでも見たことがあるし、皆さんの会社にあるかもしれない。自社にとっての柔軟な働き方とは何か（ステップ1で策定した目的と方針）だけではなく、社内にどうやって普及させるかまでを役員レベルでよく計画してこそ、柔軟な働き方モデルが尊重され、受け入れられる環境をつくることができる。そして、従業員の能力を抑圧するのではなく引き出すという、意図したとおりの効果を得ることができる。ただ方針を用意しただけでは、各地に分散した従業員やリモートワークを選ぶ従業員が、機会や情報、同僚とのつながりを平等に得られなくなるリスクが生まれてしまう。

ここからは、ガードレールが特に必要な3つの分野と、ガードレールにより従業員の勤務生活をどう変えられるかについて見ていく。皆さんのガードレール構築の参考にしてほしい。

（1）リーダー層のガードレール
（2）職場のガードレール
（3）文化のガードレール

ガードレール

方針を機能させるために取り決める行動ガイドラインまたは行動制限のこと。柔軟な働き方戦略に沿って、方針を日々の行動習慣や実践に落とし込む際の助けとなる。

（1）リーダー層のガードレール

柔軟な働き方も、会社の成功の鍵を握る要素と基本は同じ。有効に機能させるには、リーダー層から方向性を打ち出す必要がある。リーダーが正しい行動を示さないと、方針は機能しない。ここからは、自分の組織に方針に従った活動をしてもらうためにリーダー層にできることを解説する。

手本を示す

ある不動産会社の役員から聞いた話だが、重要な会議にほとんどの出席者がリモート接続するなか、経営幹部はみんなで1つの枠のなかに映り、あきらかに同じ役員室内にいたことがあったそうだ。誰も気に留めないだろうと思ったのだろうが、出席者はみんな気にしていた。たとえ意図していないとしても、「従業員はオフィスにいるべきである」というメッセージが暗に送られていた。会社としては柔軟な働き方を推進したかったが、幹部の振る舞いが足を引っ張っていた。手本を見せられていない、失敗例だ。

手本を示すというリーダーシップの手法が初耳という人はいないだろう。どんな環境でも使える、純粋な良策だ。柔軟な働き方に関していえば、役員が従来どおりに毎日9時から5時まで出社していたら、それは（意図はしていなくても）戦略を妨害し、方針をないがしろにしていることになる。口で何と説明しようが、公式な方針で何とうたおうが、経営陣が常にオフィスにいるのを目にする従業員は、この会社で成長とチャンスを手にするには同じようにしなければと思うだろう。

オーストラリア発のソフトウェア会社、アトラシアンは、**手本を示すとは役員に「特に厳しいルール」を課すことだと考えている。**最高執行責任者のアヌ・バラドワジはこう説明する。「オフィス勤務の再開が安全と見なされてからも、当社では役員の出社は週1までと決めています。また、交流イベントは例外として、連携チームとの会議以外に直接一堂に会するのは四半期に一度までです」。Slackでも「役員速度制限」なるものを設けて、似たような制限を課している。CEOのスチュワート・バターフィールドは、直属の部下のデスクをひとつひとつ訪ね、手本としてどんな行動をとるかを尋ねてまわった。挙がった意見の1つが、リーダーのオフィス出社は週3日までにする案だ。また、オフィスでの貴重な時間は、極力チーム活動や顧客とのやりとりに使うと決めた。要するにオフィスとは、どうしても人がその場にいないといけない業務のための場所なのだ。リーダーが行動を通してこのメッセージを社内に広めることを、バターフィールドは求めていた。

わかりやすい行動をとる

手本を示すには、象徴的なわかりやすい行動をとるといい。柔軟な働き方を社内に強く印象付ける方法を探そう。ちょっとした行動で構わない。たとえばオーストラリアを代表する通信会社、テルストラは、ホームページ上の役員プロフィールの写真を在宅勤務中だとひと目でわかるものに変えた。[3] また、大々的にメッセージを発信するのもありだ。IBMでは、CEOのアービンド・クリシュナがパンデミック初期に、社内だけではなく全世界に向けて「ワーク・フロム・ホーム誓約」を発信した。保育所に預けられなかった10カ月の乳児の世話と在宅勤務を両立しようと奮闘するコンサル担当者の姿から生まれた誓約だ。ある日、テレビ会議の直前にこの赤ちゃんが転んでしまったことがあった。赤ちゃんに怪我はなかったが、母親である従業員がたくさんのタスクを抱えていっぱいいっぱいになっている様子が、同僚たちに痛いほど伝わった。そこから、新たな勤務環境とそれに伴う新たなニーズについての議論が盛り上がった。働き方の「当たり前」を疑ってかかり、「在宅勤務中の会議で毎回カメラをオンにする必要って本当にある？」などと疑問の声が上がるようになったのだ。

議論の結果は、ロックダウンの時代の在宅勤務の新しい「当たり前」リストという形にまとめられた（「IBMの『ワーク・フロム・ホーム誓約』」を参照）。チームがこのリストを周囲に共有すると、あっという間に広まった。約1週間後には経営陣の注意を引くまでになり、そこでクリシュナがリストを支援する意味を込めて、ソーシャルメディアに投稿したのだ。当時はパンデミックが発生して間もないころで、IBMは25万人を超える従業員のほぼ全員を急遽リモートワークに切り替えようとしている最中だった。そのころからIBMは、柔軟な働き方の定義には在宅勤務だけでなく、スケジュールの自由とハイブリッド体制（オフィスで働くこともオフィス外で働くこともある）も含めてきた。結果、従業員は新たな誓約のもとで新しい勤務スタイルを実現している。

IBMの「ワーク・フロム・ホーム誓約」

- **家庭第一で動く**ことを誓います。
- **人それぞれのニーズを尊重する**ことを誓います。
- **「カメラをオンにできない」ときを尊重する**ことを誓います。
- **親切にする**ことを誓います。
- **限度を定め、テレビ会議疲れを防ぐ**ことを誓います。
- **自分をいたわる**ことを誓います。
- お互いに**まめに状況確認する**ことを誓います。
- **つながりを保つ**ことを誓います。

等身大の自分を見せる

ＩＢＭの誓約には、柔軟な働き方の方針をリーダー層から推進するコツがもう１つ含まれている。プライベートを垣間見せることだ。変化には不安が伴うもの。従業員は足場の不安定な場所に立たされたように感じるかもしれない。ＩＢＭの最高人事責任者のニックル・ラモローは、パンデミック初期にクリシュナからよく念押しされたことを覚えている。「君たち役員は、毎日、従業員の自宅に招かれているのと同じだと忘れないように。客として気遣いの心を持って振る舞うことが大切だ」。柔軟な働き方を日常に組み入れてリラックスして働いてもらうために、リーダーがどんな姿勢や態度を示せるかをうまく伝えている。具体的には、テレビ会議にうっかり乱入した子どもに「やあ」と声をかけたり、自分の家族に一瞬だけ映って手を振ってもらったりできるといい。勤務スケジュールの自由を行使してスポーツジムのクラスに参加したり、娘の学校の演劇を見に行ったりするときは、チームメイトに「いつ退席するか」だけでなく「なぜか」も伝えてみよう。チャットのステータス欄に「母親の誕生日を祝い中！」と書くのもいいし、他の手段で伝えてもいい。

Slackの当時の最高マーケティング責任者であるジュリー・リーグルは、８歳と５歳の子どもと一緒に、パンデミック以降初の全社ミーティングに出席した。リーグルもいろいろなことの両立に奮闘する等身大の人間なのだ、と2000人以上の出席者に伝える結果となり、すぐに前向きな反応が寄せられた。シニア・カスタマーサクセス・マネージャーのクリスティーン・マクホーンは、「全社ミーティングでジュリー・リーグルの膝の上に娘さんたちが登ってきたとき、私たちは今後こういった面でサポートを得られるんだ、というのを理解できました」と話す。

(2)職場のガードレール

柔軟な働き方戦略を成功させるには、職場に持たせる役割をリーダー層で定義し直す必要がある。どのように定義し直すかはチームのニーズによるが、確実に効果を出したいなら、戦略的にガードレールを設置して従業員が昔の習慣に戻らないようにしなくてはならない。部門を超えて方向性を打ち出すガードレールの例をここで紹介する。皆さんの職場でもぜひ参考にしてほしい。

オフィススペースはチーム活動優先にする

Slackの「デジタルファースト」文化では、オフィス出勤はもう標準ではない。むしろ例外だ。CEOのスチュワート・バターフィールドはこう説明する。「チームで直接集まるなら、チームビルディング、プロジェクトのキックオフ、計画済みの会議やイベントなどといった、目的があるべきです。柔軟性と計画性を組み合わせるんです」[4]。オフィスの役割をこのように定義しておくことで、柔軟な働き方の構造が見えやすくなる。

Slackは「役員フロア」もなくした。デジタルファースト戦略に移行する前、サンフランシスコ本社の10階には広々とした役員会議室とブリーフィングセンターが、9階にはCEOと執行役員のオフィスがあった。重要な会議は必ずこのどちらかのフロアで開かれたし、同僚と雑談して出社していることをアピールする場所でもあった。オフィスの使い方についての固定観念を変えるために、まずはこの役員フロアを廃止し、再び必要になる日は来ないと考えることにした。新しいガードレールに従い、役員は基本的にはチームメンバーに会う目的でオフィスに出勤するとした。そのほかのやりとりや交流は、ブレボートがいったとおり、「本社はSlack（プラットフォーム）上に」あるのでそこで行う。

オフィススペースの使い方を考え直したほうがいい企業は多いのではないだろうか（これについてはステップ5で詳しく扱う）。ミラーノルなどのオフィス設備メーカーは、個人用のパーテーションや役員室よりも、共同作業を促進して人間関係を育む共有スペースづくりにこだわるようになってきている。作業の種類によってゾーンを変えてもいいかもしれない。集中して作業できる静かなフロアと、チームで集まるための交流フロア、なんて分け方も良さそうだ。「職場」がもう物理オフィスではないなら、会社の物理オフィスを今後どう使うかはあなた次第だ。

同じ土俵に立てるようにする

全員が公平に働けるよう、リーダーが一貫性のある勤務環境をつくり、「オフィス勤務者の特別扱い」をなくす必要がある。計画的に全員が対面で集まる場合を除いて、ミーティングではオンライン参加者も公平に参加でき、議論に入れる構造を徹底するべきだ。Slackでは「**1人がオンライン参加なら全員がオンライン参加**」というガードレールを設けて、全員が一部屋に集まるか、全員がオンライン参加するかのどちらかに必ず揃えることにした。オフィス内のデスクからオンラインで会議に参加することだってある。

このようなガードレールの徹底は、社内の根強い習慣を壊す場合は特に、簡単とはいえない。正しい理解を広めて役員が模範行動を示せるようになるまで、しばらくのあいだ実験と練習を要した（ステップ4で手順を詳しく説明する）。製品レビュー会議に全員がオンライン参加する（会議室の予約さえしなかった）ようになると、「会議室に実際に出向いたほうがいいのではないか」というプレッシャーも減り、**役員にプレゼンする機会が年に数回しかない従業員も同じ土俵で戦えるように**なった。

従業員の積極参加をあの手この手で促すのも大切だ。何でもかんでも日時を指定してテレビ会議でやりとりしなければいけないわけはない。違うタイムゾーンにいる、家に子どもがいて騒がしい、内向的なので大人数でのテレビ会議では発言できそうにないなど、テレビ会議を不便に感じる人もいる。誤解のないよう説明すると、テレビ会議システム自体はすばらしいツールだし、たくさんの人のライフラインとなっているが、使えるツールはこれだけではない。コミュニケーション用プラットフォームやチャット、音声、非同期動画メッセージ（都合の良いときに再生できるよう事前録画しておく動画）のほうが役に立つ場面もある。バーチャルホワイトボード、非同期型のブレインストーミングツール、資料にバーチャルで書き込みながら共同作業できる機能など、選択肢は幅広い。どれを使うかをよく判断して、余計な会議でメンバーのスケジュールを埋めないようにしよう（このステップの後半で詳しく述べる）。

昔の名残にしがみついていまが会社の転換期だと理解していない役員が多いことが、調査であきらかになっています。リモート環境やハイブリッド環境で得た学びから良い部分を定着させられるよう、経営者が関心を持って行動に移さなければ、社内の不平等は急加速するかもしれません。

Ellavate Solutions創業者兼企業内心理学者、ジョージタウン大学マクドノー・スクール・オブ・ビジネス、エラ・ワシントン[5]

オフサイトイベントの役割を再考する

従業員を何曜日にオフィス出勤させるかばかりに気をとられている企業が多い。でも、各チームが十分にチームビルディングと生産性アップを図れるよう、定期的にミーティングやイベントを催せる環境を整える必要もある。具体的には、リーダーに新たな情報とツールを与えて支援することになるだろう。

たとえば、チームメンバーが各自好きな場所で好きな時間に働いていたら、イベントは十分早めに通知しなければならない。また、オフサイトイベントは運営計画をよく練る必要もある。これに関しては、プリヤ・パーカーが著書『最高の集い方──記憶に残る体験をデザインする』（プレジデント社、2019年）に説得力ある持論を展開している。「集まりを企画する人が、深く考えて準備し、（目に見えない）仕掛けを組み入れ、好奇心を持って、広い心で、熱心に挑戦するとき、その会は盛り上がり、参加者を満足させるのです」[6]。チームリーダーは、次の4つの質問を意識して、ぜひ有意義な集いを計画してほしい。

①どうすれば参加者が確実に居心地良く過ごすことができ、やる気も高まる？
②トピックは？　何を達成したり生み出したりしたい？
③誰がどのように進行する？
④どんなツールが必要？

チームリーダーがもっと有意義な集いを、それも生産性を上げるだけでなく帰属意識を育む集まりを開くには、経営陣としてどんなサポートができるかを考えなければならない。以前は無料の軽食やコーヒーカウンター、マッサージなど、オフィス内で利用できる福利厚生に力を入れる企業が多かったが、チームが分散して柔軟に働くようになるとこれは意味をなさない。代わりにオフサイト（対面でもデジタルでも）で使えるチーム用のイベント予算や欲しいものを選べるメニュー（食事やおみやげ用のグッズなどを事前承認済みのベンダーから選ぶ）の提供などを検討する。また、チームのニーズに合ったイベント計画をサポートする「取りまとめ役」も用意できるといいだろう。

（3）文化のガードレール

柔軟な働き方によって生まれる文化は、これまでのオフィス文化とは必然的に異なる。何より、柔軟な働き方戦略をいちからつくるとは、社内文化が長年抱えてきた課題に向き合うチャンスでもある。ここでは3つの大きな課題を取り上げるが、自社のニーズに合わせて戦略を練っていく過程でほかにもたくさん見つかるだろう。

会議中心の文化から卒業する

企業文化にまつわる万国共通の不満の種がある。そう、会議にはほぼ誰もがうんざりしているはず。会議は業務遂行に役立っているのか、それとも実は邪魔しているのかは、正直よくわからない。研究者のレスリー・パーロウ、コンスタンス・ハドリー、ユーニス・ウンによる、さまざまな業界のマネージャーを対象としたアンケートでは、全回答者の70%が「会議は非生産的で非効率的と感じている」、65%が「会議は業務遂行を邪魔している」と答えたそうだ。[7]

会議について、考え直すときがきた。Slackの経営陣は「カレンダー掃除」を宣言し、率先して取り組んでいる。定期的な会議や面談をひとまずカレンダーからすべて取り除き、ひとつひとつ吟味して本当に必要なものだけ戻す。社内に発表するメッセージでは、目的を次のように説明した。

■「散らばって働く時代が来たいまこそ、働き方を変えるときです」

■「主催者や目的、テーマが変わりながらもずっと開催され続けている会議がたくさんあります。いったんカレンダーを空っぽにして、本当に重要なものを見極めましょう」

会議をいっさい開くなという意味ではない。従業員の勤務時間が会議に奪われている問題に対して、役員側から積極的に働きかけたというわけだ。そして、なくせる会議や短時間に分割できる会議が本当に多いことに気が付いた。たとえば、月次売上報告会議はたいてい報告から始まるが、事前に報告資料を送ってはどうだろう？ プレゼンテーションは概要版または非同期動画にして共有すれば、各自が都合の良い時間に見られる。このような工夫で会議の時間は大幅に減らせるし、そうすればチームで過ごす時間をもっと内容の濃い議論やチームビルディングに当てられる。そのためには、まずリーダー層が会議を意識的に見直し、事前にできることなどを検討する必要がある。プリヤ・パーカーは『最高の集い方』に「イベントが成功するかどうかの90％は、事前の準備で決まる」と書いている。

Dropboxは独自の「3D」を基準に会議を計画している。**討論（Debate）**、**議論（Discuss）**、**決断（Decide）**だ。私たちならこれに4つ目として**成長（Develop）**、つまり個々のスキルを磨いたり専門的な能力開発を行ったりすることを加えたい。この4つの目的のうち1つ以上を達成しない会議は、必要ないと判断できる（詳しくは、巻末のステップ2のツール2「会議を減らすベストプラクティス」を参照）。情報共有や進捗報告は会議ではなくツールを使って行えば、自分やチームメンバーのスケジュールに空きが増え、仕事を進めるために本当に必要な作業に取り組めるようになる。

1日8時間、週5日のいつでも会議に応じなければならないという思い込みを排除するガードレールを設置するのも良い。成功事例に、リーバイ・ストラウスの「金曜日はノー会議デー」がある。社内会議による負荷を減らし、作業に集中する日をつくるのがねらいだ。グーグルは数年前から一部のチームで「ノー・ミーティング・ウィーク」を、セールスフォースはそれに似た「非同期ウィーク」を採用している。従業員に余裕を与えるだけでなく、本当にその会議が必要か、頻度か出席者、またはその両方を減らせるかを主催者に考え直させる目的もある。Slackの製品チーム、デザインチーム、技術チームはそれぞれ「メーカー・ウィーク」と「メーカー・アワー」を設けている。週3日、2時間のあいだは通知を切って、集中して仕事をして良い（会議関連の課題は、ステップ4の「実験して学ぶ」を試すのにぴったりのテーマだ）。

ブレインストーミングの必要性を疑う

柔軟な働き方についてよくいわれる懸念に、「創造性とイノベーションを抑圧するのでは」というものがある。会議室に集まってホワイトボードを囲み議論を尽くすことなく、いったいどうやって新しいアイデアを生んだり、厄介な問題を解決したりできるのだ、と。でも、別のやり方をなかなか想像できないのは、単に試したことがないからだ。しかも、別のやり方を検討すべき理由なら十分にある。**ブレインストーミングは称賛されがちだが、良くて時間の無駄、悪くて忌まわしい集団思考に陥り生産性が落ちることさえもある**と、数々の研究結果が証明している。

それよりも「**ブレインライティング**」と呼ばれる手法のほうが、アイデア創出に適しているとわかってきている。ハイブリッドなアプローチを要するので、柔軟な働き方との相性も抜群だ。実際、大勢でアイデア出しをする際に、はじめに各自で考える時間をとることがこれまでも多かったのではないだろうか。

ブレインライティングも個人作業から始まる。批判されることへの不安や、同じ部屋にいる声の大きな人や偉い人からの影響なしに、自由に徹底的に考える時間と余地を確保できるからだ。各自がアイデアを紙に書き、全員が書き終えたら見せ合って議論を始める。より良い結果を引き出せると証明されたアプローチだ。『ハーバード・ビジネス・レビュー』誌によると、「800以上のチームをメタ分析的にレビューした結果、他人と意見を交わさないほうが、独自のアイデアをより多く生み出せることがわかった」[8]。これに対し、従来のブレインストーミングは、「大人数で行い細やかに指導される場合、さらに意見を書くのではなく口頭で発表した場合に、生産性に悪影響を及ぼす可能性がひときわ高かった」という[9]。

ブレインライティングが効果的とされる理由の1つが、大人数を巻き込めるところだ。 先にひとりきりで自由にアイデアを出させることで、多様性を持つチームで心理的安全性を確保できるし、普段なら立場が上の人や発言の多い人の声にかき消されてしまう声を拾うことができる。リモートワーカーがのけ者にされる事態も回避しやすくなる。マイク・ブレボートが遠く離れた本社に年間20回以上出向いた理由を覚えているだろうか。デンバーからリモート接続しても、本当に会議に参加しているように感じられなかったからだ。良い解決策とはいえないもののブレボートは本社に出向くという手段をとることができたが、その選択肢を持てない従業員は多いし、大規模な会議やブレインストーミング形式で意見を出しづらい人もいるだろう。参加できないメンバーがいるせいで、どれほどの見識や創造性、専門知識をみすみす逃しているか、一考の価値はあるはずだ。

自分のなかの固定観念に抗う

いまの管理職のほぼ全員が「9時5時」文化を経験してきたが、その文化に内在する思想をあえて吟味したことは、たぶんない。著者の1人であるシーラが駆け出しのころ、夜更けまで働くと、その「献身的」で「粘り強い」態度を称賛された。ビジネススクールで受けたアドバイスで強く記憶に残っているのは、「40を過ぎるまではがむしゃらに働き、友人や家族との時間は落ち着いてからとればいい」だ。

「苦労なくして得るものなし」を家訓とする家で育ったヘレンは、20代のときに週100時間労働、度重なる出張、長距離通勤の果てに「燃え尽きた」経験を持つ。同僚とワークライフバランスについて話したとき、「個人的な目標は週に2回子どもの顔を見ること」と相手は何の気なしにいったそうだ。1日にではなく、週に！

もう1人の著者であるブライアンは若いころから、「ほぼ間違えず、決して迷わない」

の心構えこそが成功の鍵だと教えられてきた。自分の知識が不足しているときや、答えが自分のなかにないとき、それをいさぎよく認める人間が周りにほとんどいなかったのだ。この考え方はブライアンの最初のスタートアップで深刻なマイナス要因となった。自分が知らないこと、誰にもわからないことが、山のようにあったからだ。複雑な問題に直面したときに誰かの手を借りるには、深く根付いたこの考え方を手放す必要があった。変わらずにいたら、ブライアンの事業は倒産していただろう。

私たち3人が置かれた境遇は、実業界では決して珍しくない。でも、自身の成功のため、そして自社のために、長年かけて染みついた考え方から脱却しなければならなかった。**何をもって「優秀」とするのか、古いものの見方を見直すときが来ている。**「長時間働く＝成果が出る」や、従業員の裁量に任せてはいけない、という思い込みだってそう。企業文化の「当たり前」を、私たちはなぜ疑いもせず信じてきたのだろう？　実験して確かめた人は、果たしているのだろうか？

古い固定観念のおかしさを裏付ける証拠は、実はたくさんある。ストレスや燃え尽きは成果を上げるどころか下げることも、信頼関係の欠如は従業員のモチベーションを下げることも、確認されている。従業員の潜在能力を本当に引き出したいなら、リーダーたちの見る目を鍛えるべきだ。結果に悪影響を与える行為を評価するのはやめて、結果につながる行為に目を向けなくては。メールを夜遅くに返信したり、朝誰よりも早くオフィスにいたりする人に対して、次からは褒める前に少し考えてみてほしい。いちばん大切なのは仕事の質とそこから生まれる結果であって、いつ、どこで仕事をするかではないのだから。

ガードレールが本当に重要なわけ

リーバイ・ストラウスが柔軟な働き方戦略を導入してから、最高人事責任者トレイシー・レイニーのオフィス出勤は週平均2〜3日にとどまっていて、私たちが話を聞いた週もそうだった。火曜日は自宅に人を泊めていたので、オフィスに行ったほうが気が逸れることなく働けると判断した。朝起きて、典型的なラッシュアワー通勤の後、一日中会社にいた。閑散としたオフィスから各地に分散したメンバーとオンラインでやりとりすることを除けば、まるで昔のようだった。次の日は、朝に自宅で電話2本に対応した後、休憩をとって体を動かした。それから車でオフィスに向かって午前11時頃から働き、そのまま夕方までオフィスにいて、夜には同僚の勤続記念のお祝いに出席。長い1日だったが、行きも帰りもうまくラッシュアワーを避けられた。その次の日は在宅勤務で、午後3時頃までに仕事を片付け、息子のクロスカントリーの試合を見に行った。

働く場所も時間もバラバラな3日間だが、この柔軟さのおかげで、レイニーのプライベートなニーズ（運動、家族のつながり、ベイエリアの渋滞にとられる時間の短縮）と仕事のニーズのバランスが保てている。それでも仕事は十分こなせたうえ、仕事の時間とプライベートの時間をくっきりと分けるよりも効率的だし、ストレスも少ない。なぜって、現実を見てほしい。そんなにくっきりと分けられないのが生活ではないか。明日は今日とまったく同じじゃない。いつだってプライベートのタスクと仕事のタスクは混在していて、そのバランスをとらなければならない。柔軟に働けるというだけで、レイニーはそんな現実にうまく適応できている。

こうした類いの自由は、本当にたくさんの人のためになるはずだ。当然、ニーズは個人によって異なる。子どもではなく年老いた両親の面倒を見ている人もいるだろうし、運動ではなく身体または精神の健康のために対処が必要な人もいるかもしれない。宗教関連の祭日がある、地理的に遠い場所に住んでいる、または単に朝に弱いので夜のほうが生産性が上がるなど、さまざまな事情があるだろう。働くことに対する考え方を変えられたなら、どんな事情にも適応するのはそれほど難しくはないのだ。週5日、9時から5時や6時や8時という1種類の働き方しか想像できないと、たくさんの人を置き去りにするか、完全に無視することになる。

柔軟な働き方は、仕事でいちばん置き去りにされがちだった人々、つまり長く差別を受けてきたグループや誰かの世話をする人に、特に大きなメリットをもたらす。逆に柔軟性がないと、そうした人々だけでなく、企業としての業績やコミュニティにも不利益となる。近年、多様性のあるチームのほうが大きな成果を残すことを示す研究結果が、次から次へと発表されている。成長が早く、より革新的で、社内外の出来事にすばやく適応できるからだ。柔軟な働き方は、社内に多様な人材を保持する鍵にもなる。「変わる余地を最も多く秘めているのは、採用経路でしょう」と、『リモートワーク・マネジメント』（アルク、2021年）の著者セダール・ニーリーは述べる。「採用経路は驚くほど多様になりました。（中略）いまなら、遠く離れた州に住む人でも引っ越しさせることなく雇えます」

これがなぜ重要かというと、以前よりずっと多様な人材から選んで雇用できるうえ、あらゆる属性の人、特に過小評価されてきたマイノリティにメリットをもたらすからだ。ニーリーはこう続ける。「雇う相手を、いまの地域やコミュニティから引きずり出さなくてすむのです。（中略）いまいる場所にとどまりながら勤めてもらえたら、会社への定着率にも仕事の満足度にも大きな効果がありますから」[10]。柔軟な働き方のレンズを通して見れば、これまで経営者たちが大切な人材をつなぎとめるためにしてきた苦闘も、不要になるのではないだろうか。

ハロルド・ジャクソンの例を見てみよう。私たちの知る限り、どんな経営者にも大切な人材を失った経験や、手放したくない従業員が望む勤務時間や勤務場所、またはその両方を叶えるためにどんなことでもしたという経験がある。ジャクソンはシーラにとってのそんな従業員だ。シーラがSlackのアナリスト・リレーションズのトップを探していたとき、たくさんの候補者と面接を行ったが、ジャクソン以上の適任者はいなかった。でもジャクソンは家族とケンタッキー州に暮らしていたので、採用するとはつまりカリフォルニアに引っ越しさせることを意味した。

はじめ、ジャクソンは家族を置いてひとりで越してきて、週末のたびに家に帰っていた。やがて家族も引っ越してきたが、長くは持たなかった。ベイエリアの暮らしになじめずにケンタッキー州に戻ってしまったのだ。ジャクソンも一緒に戻るといったが、シーラは当時はそれに賛成ではなかったと認めている。Slackは創業からまだ数年で、勢いよく成長するステージにあったので、オフィスで仕事をしたほうがいいと考えていたのだ。ジャクソンのために何とかしようと決めたものの、会社にそうできる基盤がなかった。シーラが懸命に手段を探すあいだもジャクソンは遠い自宅との行き来を続け、最終的にはSlackのオフィスがあるニューヨークに引っ越して、せめて家族と同じタイムゾーンにいられるようにした。結局2年以上が経ってようやく事態が動いた。パンデミックが始まったタイミングでジャクソンは自宅に移り、全従業員が柔軟な働き方をするようになったのだった。

それ以降ジャクソンは幾度も昇進し、その功績はSlackの成長ぶりにはっきりと見てとれる。ジャクソンを柔軟に働かせるための悪戦苦闘に、時間と労力の無駄がなかったとはいえない。いざパンデミックに強制されたら、全社ですんなりと適応できたのだから。ぜひ理解してほしいのは、この章で紹介したガードレールのほとんどが、しばらく前から見直しを必要としていた問題である点だ。

トレイシー・レイニーはこう述べている。柔軟な働き方を導入するにあたって「ガードレールで対処すべき問題はあります。一部のグループに偏見を抱いてしまうこと、特定の人たちの姿が見えづらくなること、多すぎる会議、燃え尽きそうになるほどの過負荷などです。常に気をつけなければならない重大な問題ばかりですが、それでも社内には存在していたのです」。柔軟な働き方へのシフトは、こうした長年にわたる障壁や生産性の妨げにもっと総合的な方法でアプローチするチャンスとなる。

この続きとしてステップ3では、公平性を確保しながら方針とガードレールをチームレベルの規範に落とし込んでいく。ステップ1とステップ2では主に、トップダウンで方向性を定めて、対象範囲と期待する内容をチームリーダーに示してきた。次はメンバー個々のニーズを叶えながら、チームで柔軟に働く習慣づくりを進めていく。

Step 2 のチェックリスト

「ガードレール」を決める

□ガードレールとは何かを理解したか。柔軟な働き方を支援するため、また全従業員の能力を最大限に発揮させるという目的達成のために、ガードレールが必要となる理由を理解したか。

□経営陣向けに設置する必要がありそうなガードレールについて、検討したか。従業員に求めることの手本をまず見せ、経営陣が成功を妨げたりしないためのガードレールである。

□職場のガードレールについて検討したか。オフィスが担う役割の再考と、柔軟に働ける公平な環境づくりを促すガードレールである。

□社内文化のガードレールについて検討したか。古くからの習慣や基準を疑ってかかり、成果につながる新しい習慣や基準に置き換える（会議に依存した文化を壊すなど）ためのガードレールである。

Step 3

チームの「取り決め」を定める ——個別の事情に配慮する

「従業員同士が離れて働くようになったにもかかわらず、当社は成果を上げてきた。でも、昨年から大切なものが欠けているのも事実。そう、仲間だ。テレビ会議が距離を縮めてくれることに間違いはないが、それでも単純に再現できないものはある」[1]。これは、アップルのCEO、ティム・クックが2021年6月に従業員宛てに送ったメールからの引用だ。月、火、木曜はオフィスで勤務し、残り2日はリモートワークを選択可能とする新しい方針を知らせる趣旨だった。同年5月には、グーグルのCEO、サンダー・ピチャイが同様の計画を発表し、ほとんどの従業員に週3日以上のオフィス勤務を求めた。ほかにも数多くの企業が似たような計画を打ち出した。

アップルではすぐに反発の声が上がった。クックのメールから2日後には、役員と一般従業員の感覚の乖離を指摘するメッセージが従業員から届いた。「リモートワーク支持派」の従業員から直接クックに宛てられた手紙には、このように書かれていた。「リモートワークと勤務場所の自由に関するアップルの方針、またそれに関する伝達内容に対して従業員のあいだで懸念が高まっており、なかには退職を選ばざるを得ない状況に陥る者もいることを、この場を借りてお伝えします。柔軟な働き方がもたらしていたインクルーシブさを奪われ、多くの従業員が、最高の成果を出せる仕事環境と家族と健康の組み合わせをとるか、アップルで働き続けることをとるかの2択を迫られているように感じています[2]」

グーグルやほかの企業も従業員から同様の反応を受けたのを見ると、こんな疑問が湧く。この新方針はいったいどんな目標に貢献するのだろう？　柔軟な働き方の目的が、従業員のエンゲージメントを高め、人材を定着させ、能力を発揮させることなら、企業が受けた反論を見る限りは達成できそうには思えない。こうした画一的な方針からは、本当に従業員のニーズに合った働き方をしてもらうには何を決めたらいいかという、重要な考えが抜け落ちている。

私たちが思うに、こうした企業は2つの点で失敗している。1つは、**「偽の柔軟性」の良い例**となってしまっている点だ。従業員がいちばん求めている自律と選択は許さずに、見かけだけ柔軟性を取り入れている。しかも勤務場所の柔軟性に関していえば、従業員を支援し、働きやすくするためではなく、どちらかというと気まぐれな理由で選択肢を狭めている（なぜ月、火、木曜なのだろう？　火、水、隔週の金曜、ではいけないのだろうか？）。これでは真の柔軟性とはいえないうえ、まるで全従業員が勤務環境に対して同じニーズを持っているかのように扱っている。そんなはずはないのに。

２つ目は、意図的かどうかは別として、**チームへの信頼の欠如が伝わる**アプローチになってしまっている点だ。トップダウンで独断的なルールをいい渡すのは、ひとりひとりに最適なやり方とチーム全体の生産性最大化の両立を各チームには任せられないといっているようなもの。そして信頼の欠如は、従業員のエンゲージメントを高めるどころか下げてしまいかねない。

いくつかの企業がすでに新方針を撤回した裏には、こうした理由があったのだろう。アマゾンでは週３日のオフィス勤務を求めると発表した数カ月後、ＣＥＯのアンディ・ジャシーが方針変更を伝えるメッセージを従業員に送った。

「週３日程度のオフィス勤務を基準としてきましたが、今後その判断を各チームに委ねることにします。各チームのディレクター層で決定するようにしてください。引き続きリモートワークをメインとするチームもあれば、リモートとオフィス勤務を組み合わせるチーム、またはお客様に最高のサービスを提供するためにオフィス勤務をメインとするチームもあると思います。週に何日、または何曜日にオフィスに出勤するかを私たちのほうから命ずることはありません。ディレクターが、シニアリーダーとチームメンバーと協力して決めることになります[3]」

当然ながら、この方針転換からも重大な疑問が生まれた。これでうまくいくのだろうか？　柔軟な勤務スケジュールを決めるのは難しく、「燃え尽き」などのリスクもあれば、会議が立て続けに入るなどというおなじみの問題もどうにかしなければならない。どうすればこのすべてに対処できるだろう（この「どうすれば」の決め方を、この章で扱っていく）。

企業がここに苦戦する理由は、理解にかたくない。柔軟な働き方というのは、西部開拓地のように見えるのかもしれない。統制のきかない、混乱した無法地帯。柔軟な体制を長く否定してきた文化があればなおさらだろう。決められた曜日にオフィス出勤する方針にすれば、確かに具体的でわかりやすい（裏にある目的があまり理にかなっていないとしても）。でも、自社の柔軟な働き方戦略に合った枠組みをつくれば、西部開拓地にはならずにすむのだ。理想は、会社として重視することをトップダウンで伝え、その枠組み内でチームごとに最も効果的なやり方を見つけてもらうこと。そのバランスを保つのに必要となるのが、**信頼関係、透明性、そして新しいツール**である。

ステップ3では、そのツールの1つである「チームの取り決め」を紹介する。乖離状態にある役員層と一般従業員のあいだに橋を架け、方針から始まってガードレールを通り、行動習慣の明確な変化へと続く道をつくるのに役立つツールだ。どのような内容で、なぜ必要か、そして大きな組織全体にわたってどのように作成と導入を進めれば良いかを、このステップで解説する。

従業員は柔軟性と信頼の両方を求めています。信頼とは、任務を遂行できると経営陣と会社から信じてもらえていると思える感覚です。

Mr. Cooper 最高人材開発責任者、ケリー・アン・ドハティ[4]

「チームの取り決め」とは？

ここまで、柔軟な働き方の目的と方針について解説し、公平な環境づくりを行うためのガードレール設置について知見をまとめてきた。経営陣が決定する全社的な事柄（あらゆる階層の従業員からの意見は聞くが）を中心に扱ってきた。

ここからは、方針とガードレールを行動に移していく。チームやチームメンバーは、全社的な方針やガードレールをどのようにして日々の行動に落とし込めば良いのだろう? 柔軟に働くと、具体的にはどのような働き方をするのだろう?

これは難しい質問だ。要は全員が公平に参加できる環境を整える必要があるが、それぞれが違う場所で違うスケジュールで働く場合はどうすればいいのだろう? 強固な仲間意識と帰属意識の維持は組織として大切だが、入社したばかりの人やまだ誰とも対面していない人はどう支えればいいのだろう? チームメンバー全員がバラバラなスケジュールで動くときは?

ここで活躍するのが、**チームの取り決め (TLA=Team Level Agreement)** だ。「チームの働き方協定」や「チーム業務マニュアル」とも呼ばれ、チームで働くためにメンバーに何を求めるかを明示したガイドラインまたは「基準」である。覚えているだろうか。働く人の大半が柔軟性、それも勤務スケジュールの柔軟性を特に求めながらも、規則も欲していた。Future Forumのアンケートでは、ナレッジワーカーのおよそ3人に2人(65・6%)が、厳格なスケジュールでも完全に自由な状態でもなく、柔軟性と先のスケジュールがわかる規則性のバランスを求めていた(だから私たちは「枠組みのなかでの柔軟性」を提唱している)。信頼を育み、透明性を高め、能力を存分に発揮させるという目標を叶える枠組みが、「チームの取り決め」、つまりチームごとに働き方を選んで明記したものなのだ。

ここでこんな疑問がよく寄せられる。なぜチームの取り決めなのか？　会社単位で揃えなくていいのか？　ステップ1で方針を1セットつくったように、ガイドラインも会社で1セットつくれば良いのでは？

チームが違えば目標も制約も異なるので、あるチームに適したガイドラインが別のチームには意味をなさないかもしれない、というのが答えだ。たとえば次のようなパターンが考えられる。

- ある程度まとまった期間（毎月初めの数日間など）をとって共同作業を行い、残りの期間は主に個々の作業に集中して1日数時間のみ勤務時間を被らせるチーム（製品開発など）
- 日中は常に問題に対処できる体制をとる必要のあるチーム（営業、カスタマーサポートなど）
- 複数のチームの習慣とスケジュールを考慮する必要のある部門横断的なチーム（戦略策定、プロジェクト管理など）

当然ながら、**まずは社内で「チーム」を定義する**必要があるだろう。ニーズや役割が似通っているなら、部門やグループなどもっと大きな単位でＴＬＡを作成できるかもしれない。大切なのは、従業員に枠組み内での自律を認め、最適な働き方と、個人とチームの能力を発揮するために必要なものを各チームに決めさせることである。

テンプレートの作成

メンバーや職種ならではのニーズを満たすＴＬＡをチームでつくることになるが、ほとんどの人にとって未知のタスクだと思うので、まずは役員が出発地点を示せると良い。会社が重視するポイントが伝わる、柔軟でカスタマイズ可能なテンプレートを提供しよう。

ただし、「月、火、木曜はオフィス勤務デー」のように具体的なルールを決めてはいけない。社内にどのような指示を出せばチームが枠組みをつくりやすいかを考えてほしい。会社の目的と従業員のニーズの両方を満たすために、まずはこのテンプレートを通してチームの行動例を日常レベルでわかりやすく示そう。

チームの取り決め（TLA）の良い例と悪い例

TLAとは

■全社方針を日常レベルの基準と行動に落とし込む方法を示したガイド。
■チームに適した実例をたくさん挙げ、個人がそこから選べるようにする。

〈RBCの場合〉「物理的な距離も重視する」という方針を行動に落とし込む場合、TLAテンプレートはたとえばこのようになる。

業務の遂行にいちばんプラスとなる出社頻度について、各チームで考える。
［例］四半期に一度、出社してロードマップ策定を行う
［例］週1〜2日、対面で交流して関係性を深める（特に編成したばかりのチームなど）

〈ジェネンテックの場合〉柔軟な勤務スケジュールについての基準は次のようになるだろう（のちほど事例を詳しく紹介する）。
チームメンバーは、どのようなスケジュールを組めば個人のニーズとチーム

のニーズを両立できるかを、上司と話し合う。その際、どこで働くかだけでなく、いつ、どのような形態で働くかもよく考えること。

[例]いつ働くか――平日5日間、平日4日以下、柔軟なスケジュール(子どもを学校に送る前の2時間＋日中のチームが稼働しているタイミングで最低2時間＋任務遂行に必要な時間)など

[例]どのような形態で働くか――フルタイム、パートタイム、ワークシェアリング、シニア層の時短勤務など

TLAの悪い例

■トップダウンで命令する。

[例]「月、火、木曜は全員が出社すること」

[さらに悪い例]「役員には週1日のオフィス勤務、若手社員には週5日のオフィス勤務を命ずる」

難しそうと感じても、私たちがサポートするので心配はいらない。巻末のツールキットに、「スターターテンプレート」という、テンプレートのためのテンプレートを載せ

ている。Slackのデジタルファーストの取り組みに基づいた内容になっているので、これをもとに皆さんの会社に合うテンプレートをつくってほしい。完成したら、チームごとに柔軟な働き方を決める手引きとして、各チームに配布する。

ここからは、TLAに書く基本的な内容について、さまざまな組織に共通して見られたカテゴリー5つを中心に説明していく。TLAの具体例も適宜紹介するので、そこから選んでも良いし、参考にしてオリジナルの項目をつくっても良い。ニーズに合うよう内容を変更したり、セクションを追加したり、カテゴリーを削除したりしてほしい。出来上がったTLAテンプレートを社内に配布したら、リーダーやチームはそれを使って自分たちに合うものをつくり、これから適宜進化させていくことになる。ビジネスに変化はつきものだから、働き方を指示するドキュメントも常に最新化するのが自然だ。

スターターテンプレートには、この5つのカテゴリーを載せている。

（1）価値観
（2）スケジュールと会議
（3）責任
（4）チームワーク

（5）見直し

まずはこれを1つずつ解説し、ステップ3の後半では、TLAテンプレートを社内に共有し、支持してもらうまでのベストプラクティスをいくつか紹介する。

始める前に

公平な環境を保つには、さまざまな状況や次のようなメンバーに配慮したTLAをつくる必要がある。

- 入社したばかりの人と長年勤務している人の両方
- 新卒とベテランの両方（とその中間すべて）
- 内向的な人、外向的な人、状況によってどちらにも当てはまる人
- 人種、ジェンダー、宗教、経歴において多様なバックグラウンドを持つ人
- 独身、ひとり暮らしから、何世代かで同居する大家族まで（とその中間すべて）、さまざまな家庭環境を持つ人

■会社のあらゆる階層や部署に属する人

大切な人材をひとりも取り残さないことがねらいだ。

(1)価値観――勤務環境の何を重視するか

かつてあるクライアントが、柔軟な働き方計画を策定したいものの、日々の業務活動が具体的にどう変わるのかをイメージしかねていた。そこでもう行き詰まっているというので、私たちが活動に参加し、TLAワークショップを開くことにした。

ワークショップの対象者は、社内全チームに配布するTLAテンプレートの作成に苦戦していた役員たち。従業員が柔軟に働きたがっていることは理解していたが、かっちりとした制限事項と固定スケジュールで働くことにあまりにも慣れていたせいか、議論はこう始まった。

「週に最低2〜3日のオフィス勤務を必須条件にするべきだろうか?」

「『必須条件』だと柔軟さが感じられないから、『目安』と呼んだら?」

「『目安』は弱すぎる。『要求』はどうかな?」
「それか『強く推奨』は?」

これは間違った出発点だ。どんな言葉で呼ぼうと、柔軟さを支援するのではなく制限するルールからつくり始めている(それも、多くの人が望むスケジュールの自由を制限している)。繰り返しになるが、だからはじめに目標を考えなければならないのだ。そうしないと目標と矛盾する指針や基準が出来上がってしまうかもしれない。もしも柔軟な働き方の目的が従業員の能力を引き出すことなら、「従業員にとって重要なものは何か」から始めよう。従業員は何を重視しているのだろう?

柔軟な働き方の全社方針が、この議論を有意義に行う軸となる。方針をよく理解したうえで、従業員なら次の空欄に何を入れるだろうか、と考えてみてほしい。

私たちのチームは、○○○○という勤務環境を重視します。

考えられる例を挙げてみると、

■対面かリモートかに関係なく、みんなが一員として参加できる
■継続的にフィードバックが得られる
■個別作業に集中する時間を優先し、尊重する

空欄に入る答えを、明確かつ短い言葉でTLAに書き出そう。ここだけではなくTLA全体において、明確さと簡潔さは鍵となる。ステップ1で説明した、柔軟な働き方の方針策定の注意を覚えているだろうか？　シンプルにすることだ。職場環境で重視することも数個挙がれば良い。方針や価値観は、言葉ばかり綺麗で現実味がないという印象を与えることもあり、複雑にするほど受け入れられにくくなる。

(2)スケジュールと会議——どうやって共同作業するか

勤務スケジュールは行動習慣として深く根付くので、これはたくさんのチームに関係のあるいちばん長いカテゴリーとなりそうだ。よって、スケジュールと会議の2つに分けて説明する。勤務スケジュールの自由がいちばん重視されることが調査結果からわかっているが、昔ながらの職場ではスケジュールと会議に関する縛りがとにかく多い。

スケジュールの自由はまだまだ未知の分野なので、チームに適する形を見つけるには時間と実験を要するかもしれない。新しい習慣の定着にもきっと時間がかかるだろう。以前、私たちが支援したあるグループは、会議に関する新しい基準づくりに取り組みながらこう話していた。「会議に呼ばれたら必ず出席しなければならないような、呼ばれなくてもやっぱり出席したいような感情を、みんなが抱いています。誰もがFOMO（Fear of Missing Out、取り残されることへの不安）を抱えているんです」。古くからの習慣を捨てるのは難しいが、理想の行動を明確にしてTLAに記載することで、互いに責任を持って変化していけるだろう。

スケジュール

柔軟なスケジュールとは、予定がいっさいない状態のことではない。チームメンバーで集まって、共同作業や議論、情報交換を行う時間もやっぱり必要だ。とはいえ、勤務時間のあいだじゅうずっと集まれるようにしておく必要もない。

「勤務時間」を設定するよりもチームごとに「**コア・コラボレーション・タイム**」を設定したほうがうまくいきやすいことに、私たちは気付いた。たとえば日中に3～4時間の時間帯をあらかじめ決めておき、チームメンバーには会議やフィードバック要求に応えられるようスタンバイ状態でいてもらう。
「9時～5時」という標準ルールを手放して短期集中型のコラボレーション・タイムにピントを合わせると、チームの生産性を爆発的に高められる。事実、人間のコミュニケーションには「バースト性」がある、**つまりコミュニケーションが活発な期間とほぼ活動がないかまったくない期間が交互にやってくる**とされる。アニタ・ウーリーとクリストフ・リーデルは『ハーバード・ビジネス・レビュー』誌にこう書いている。「研究によれば、このように一時的に集中してコミュニケーションのバースト性が高まる『爆発期間』と、長い『沈黙期間』が交互にあることが、成功するチームの特徴となっている」[5]

コラボレーション・タイムを取り入れれば、朝早くから仕事を始めたい人や、午後に誰かの面倒を見るので集中する時間を夜にとりたい人などに、スケジュールの自由を与えやすくなる。また、常に応答可能な状態でスタンバイしていなくてはならないという感覚（「燃え尽き」につながりかねない）を与えずにすむし、ひとりで作業に集中する時間も確保してやれる。

Dropboxの最高人事責任者、メラニー・コリンズは、同社が柔軟な働き方戦略の一環としてコア・コラボレーション・タイムを導入したときにこう話していた。「この計画の意図は、単調な就業スケジュールから抜け出させること。つまり従業員が自分の時間をより良く管理し、大事な仕事に割く時間を増やせるようにすることです」

コラボレーション・タイムを決める際には、次を考慮する。

■各チームメンバーのタイムゾーン。たとえば東海岸の朝イチの時間帯は、西海岸や他国のタイムゾーンに属するメンバーもいる場合はコアタイムにふさわしくない。

■午前と午後のどちらに会議を入れたいか、各メンバーの希望。夕方に子どもが帰ってくるので午後のコラボレーション・タイムは難しいというメンバーはいないだろうか。朝が苦手なので日中に共同作業したほうが効率を保てるメンバーはいないだろうか。

■個人で集中して取り組む必要のある作業の量と、メンバーが積極参加する共同作業の量。個人作業が多いチームでは、コラボレーション・タイムは少なめにして週1日以上のノー会議デーを確保したほうが良いかもしれない。

■チームのニーズや希望によって、コア・コラボレーション・タイムを週のはじめに設ける場合も、終わりに設ける場合もある。

次は、このコア・コラボレーション・タイムに関する基準をTLAに記載しよう。

私たちのチームでは、勤務スケジュールに関して次の基準を定めました。

■**コア・コラボレーション・タイム**　チームメンバーは、月〜木曜の午前10時〜午後2時（太平洋標準時）のあいだは共同作業ができる状態でいてください（西海岸と東海岸にメンバーがいるアメリカのチームの例）。

なお、グローバルチームの場合は次のとおりです。

■**コア・コラボレーション・タイム**　チームメンバーは、1日のうちタイムゾーンごとに指定された4時間は、共同作業ができる状態でいてください（Dropboxがこの新基準を従業員に説明する際に使った図1を参照）。

勤務スケジュールの新基準を決める際に考慮が必要な点はほかにもある。

■コラボレーション・タイムだけでなく、**フォーカス・タイム**（重要な作業にひとりで集中する時間）に関する基準も必要か。コラボレーション・タイムの基準のみで十分かもしれないし、できる限りすべてを明確にして誤解が生まれないようにするのも良いだろう。

[例]「毎日午後1～3時をフォーカス・タイムにします。各自、重要な作業を優先して専念してください」

■フォーカス・タイム中に気を散らされるもの（通知など）について、事前対策としてチーム全体のルールを決めておくべきか。

[例]「コラボレーション・タイム外やフォーカス・タイム中は、通知をオフにしましょう」

■応答可能でいてもらう時間をあえて指定することで、「常にスタンバイ」でいなければならないというプレッシャーを減らせるか。

[例]「メンバーごとに対応担当時間を決め、その時間外の連絡（テキストメッセージ、電話）は緊急時に限定します」

会議

ステップ2で述べたとおり、働き方改革だけでなく事業全体を成功に導くためにも、会議文化を健全化する必要性があらゆる業界で高まっている。オンラインだろうが対面だろうが、**会議漬けになるのはスケジュールの自由とは完全に逆をいく状態**だが、多くの人にとっていまもこれが現実だ。ここでの目標は、先ほど定めた「4時間のコア・コラボレーション・タイム」などの新基準を実現することだ。そのためにも、チームで共有する時間をもっと効果的かつ効率的に使い（覚えているだろうか、マネージャーの70％が、会議は非生産的で非効率的であると感じている）[6]、基準のせいで特定のグループが不利になることのないよう公平な環境を意識的に維持していく必要がある。

まずはチームの会議文化を見つめ直してみよう。会議での決まりごとや習慣はあるだろうか？　その習慣はどんな効果を生んでいる？　チームメンバーはその習慣をどう思っているだろう？　Dropboxは討論（Debate）、議論（Discuss）、決断（Decide）からなる「3D」モデルを基準に会議を計画していると紹介した（私たちとしては、成長［Develop］を加えたい）が、まずはこの4つのどれにも当てはまらない会議はやめて、メンバーの時間をあまり奪わない方法で情報伝達してはどうだろう。TLAには次のように表記する。

「チームメンバーが4D（討論、議論、決断、成長）のいずれかを必要としているときに、会議を開きます。4Dに当てはまらない会議は開催しません」

チームによっては、テレビ会議でのカメラの使い方についても（そもそも使うかどうかも併せて）検討する必要があるだろう。調査によると、テレビ会議に参加すると、対面の会議や電話会議に参加したときよりも疲労度が高くなるそうだ。[7] カメラの使用頻度を減らせばこれに対処できるうえ、あまり映したいとはいえない環境で仕事をする人のために公平な環境をつくることにもなる。子どもの面倒を見ている人や、都市在住で仕事専用の部屋を持てない人などだ。これをTLAに書くと、たとえばこのようになる。

「1対1で話すときと午後のミーティングでは、カメラはオフにします」

こんな基準は初めてだと感じる人も多いだろう。駆け出しのころからずっと続けてきたやり方を、これから破壊することになる。私たちの考察では、生産的な会議と健全なコミュニケーションには、日々の実践と定期的な見直しが必要だ。会議の量はいとも簡単にまた増えるので、チームで定期的に時間を割いて（毎月や四半期ごとなど）状況の見直しを行うと良い。重要な仕事に取り組めるフォーカス・タイムを増やし、会議の負荷やテレビ会議による疲労を減らすには、どこを改善したら良いかを考えよう。

会議に関して企業で導入できそうな基準の例を、もう少し挙げる。

私たちのチームは、会議とコミュニケーションに関して次の基準を定めました。

- できれば会議の24時間前までに議題表を完成させる。
- 議事録を必ずとり、チーム全体で共有する。
- 2人以上が別チームの会議に呼ばれても、残りのメンバーは気にせず欠席で良い。
- テーマごとに担当者か意思決定者を必ず決めておく。そうすれば、1つの会議に同じチームから10人も出席する必要はなくなる。
- 議論の記録を共有したり、決定事項を記録に残したりする習慣を日頃からつけておく。そうすれば、会議のFOMOが減り、メンバーが各自好きなタイミングで記録を確認できる。

(3)責任——ひとりひとりに責任感を持たせるには

柔軟な働き方を成功させるには、**1日何時間働いたか、いくつの会議に出席したかではなく、成果で成功を測らなければならない**(先ほどの会議に関する指示事項のさらなる根拠となる考え方だ)。そのためには、チームで成果、役割、責任範囲を前もって定義し、変更が必要な部分や別のニーズが生まれた部分を都度共有する必要がある。

これは本当に重要なテーマなので、のちほど1章分を割いて考えていく（ステップ7を参照）。いまのところは、このテーマもＴＬＡに含めることになりそうだと理解しておいてほしい。柔軟に働く環境で責任感を持たせる策について、例を挙げる。

私たちのチームでは互いに次を期待し、各自が責任感を持って実行します。

■求められる業務内容と成果物、そして直接責任者（DRI=Directly Responsible Individualともいう）をはじめに明確に定義する。
■誰からいつまでにフィードバックが必要かを可能な限り明示する。
■主要なプロジェクトの後には必ず振り返りミーティングを行い、何がうまくいったか、もっと良くできたはずのことはないか、何を学んだかを反省する。

（4）チームワーク――チームで協力し合うには

柔軟な働き方に関する懸念点で企業の役員からよく聞くのは、「会社の文化に悪影響があるのではないか」である。企業としては、ありったけのリソースをつぎ込んで教育プログラムを企画したりオフィスの配置換えをしたりして従業員の仲間意識と帰属意識を育もうとしてきたのだから、「**オフィスに誰も通わないとなると、我が社の文化はどうなるのだろう？**」と不安にもなる。

重要なテーマなので、これものちほど1章分（ステップ5）を費やして詳しく見ていく。柔軟に働きながら人間関係を構築する方法を経営陣はよく検討する必要があるが、チーム側にできることもある。たとえば次のように、どうすればチームメイトとの関係をスムーズに構築できるかを明示するのだ。

私たちのチームは、チームメイトとの次のような関係構築を希望しています。

■一緒に働くにあたり、それぞれの事情をある程度は受け入れる。信頼関係をベースに仕事をする。仕事以外のこともオープンに話せる関係でいる。

■互いの成果や成功をチーム内で祝い、チーム外にもアピールする。

■プライベートでも仕事でも、負担が大きすぎるときや助けが必要なときには、遠慮なく正直に話す。

ただ、柔軟な働き方の導入直後、チームメンバーが新しい基準に慣れようとしている段階では、まずはチーム内の結びつきの強化に集中したほうがいい。じきに、チーム間

の積極的な関係構築にTLAを適用できないか検討してみよう。具体的には、チームのミーティングにゲストスピーカーを呼ぶ頻度を上げたり、シニアリーダーとのチーム横断メンターシップ制度を取り入れたりすると、関係構築に役立つ。

（5）見直し――取り決めを徐々に進化させるには

最後のカテゴリーは、柔軟でありながらもチームの足並みを揃えてくれる業務基準を目指して、チームで自由に実験できるかだ。いったん完成させたTLAはもう変えられないなんてことはなく、むしろ定期的に再検討して、本当に各メンバーの就業の助けとなっているか、妨げになっていないかを確認する必要がある。一度に大量の基準を定着させるのは難しいのでシンプルに始めるべきだが、やっていくうちに追加したい要素やうまくいくとわかった要素が出てくるだろう。もしくは、基準が多すぎると非生産的だと実感して、さらにシンプル化したくなるかもしれない。修正は必要ないという判断に至ったとしても、定期的に見直すことでチームの認識が揃っているかを確認できる。チームの目標が変わったタイミングや、メンバーが減ったり増えたりしたタイミングで、見直しは特に重要となる。TLAとは業務に合わせて育てたり変えたりできる柔軟な文書なのだ。例をいくつか示そう。

私たちのチームは、TLAの見直しを次のように行います。
■毎月のチームミーティング内で時間をとってTLAについて話し合い、うまくいっている項目とそうでない項目のフィードバックを出し合う。
■四半期に一度、匿名でアンケートをとって、TLAに対するフィードバックと改善提案を得る。

スターターテンプレートを使う

TLAに盛り込む内容について解説したので、ここからは実際にスターターテンプレートからTLAを作成するプロセスを見ていこう。巻末のスターターテンプレートをそのまま各チームに配布して方向性を理解せよといったところで、うまくはいかないだろう。そもそもTLAを初めて目にする人が多いだろうから、まずは背景情報を伝えることが重要となる。

また、各チームにTLAを作成させる前に、全社的な優先順位と対象範囲を決めておいたほうが良い。スターターテンプレートを自社用にカスタマイズせずに配布すると、会社として賛同できない方向に向かうチームが出てくるかもしれない。たとえば、フルリモートにして毎週数時間のコラボレーション・タイムを設けると決めたチームがあるとする。実は会社としては、今後も共同作業を最優先にした強固な文化と環境を築きたい。対面はほぼなくすとしても、最低でもデジタル空間で共同作業の時間を十分にとってほしいと思っている。でも、チームがいったん決めたTLAを白紙に戻させれば、「自分たちの取り組みや意見は重視されていないようだ」と思わせることになるだろう。これから社内に変化を起こそうというときに、いきなり不穏な雰囲気にはしたくないはずだ。

そこで、スターターテンプレートを使って自社専用のアレンジのきくTLAを先につくってほしい。全社的な目標を明確にしつつ適切な例と選択肢を提示した、チームのTLA作成を助けるテンプレートである。取り決め内容をすべて決めてやるのではない。目的は、発想を切り替えてもらい、何ができるようになるのかを示し、会社の趣旨から外れたTLAをつくらないよう指示を与えることだ。

次のベストプラクティスに従って自社用のテンプレートをつくり、各チームへと拡散しよう。

①スターターテンプレートを自社専用にカスタマイズする。
②数チームに試験的に導入して、早い段階での支持者を得る。
③背景情報やアドバイスをつけて、ほかのチームに展開する。
④フィードバックとベストプラクティスの共有手段を提供する。

①スターターテンプレートを自社専用にカスタマイズする

すでに柔軟な働き方をうまく取り入れているチームは社内にあるだろうか？　ほとんどの会社にはあるもので、変革もそこから始めるとやりやすい。何がうまくいき、何がうまくいかなかったかを尋ね、自社ならではの実例を話してもらう。会社の方針を再確認して、何を重視したいかを思い出す。指定したいことはあるだろうか？　たとえば、コア・コラボレーション・タイムは最低でも3時間まとめてとる、チームで仲間意識と帰属意識を育むために最低月1回はバーチャルか対面の集まりを企画する、など。

②数チームに試験的に導入して、早い段階での支持者を得る

社内でパフォーマンスの高い革新的なチームがいくつか思い浮かぶなら、そこがテスト対象にぴったりだ。クライアント企業のなかには、役員がまず自分のチームにパイロットプロジェクトとして導入してフィードバックをまとめたところもあった。社内に手本を示す良策だ。どのチームを選ぶにしても、目的はつくったテンプレートを実戦で試すこと。いちばん役に立ったカテゴリー、追加するべきカテゴリー、不要だったカテゴリーはあっただろうか？　チームがテンプレートを埋めていく過程で、どんな疑問が生じたか？　試験導入で学んだことをもとにテンプレートに修正を加え、自社独自の項目が必要なら追加する。

③背景情報やアドバイスをつけて、ほかのチームに展開する

ＴＬＡテンプレートをチームに配布するときは、背景情報と予測できる質問への答えも併せて提供する。よく聞かれるのはたとえば、これは何ですか？　なぜするんですか？　具体的にどうチームの役に立つんですか？　強制ですか？　質問がある場合や援助が欲しいときは、どこに聞けばいいですか？　これをやり終えたら、どうするんですか？　など。チームをスムーズに導けるように、ＴＬＡについて何をどう伝えるかの計画を練っておくといいだろう。ＴＬＡの作成理由などの背景情報を伝える際には、表現を工夫する。たとえば、あるクライアント企業は「無駄の多い会議習慣について考え直す機会」と表現した。全従業員が賛同したに違いない（加えて、ＴＬＡ作成の段取りについて、

チームリーダーへのアドバイスも必要となりそうだ。これについては次節で解説する)。

④フィードバックとベストプラクティスの共有手段を提供する

TLAは、従業員と業務のニーズに合わせて進化させることを前提としている。そのためにはテンプレートや指示内容を必要に応じて更新できるよう、チームから経営陣へフィードバックを返せる仕組みを用意しなければならない。他チームともフィードバックを共有できるようにしておいたほうがいい。あるクライアントは、チームでうまくいった点、いかなかった点を他チームに発信したり、学びを共有したり、別の方法を検討したりできる場をつくることでTLAを「布教」していると話してくれた。他チームはその情報を参考にして、自分たちのニーズに合うTLAをテンプレートから作成できる。

実際、Slackやバイオテック企業のジェネンテックなどでは全チームのTLAを社内公開しているので、従業員が自由に自分たちのTLAと比較できる。新しい習慣づくりをサポートし、理想の社内文化を構築するのに役立つ手法だ。ジェネンテックの人材戦略部長のレイチェル・アリソンはこう話す。「当社の人材戦略は徹底的な透明性を軸にしているので、チームごとに取り決めを作成するだけでなく、全従業員からそれが見えるようにしたいのです。社内の別の部署に異動したいとき、まずはその部署のTLAを見るようにすれば、どんな働き方をすることになるのかがわかるでしょう」

チームリーダーにアドバイスする

TLA作成にあたってチームリーダーのアプローチに絶対的な正解はない。とはいえ、会社がつくったTLAテンプレートを各チームに配布するときに、チームリーダーへのアドバイスも併せて提供することをおすすめする。

何よりも、TLAはチームメンバーと一緒につくるものだとはっきりと伝える。チームリーダーに「規則」をつくらせ、それをメンバーに守らせたいわけではない。チームで考え方を合わせるためにも、柔軟な枠組みのなかで個人が力を発揮できるようにするというねらった効果を得るためにも、TLA作成にはチーム全員が参加する必要がある。

TLA作成の手順は1つではないので、チームに合う方法をチームリーダーに見極めてほしい。ここからは、すでに成功実績のあるおすすめの手順を紹介する。

①テンプレートの解説。大きなカテゴリー、実施する理由と背景情報を説明する。

［例］「柔軟に働くとは、全員が同じ時間にオフィスにいるのではないということ。だから、『どうやって』共同作業するかを明確にすることがいままで以上に重要になる」

②チームメンバー全員に、どのカテゴリーを担当したいかを選んでもらう。各自がひとりきりで考えを書き出す時間を与える。現在ある習慣と希望する習慣を書き出すには、次の問いに答えてみるといい。

■いまの職場の習慣で満足しているものは？
■もっと効果的に共同作業をするためには何を始めたい？

③チーム全体でミーティングを行う前に、個人の意見を小チームで事前共有して各自で読んでおく。チームのミーティングではそれをもとにして積極的に話し合い、変革する。次のアドバイスを念頭に置き、この機会に既存の取り決めを改良しよう。

■10ページにわたってルールを書き連ねるのは良策ではない。あれもこれも変えても適応するのは難しいからだ。
■いちばん重要なものから優先して着手する。はじめは、カテゴリーごとに最大2～

3個の基準に抑えるといい。

④誰がいつ見てもわかるようにするために、合意のとれた決まりごとは文書にまとめる。あるマネージャーは、「早退して病院に行くときや日中に1時間休みをとるときに、いちいち許可をとる必要はない。自由にそうしてほしい」とチームメンバーに伝えたという。それでもメンバーは、その後もマネージャーの許可をとり続けたそうだ。それは、最終的にチームで集まって基準を文書にまとめるまで続いた。「文書にして以降は、誰も許可をとらなくなりました」とマネージャー。「どうやら、明記することでチーム全体が認識を共有でき、自由と柔軟さを存分に享受できるようです」

■口頭伝達で十分と思ってはいけない。合意した取り決めを文書にする。

■単純明快に。合意内容を全員が理解したと確認できたら次に進む。チームリーダーは、メッセージが伝わったと確信できるまで繰り返し発信する。

⑤次のようにして、TLAをチームの業務プロセスに組み込む。

■どのようにしてTLAを守らせるかを決める。たとえば共同作業を行わないと決めた時間帯には、会議などを入れないようカレンダーをブロックしても良いかもしれない。

■TLAを見直してアップデートしたり修正したりする頻度と方法について決める。実践中に不都合が出た場合に、チームメンバーからそれを上に報告する方法についても決めておく。

■自チームのTLAを、関わりの深い他チームにも伝える。学んだことを別のチームにも展開できるだけでなく、働き方を知ってもらうことで協業しやすくなる。会議をいつどのような形で企画すればいいか、グループ横断の業務で問題をどのように上に上げればいいかなど、互いのチームの基準を尊重しながら良いやり方を探ることができる。

■新入社員の研修プロセスの一環で、TLAについて教える。ジェネンテックのアリソンは、「『ジェネンテックへようこそ』という新入社員向け研修で、配属先でTLAを受け取り、内容をよく見て、同僚やマネージャーに聞いてよく理解するよう伝えています」と話していた。

■あとはやるだけ！　とにかく試す。何がうまくいき、何がうまくいかないかを知る。必要に応じて変更を加える。そして、チームメンバーが新しい働き方に適応するまで、決してサポートを怠らない。

この最後のポイントが次のステップにつながる。これからほとんどの人が、新たな方針、ガードレール、基準に沿ってこれまでとは違う働き方をすることになる。だからこそ、質問したり、ベストプラクティスを報告したり、実験・学習・修正を繰り返しながら自分とチーム、会社全体にとって成果につながる方法を見つけたりできる、体制とプロセスを整える必要がある。ステップ4では、この実験と学習について掘り下げていく。

Step 3 のチェックリスト

チームの「取り決め」を定める

□スターターテンプレートを確認して、自分でTLAを作成する際に何を盛り込むか、何が必要かを理解できたか。

□チームでの議論に参加し、メンバー全員がチームのTLA作成に参加していることを確認できたか。

□社内全体にこの習慣を広める一歩として、自社版テンプレートに具体例を加えたものを各チームに配り、チームリーダーにアドバイスを伝えたか。

□TLAが従業員の仕事の助けになっていることを確かめるため、定期的な見直しと更新をチームと会社全体の計画に入れたか。

Step 4 メンバーを巻き込む——実験と変革を続ける体制

柔軟な働き方が多くの人と企業にとって大きな変革であるということ、そしてその変革は週1〜2日の在宅勤務を許可するという単純な決めごとではないことを、ここまででおわかりいただけたと思う。私たちはパンデミック発生以来、なぜ多くの経営者が一刻も早くオフィス勤務を再開したがっているのかに耳を傾けてきた。ほとんどの企業がオフィスなしでも結果を残しているエビデンスがあるから、なおのこと不思議だったのだ。

そこで多かった意見は、2つの要素に集約できる。**恐れと習慣**だ。ある経営者はこういっていた。「未知に対する恐怖があります。育ててきた社風が『劣化』するのではないかと」。あちこちで耳にしたぼやきだ。「全部とはいえなくともたぶん昔のほうが良かった、という決めつけも心の奥底にあります」。経営陣にとっては良かったかもしれないが、私たちが見る限り、以前の働き方は全員のことを考えた仕組みではなかった。ここで疑問が湧く。一部の人、それも意思決定をする立場にある人が、以前のほうが良かったと感じている場合、どうすれば大きな変革を起こせるのだろう。

必要なのは、定着させたい行動と考え方の両方に、実験・学習・修正のプロセスを取り入れることだ。そして、最初から完璧にうまくいくと思わないこと。2018年からいち早く職場に柔軟性を取り入れてきたバイオテック企業のジェネンテックでも、初めての導入はあまりうまくはいかなかった。背景には土地や不動産をもっと有効活用するという目的があったので、経営陣の後ろ盾ならあった。それでも、というよりおそらくそれが原因で、勤務スケジュールではなく勤務場所を柔軟にするほうに重きを置いた。子どもを持つ従業員は特に、共通の固定スケジュールに従うのに苦労し、柔軟な働き方の魅力は半減していた。ジェネンテックの人材戦略部長、レイチェル・アリソンはこう話す。「柔軟に働くことと『在宅勤務』を同義と捉えていたせいで、多くの従業員を救える選択肢をいくつも捨ててしまっていました」

それでも、コロナ禍で柔軟な働き方が死活問題になる前に、ジェネンテックは有利なスタートを切ることができた。つまりほかの企業よりもひとあし早く実験して学ぶ機会を得ていた。研究科学者だらけの企業と知って納得だが、ジェネンテックは新しい職場構想を何度もテストし、データを収集し、効果を測定した。その結果、従業員のほとんどが柔軟性を望んでいるが、それは完全在宅勤務を希望するという意味ではない、という学びを得た。**従業員が欲していたのは、選択できる自由。それも、同僚と引き続き共同作業ができるように共通のルールを設けたうえでの自由だ。**収集したデータからも、一定の枠組み内での柔軟さを取り入れたチームが成功し始めていることがわかり、その進歩的なチームのなかからチャンピオン（推進役）を見つけることもできた。このようにしてパンデミック前にすでに従業員の希望を把握し、ちょっとした成功をつかんでいたにもかかわらず、ジェネンテックで柔軟な働き方の制度を実際に有効利用していた従業員は約300人にとどまった。1万人規模の企業にしては地味な人数である。そこでプログラムは停滞した。

原因は、あるリーダーが「フローズン・ミドル（動かない中間管理職）」と呼ぶ層にあった。この層にはかなりの人数がいて、変革の必要性をいっさい感じていない。大勢が学界の出身で、伝統的な組織構造のなかで出世を繰り返し、肩書きと眺めの良いデスクを手に入れてきた。仕事は直接会ってするのがいちばんだと信じて疑わなかった。自分たちがずっとそうしてきたからだ。柔軟な働き方は本当に効果を出せるのだと、身の回りで成功例を見たことのない彼らにどうやって理解してもらえばいいのだろう。

そんなときにパンデミックが発生し、興味深い事態が起きた。オフィスは閉鎖となり、たくさんの人が以前よりも柔軟に働くことを余儀なくされた。ジェネンテックだけでなく全世界が、柔軟な働き方がどれほど効果的かを示す大量のデータを突如目の当たりにすることになった。

アリソンは、そのデータこそがフローズン・ミドルを懐柔する鍵となったことを覚えている。働き方があまりにも大幅に変わることを憂慮していたある執行役員がいた。どうにか納得してもらいたいと策を練っていたアリソンとチームメンバーは、その執行役員の直属の従業員2人に話をしに行った。うち1人はジェネンテックに長く勤めているリサーチ・サイエンティストで、柔軟な働き方には常に反対してきた人物だった。しかしコロナ禍で集めたエビデンスを見せ、生産性とエンゲージメントの両方に良い影響があることを示すと、彼は考えを変えた。アリソンの言葉でいえば、「彼は柔軟な働き方を支持する私たちの味方になりました。それも、エビデンスで人の気持ちを動かせる心強い味方です」。プロジェクトチームの手も借りて、彼はそれをやってのけた。彼の上司である例の執行役員が、考えを改めたのだ。そのグループはすぐにTLAを作成し、全力で取り組み始めた。ジェネンテックはいったん着手したらすばらしい速さで変革を成し遂げたが、そもそも柔軟な働き方のプログラム自体は2018年に始まっていたことを思うと、数年がかりで変化を起こしたともいえる。

この話から学べるのは、柔軟な働き方に関していえば、どんな相手でも説得できる万国共通のデータポイントやベンチマークはないということだ。抜本的な変革には不安が伴うからこそ、自社でもうまくいくというエビデンスを構築しなければならない。大切なのは、試してみようという思い切りと、試験導入時の上からのサポート、そして従業員のためになる習慣や行動に向かって積極的に変化していこうという意欲。ジェネンテックには、パンデミック前に柔軟な働き方の実験を行ったという強みがあったおかげで、時が来たときに変革スピードを加速できた。

すでに、方針、ガードレール、TLAという主要な要素が出来上がってきていると思う。それでも、従業員の思想や行動を大きく変えなければならない計画をいったいどう導入すればいいのかと考えると、それも詳細な設計図は一枚もないと思うと、気が遠くなるかもしれない。ジェネンテックだって同じで、取り組みを始めた時点では、いま手にしている成果もそこに到達する方法も、想像がつかなかったはずだ。

ジェネンテックに倣って皆さんも実験し、学び、アジリティを保って、修正を繰り返し（最初からいきなりうまくいく実験なんてない）、従業員に経過を逐一報告して巻き込んでほしい。突然このすべてをうまくできるはずはないので、この章では、計画を進めて学びを得ながらチームに勢いと支援をもたらす方法について解説していく。

変革に勢いをつける

ＩＢＭの「ワーク・フロム・ホーム誓約」がプライベートと仕事の両立に関する自然な会話から生まれた話は、ステップ2で紹介した。きっかけは新型コロナのパンデミックだったが、そこにとどまらない広く実用的な議論に発展した。みんながこれまでの働き方に疑問を呈し始めたのだ。職場で従っている基準やルールはたくさんあるけれど、背景にある理由や、本当に有益かどうかを改めて考えたことはどのくらいあっただろう？　なぜこんなにも会議にこだわるのだろう？　同僚とは違う場所やスケジュールで働く人が、あまり働いていないような気がするのはなぜだろう？　画面ごしに30分顔を合わせるがために、窮屈な襟つきシャツを着なくてはいけない気がするのはなぜだろう？　こうしたルールは本当に有益で生産的なのだろうか、それとも習慣や思い込みにすぎないのだろうか？

ジェネンテックのアリソンは、もっと詳しく調査していれば改善できたであろう事例について話してくれた。あるグループで、毎週金曜日の午後4時から対面で全員参加の会議があった。これに出席すると、ジェネンテックの送迎バスを確実に逃すこと、そしてラッシュアワーに帰宅が重なり大渋滞に巻き込まれることが確定する。なぜこうなったのだろう？　いったい誰のため？　帰宅時間が夜遅くになるメンバーもいて、学校に行く子どもを持つ人のためでないことはあきらかだった。

これはトップダウンの命令が失敗に終わりやすいことの良い例だ。柔軟な働き方をうまくいかせるにはリーダー自らが参加し、模範を示して、必要な投資がきちんとなされるよう動かなければならない。ここで完全なトップダウン方式をとってしまっては、「月、火、木曜は全員がオフィスに出勤すること」や「金曜午後4時から全員が対面会議に出席すること」といった、厳格すぎるうえによくわからない（少なくとも目的の面で）指令に終わるだけだ。そうではなくて、何がうまくいくかを実験する余地を従業員に与え、成功と失敗を共有する仕組みをつくり、ベストプラクティスと推進役を活用して勢いをつける必要がある。IBMの誓約は、完全に従業員主体でつくられた。CEOのアービンド・クリシュナには、従業員が作成した誓約を受け入れて拡散するだけの先見の明があった。全社にとってのベストプラクティスとするだけでなく、IBMがどのような職場で、どんな考え方の人材を求めているかを表す象徴として、誓約を公開した。

この先を読むにあたり、忘れないでほしいことがある。**組織を変革するには、所属する全員でその変革を推進する必要がある。**つまり、従業員を巻き込む方法と誰も置いてきぼりにしない方法を探りながら、自分の考え方も従業員の考え方も変えていかなければならない。

アーリー・チャンピオンと変革の賛同者を見つける

ここまで、柔軟な働き方への変革にはあらゆる部門と階層の従業員を巻き込むことが重要だと伝えてきた。ステップ1の方針を決めるところからそうだ。というより、どのフェーズでも確実に巻き込めるような仕組みを構築する必要がある。第一歩としておすすめなのは、常設のタスクフォース（委員会）を立ち上げること。さまざまな視点から意見を出し、新しい働き方を試し、ベストプラクティスを共有し、道を切り拓いていく代表者を社内から集める。

Slackでは、CEO直属の役員が自部門から1人ずつメンバーを選出し、全社的なデジタルファースト・タスクフォースを結成した。週次ミーティングを含めて勤務時間の最低2割をタスクフォースに割くという義務が課せられた。ゆくゆくは社内全体に展開することを考えて、主要部門にも参加を要請した。たとえば社内外広報（社内と社外への発信内容を一致させる役目）、人事（雇用、法務、教育、人材開発の問題を検討する役目）、IT（必要となった新しいツールとテクノロジーを推進する役目）、プログラム管理（運用面のサポート）などの部門だ。それから忘れてはならないのが、タスクフォースの取り組みと疑問点を幹部に直接伝える、役員レベルの代表者を加えることだ。本書の著者の1人であるブライアンがその役目を担ってCEOと執行役員に報告を行い、タスクフォースが孤立してプロジェクトを進めることがないよう、また幹部との乖離が生まれないよう注力した。

最終目標は、役員だけでなく全従業員にとって働きやすい環境をつくること（ステップ3で触れた「役員と一般従業員の乖離」は避けたい）なので、タスクフォースのコアメンバーだけでなく全メンバーを多様な部門、地域、属性（特にジェンダー、人種、民族がばらけるように）から集め、さらにLGBTQIA、障がい者、退役軍人などの従業員リソースグループ（ERG）のリーダーも引き入れて、真の公平な環境づくりを目指した。ERGのリーダーたちは相談役として、方針の草案や懸念事項、アイデアに対して意見を述べた。フィードバックを返すだけでなく、考えられる失敗を予測するという何より大切な面でも活躍してくれた。

タスクフォースの使命は次のとおり。

Slackを、デジタルファーストな未来の働き方において世界の手本へと成長させる。全従業員、全顧客、全パートナーが、Slackを中心としたデジタルファーストな未来を描けるよう、Slackのストーリー、行動習慣、製品を融合する。

多様性のあるタスクフォースを結成して変革を推進する手法を、全企業におすすめしたい。次の手引きも役立つだろう。

■タスクフォースは人望のある管理職と変革推進者で結成し、突っ込んだ質問を積極的にできる人も加える。
■経営陣もタスクフォースのメンバーも、この変革を正式な投資プロジェクトとして扱うこと。多大な時間とリソースを割く必要があるうえ、ほかの業務のあいだにたまに差し込む程度の負荷ではすまない。
■タスクフォースのメンバーは、すでに新しい働き方を試しているか、試したいと思っているチームを見つけ出して、活動に引き込むといい。たとえばSlackのタスクフォースは、Future Forumのチーム、製品部門・デザイン部門・技術部門内のグループ、カスタマーエクスペリエンスの担当者に、パイロットプロジェクト、実験、フィードバックへの参加を依頼した。

■この変革に取り組む従業員を、コアグループの有識者で支援する。たとえば、社内コミュニケーション担当者（メッセージを社内に広める）や人材育成・開発担当者（有効な手法を見つけ出し、ほかの人を指導する）で取り組みの規模拡大を支援するなど。また、人材、方針、ツール関連で経営レベルの判断を要する問題があるときや、リソースの割り当てが必要なときには、経営陣がサポートする。

プロトタイプをつくる

未来の設計図なんてものはないし、ひとつとして同じ企業はないので、成功事例が別の環境でもうまくいくとは限らない。だからこそ、実験と情報共有を大切にする社内文化の構築が肝となる。ビジネスの成長と変化に合わせて進化し続ける、全従業員のための柔軟な職場をつくれるように。

当然ながら、文化に変革を起こすのは簡単ではない。実験、共有、学習を繰り返してほしいと従業員に伝えるだけではどうにもならない。従業員、チーム、会社にとっての柔軟な仕組みをつくるという複雑な課題を前にして求められるのは、関与する人間のニーズを理解し、一緒になってアイデアを出し、そのアイデアのプロトタイプ作成やテストを本番でも役立つアプローチで進めること。一般的に「デザイン思考」と呼ばれるプロセスだ[1]。少し前に紹介したジェネンテックの事例からわかるように、方針とガードレールをつくったからといって、働き方を変えるよう全員を説得できるわけではない。とにかく飛び込んで新しいアイデアを試してこそ、柔軟に働くことは可能だ、やり方さえ間違えなければいまよりずっと働きやすくなるのだと、みんなに示せるはずだ。

柔軟性の導入に役立つ「デザイン思考」プロセスの5つのフェーズを紹介しよう。

■ **共感**　これから取り組む問題について、当事者の身になって理解する。柔軟に働くにあたって従業員やチームが直面する課題は何だろうか？　従業員意識調査（アンケート）、フォーカスグループ、業務日誌調査などを活用したり、多様性を意識した部門横断の聞き取り集会を開いたりして理解につなげる。

■ **定義**　調査を踏まえて従業員の視点から問題を定義する（［例］「大多数が会議室で、数人がリモートで参加する会議で、全員が公平に発言、参加できるようにするのに苦労している」）。

影響度の大きな課題を見極めて焦点を絞る。当事者に問題の定義について確認をとってもいいだろう。

■**発想**　解決策の案を挙げる。「どうすれば……できそうか？」という問いから始めよう。その場合はブレインストーミングよりもブレインライティング（ステップ2を参照）をおすすめする。タスクフォースの外にも目を向けよう。たとえば、「パフォーマンスの高いチームはどうやっている？」と社内のベストプラクティスを参考にしてみる。

■**試作**　挙がった解決策案のプロトタイプ（試作品）を、低コスト・短時間で構築する方法を考える。新しい方法、ツール、プロセスを試すことに意欲的な人を集めた「パイロットチーム」をつくる。IT、総務、人事部門からのサポートを得られるよう手配する。最初のプロトタイプには、タスクフォースのメンバーとその人が属するチームを選ぶとスムーズにいきやすい。

■**テスト**　変革を小規模に実行する。結果を見るためだけでなく、手法をさらに練るためでもある。パイロットチームで繰り返しテストしたり、複数チームで経過を比較したりする。グローバル企業なら、国によってテスト内容も違ってくるだろう。チームがアイデアと結果を報告できる場を必ず用意し、それを社内に公開して、ほかの従業員が学びを得て活用できるようにする。

この5つのフェーズは必ずしも順番どおりに行う必要はない。行ったり来たりしながらも継続的な学習ループを構築する（図6参照）。

Slackのガードレール「1人がオンライン参加なら全員がオンライン参加」を例に、デザイン思考の進め方を見てみよう。このガードレールは「**共感**」フェーズで出た意見がもとになっている。長く差別を受けてきたグループをはじめたくさんの人が、柔軟な働き方を追求した結果として不公平な環境が出来上がるのではないかと懸念したのだ。プレゼンティーズムを押し通して不当に得をする人が出るからである。ガードレールの背景にある目的をほぼ全員が理解していたが、実際のところ、そううまくいくものだろうか？

私たちはこの問題を「**定義**」フェーズに持ち込み、幅広い従業員の意見を聞いて、オンラインとオフラインのハイブリッド会議で生じる課題についてできる限り理解を深めた。結果、大多数が会議室にいるなかで数人がテレビ会議システム経由で議論に参加するとき、全員が公平に発

［図6］　デザイン思考の5つのフェーズ＋「共有」

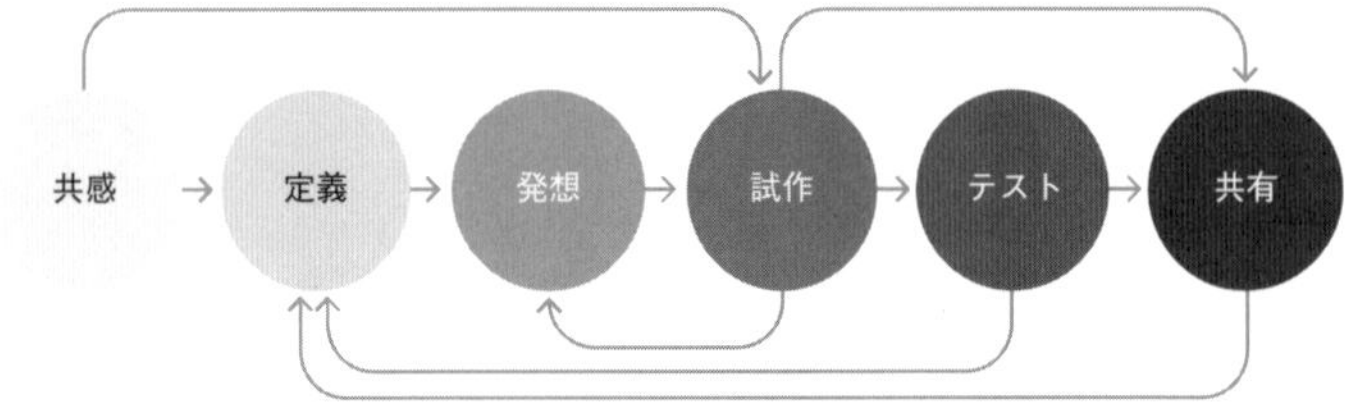

言、参加できるようにするのに苦労していることがわかった。

タスクフォースは「**発想**」フェーズに移って解決策の案を挙げ始めたが、同時に、すでに身近にある設備を使って「**試作**」と「**テスト**」を簡単に行えることにも気が付いた。

そこで数チームに協力を依頼し、さまざまな条件や状況下で同じ会議に参加するという実験をした。目標は、参加者全員が公平に顔を見せ、発言を聞いてもらえる会議環境をつくること。実験を始めてすぐにわかったのは、**少人数が会議室にいて大多数が自宅からリモート参加する場合、なんと会議室にいる人たちのほうが不利益を被ること**だった。会議室の標準設備を使用すると、会議室にいるメンバーは個別にチャット機能を利用できないうえ、発言時に画面に大写しになることもないからだ。そこで、会議室で各自のノートパソコンを使って参加する人たちと、自宅からリモート参加する人たちに分かれてみた。これなら会議室組も問題なく参加でき、全員が同じように画面に映るのもとても良かったが、会議室内にマイクが複数あったためにエコーがひどかった。次は、会議室のノートパソコンのうち1台のみから音声を流し、ほかの人はミュートにしてカメラだけオンにしてみた。これでエコーは改善され、会議室付属の音声システムを使うとさらに良くなった。1人1台ずつカメラを持つことが重要（全員が平等に顔を映され、名前が横に表示され、チャットを使用できる）だが、音声機器は同じ部屋にいる人で共有する必要がある、というのが結論だ。

タスクフォースは、この過程を社内のパブリックチャンネル（訳注／招待されたメンバーのみ閲覧できる「プライベートチャンネル」に対し、すべてのメンバーが閲覧できるチャットスペース）で逐一報告していた。そのおかげでできた改善もあった。ある従業員が、ノートパソコン用のスタンドをデスクから会議室へと持ち込めば首の痛みを防げるのではないか、と投稿した。これは会議室の会議環境を良くするだけでなく、新たな習慣を定着させるきっかけにもなった。会議室の机に人数分のスタンドが取り付けられたのだ。それ以降、会議室を使おうとするとスタンドが目に入るので、ノートパソコンを忘れずに持参して全員がそれぞれ会議に接続することを忘れないようになった。

こうしてみんなが実行しやすい解決策に行き着いたところで、「**発想**」「**試作**」「**テスト**」のループは減速した。テストプロセスの大半は#discuss-digital-firstというSlackパブリックチャンネル内で進められていたので、結果や発見、ベストプラクティスを簡単に広く「**共有**」できた。さらには会議室の机に取り付けられたノートパソコン用スタンドが視覚的なリマインダーとなって、「1人がオンライン参加なら全員がオンライン参加」という新ルールの普及に大きく役立った。

これは、デザイン思考の理念を未来の働き方づくりに適用した一例にすぎない。巻末のツールキットに枠組みと実例を載せているので、柔軟な勤務環境をつくる際に課題に直面したなら、ぜひこの手法を試してみてほしい。

実験を促す

「1人がオンライン参加なら全員がオンライン参加」の実験結果を、Slackはソーシャルメディア上で次のように発信した。目的は2つ。賛同を得ることと、実験中のほかの企業やチームが使えるもっと良いアイデアを集めることだ。

「現在、チームで実験を進めているので、今日はコストほぼゼロでできるアイデアをいくつか紹介します。2~5人が会議室、残りがリモートで会議をするとき、会議室にいる人はぜひこれを試してみてください。

■ ノートパソコンを開いてノートパソコン用スタンドに置く。画面が低すぎて首を痛めるのを防ぐためで、そのままチャットやアンケートに入力もできる。
■ 1人だけマイクとスピーカーをオンにし、残りはオフにする。

■4～5人以上会議室にいる場合は、マイクは会議室の設備を使うといい。

25ドル程度で買えるノートパソコン用スタンドを各会議室に2個ずつ置いておくと、新しいやり方について思い出しやすくなります。

柔軟なモデルを組み合わせて自社に合う方式を見つけるには、実験が必要です。手近にあるものでシンプルに始め、実験し、フィードバックを共有し（できれば公開する）、従業員が楽にできるうえ効果もある方法（ノートパソコン用スタンドを設置するなど）を見つけましょう。

皆さんはどんなことを試しましたか？」

マネージャー層を巻き込む

このような小さな実験でも、柔軟な働き方の方針策定のような大きな意思決定でも、リーダー層は必ず「作業過程を見せる」ことを意識してほしい。些細なこともすべて全メンバーに伝えろという意味ではない。それでは情報過多になるし、混乱させたり道に迷わせたりしないために先に解決しておかなければならない点だってある。ただ、経営陣やタスクフォースが案や決断、考えたことを何カ月も閉じこめたままにしないことが大切なのだ。**何を目指しているのか、いまどこまで進んでいるのかなど、できるだけ多くを隠し立てせずに伝えることで、信頼関係が育まれ、推進力がつく。**

『チェンジモンスター　なぜ改革は挫折してしまうのか』（東洋経済新報社、2001年）の著者であるジーニー・ダックは、『ハーバード・ビジネス・レビュー』誌にこう書いている。「タスクフォースが社内に対して経過の情報共有をせず、『皆さんの未来のことを考えるのに忙しいので、時が来たら伝えます』で終わらせたとする[2]。こうした情報の遮断は不信感を生むうえ、ようやく「時が来て」新しい働き方に切り替えてほしいと従業員に伝えたところで、賛同を得るのはずっと難しくなる。

会社全体に向けた情報共有が大切だが、これは後で触れるとして、まずはマネジメント業務を担うマネージャー層への情報共有から考える。第一線にいるマネージャーたちは、あらゆる変革管理の成功の鍵だ。毎日淡々と変革を推し進める役目を担うことになるので、変革プロセスに引き入れて終始サポートする必要がある。

マネージャーのスタンスはさまざまだ。変革に乗り気ではない人、反対する人もいるだろうし、以前のやり方に戻したい人もいるかもしれない。ステップ1で経営陣の認識合わせを行ったときと同じやり方をする必要があるだろう。そう、まずは「なぜ」からだ。変革のメリットを理解しなければ、確かに変革すべきだと納得することも、時間とエネルギーを積極的につぎ込むこともできない。

この「なぜ」についてマネージャーに伝えるときは、**会社レベルの理由と個人レベルの理由**の2種類に分けて説明しよう。まずはステップ1で定義した企業としての目的に立ち戻り、「人材獲得競争に勝つため」という会社レベルの理由を伝えよう。柔軟に働けるようにすることで、チームに最適な人材をもっと簡単に呼び込んだり、つなぎとめたり、やる気にさせたりできる、と。チームの環境によっては、アジャイルに動けるようになる、世界各地のメンバーとの共同作業が楽になるなどの理由もあるだろう。マネージャーに確実に理解してもらえるよう時間をとって論理的に説明する（Slackが「なぜ」をどう説明したかを、左の「話すより問いかける」で紹介している）。

同時に、個人レベルの「なぜ」についても伝える。最終的には従業員のためであり、従業員がもっと成果を上げられるよう（そして、上げたいと思えるよう）に働きやすい環境をつくるのだと忘れてはならない。柔軟な働き方によって従業員がどんな恩恵を受けてきたか、この本でも紹介したような個人のエピソードを伝える。マイク・ブレボートは年間23回も家族を残して飛行機出勤しなくてすむようになり、それによってプライベートも仕事も良い方向に変わった（ステップ2参照）。ジェネンテックのレイチェル・アリソンは、娘がハイスクールに進学して日によって違う時間に家を出るようになった。スクールバスが来る時間は週に3パターンもあった。学校が親のことを考えずにこうしたのかはわからないが、とにかくアリソンは対応するほかなく、勤務スケジュールの自由のおかげでどうにかできたという。

柔軟とはいいがたい勤務習慣と、常に移り変わりときに予測不可能でさえある日常のあれこれを両立しようとして壁にぶち当たった経験なら、マネージャーたちにも絶対にあるはずだ。企業は長いこと、全従業員を9時から5時という1種類の箱に押し込めようとしてきたが、アリソンの言葉を借りれば、「フリーサイズは実は誰にも合わない」。そのときの悩みや苦難を具体的に伝えられたら、選択肢を広げることで個人と企業が受けるメリットについて、もっとイメージしてもらいやすくなるのではないか。

話すより問いかける

経営者たちが、柔軟な働き方についてマネージャー層から賛同を得るために使っていた効果的な手法に、「話すより問いかける」というものがある。マネージャーに次の質問を投げかけて、意見交換のきっかけとしよう。

①柔軟な働き方によってどのような機会が生まれると思いますか？
②どんな課題があると思いますか？

自分が目にしたメリットを思い起こす機会と、懸念点を言葉にして伝える機会の、両方を与えられる質問だ。懸念点は、対処が必要な課題や弱点を理解するうえで大切であり、デザイン思考の「共感」フェーズの重要なインプットとなる。

社内全体を納得させる

説得しなければならないのはマネージャーだけではない。全従業員だ。いわば大規模なチェンジマネジメント（変革管理）の取り組みであり、経営陣が継続的にリソースと資金を投じて流れをつくる必要がある。

この新しい働き方について社内全体を説得する際は、次の3つを念頭に置いてほしい。
（1）常に「なぜ」から始める。
（2）ただ説明するのではなく、会話に引き込む。

（3）率直に、謙虚に。

（1）常に「なぜ」から始める

変革する理由を、経営陣が理解しなければならない。マネージャー層も、ほかの全従業員も。新しい戦略を社内に展開するときは、必ずCEOをはじめ経営陣が中心となって、目的と利点を説明し、目的、方針、ガードレールを伝えて、対話を進める必要がある。そして対話はチームレベルに引き継がれ、マネージャーを中心にその後も続く。変革とは継続的なプロセスだが、変革に伴う話し合いも同じ。ここで、Slackのチームに向けて行った説明の実例を紹介する。

Slackの「なぜ」の伝え方（全従業員向けメッセージ）

なぜ未来はデジタルファーストなのか

デジタルファーストの行動基準を皆さんに発表して以来、たくさんの良い質問をいただきました。回答する前に、デジタルファーストな未来がもたらす価値を私たちが「なぜ」信じているのかを説明します。

Slackの競争優位性は、才能豊かで多様な、世界中に分散したチームを、今後も構築し続けていけるかどうかにかかっています。デジタルファーストは、その鍵となるアプローチです。調査結果と当社の経験が、これを大きく3つの点で裏付けています。

■**デジタルファーストの実現で、企業はより幅広く多様な人材に出会える**　Slackのオフィスの通勤圏内でのみ採用活動をしていると出会えなかった人材が、山のようにいます。また、デジタルファーストにしたことで、本社や支社ではない場所で働く従業員も、他社にはないレベルでキャリアを発展させられるようになりました。

■**有能な人材を採用し、定着させられるかは柔軟性にかかっている**　柔軟性はいまや、働く人々にとっては報酬に次いで重要な要素です。また、多様性のあるチームが競争に勝ちやすいこともわかっています。一部の過小評価されてきたグループ（とりわけ黒人の従業員、育児や介護を担う従業員）から柔軟性は特に強く支持されています。

■**デジタルファーストはアジリティと帰属意識に貢献する**　リモートワークが増えてもSlackの成長が滞ることはなく、むしろパフォーマンスは加速しました。プロセスとツールの革新に取り組んでいる企業は、二の足を踏んでいる企業を生産性や帰属意識などの面で大きく凌駕しています。

デジタルファーストの未来に向かって進めば、課題にぶつかり、実験と忍耐が求められるでしょう。それでも、当社、お客様、当社のビジネスにもたらされる利益は計りしれません。さあ、一緒に未来をつくりましょう！

(2) ただ説明するのではなく、会話に引き込む

真意を理解してもらい、真の変革を推し進めるには、トップダウンの通達だけに頼っていてはいけない。従業員が積極関与する機会を提供する必要がある。役員に何でも質問できる集会や、パブリックチャンネル（発表だけでなく質問とフィードバックにも使う）、チーム内での対話などだ。ダックはこう書いている。「チェンジマネジメントとは、変革を推進する人たちと新しい方針への適応を求められている人たちのあいだの対話を管理することである[3]」。私たちの経験上、対話のために複数種類の場を長期間にわたって用意するのをおすすめする。全社規模の会議、パブリックチャンネル、チームレベルで話し合う機会、などである。

また、メンバーに積極参加してもらえそうな分野を見つけてもいい。手始めに社内共通の問題を扱うとうまくいきやすい。たとえば会議！　会議疲れは万国共通の悩みであり、柔軟な働き方をうまくいかせるには是正が必要な部分だ。ならば会議をテーマに議論を始めて、みんなで解決策を考えよう。

Slackでは、会議について再考するためのガイドラインを作成した。「そもそも会議をする必要はあるのだろうか？」という、原点回帰ともいえる質問から始まる。会議疲れを改善しようとすでに新しいツールや習慣を取り入れていたチームから募ったアイデアを、学習・開発業務効率化チームが整理し、会議ガイドラインとしてまとめ上げた。Slackのデジタルファースト・リソースガイドには、このガイドラインが次のように掲載されている。

会議の健全性――会議を減らすベストプラクティス

9時から5時まで会議だらけの働き方を夢見てきた人はいないでしょう。リモート会議だとしてもです。柔軟な働き方こそが意欲と生産性を高めると私たちは認識していますし、そのためには、「爆発的」に共同作業する時間と、個人で何かをつくりだす「メーカー」タイムを組み合わせるという、新たな仕組みをつくる必要があります。そしてメーカー・タイムやフォーカス・タイムを確保するための最初のステップは、全員で入る会議の数を減らすこと。毎回、「その会議は本当に必要？」と考えてみましょう。

その会議は本当に必要？

■進捗状況はSlackチャンネル内で共有する。チームに定期的な更新を促すには、Slackのリマインダー機能かワークフロー機能を使う。
■同様に、複数名に向けて発信したい際はチャンネルを使って情報共有（プレゼンテーション、資料など）する。Slack内の簡易録音・録画機能やZoomの録画機能を使うと音声も足せる。
■定例会議はとにかくやめにするか、少なくとも会議前に議事内容が出ていないときはキャンセルを要請する。
■会議の時間をもっと有効活用するために、事前に非同期ですませられる部分を探す（事前に資料を読む、フィードバックを渡す、議論で提案する内容を考えておく、など）。

会議改革はこれだけでは終わらなかった。役員の協力をあおぎ、不要と判断できる定例会議を率先してなくしてもらった。役員は四半期に一度の「ノー会議ウィーク」を宣言し、なくても構わない会議に気付く期間とするよう呼びかけてもくれた。

改革はまだ続いた。会議に関する社内外からの意見は、Slackの製品ロードマップの糧にもなった。会議疲れで燃え尽きがちな人は、5分間話をするために相手のスケジュールの枠を30分予約しなければならないように感じると話してくれた。こうした声をもとにツールを進化させて、Slack製品内で音声のみのミーティングができる「ハドル」を開発した。ちょっと質問をしたいときや連絡事項があるときに、相手のデスクに数分間だけ寄ることがあるだろう。それをSlackのプラットフォーム上で行う仕組みだ。相手がいま通話可能かを確認し、ワンクリックでハドルミーティングに招待できる。相手の時間を予約したりテレビ会議疲れのリスクを上げたりすることなく、数分間で欲しい情報を手に入れられそうだ。

この改革を進めるあいだは常にパブリックチャンネルでフィードバックを求め、誰でもアイデアを投稿できる専用スレッドに次のように記載して、常時開いた状態にした。

会議改革の画期的なアイデアはありませんか？　私たちのアイデアだけでは足りま

せん。会議の改善には皆さんの力が不可欠です。うまくいった案、いかなかった案、その他何でもアイデアがあれば、スレッドまたは#discuss-digital-firstにぜひ投稿してください。今後も当チャンネルを継続的に更新していく予定です。

オープンな発信で従業員を巻き込み、組織全体で学習と適応を進めながら柔軟な働き方を導入していく事例として、ぜひ参考にしてほしい。

(3) 率直に、謙虚に

アイデアを広く募集する行動には、Slackのコミュニケーション戦略の中心にある「私たちのアイデアだけでは足りません。改善には皆さんの力が不可欠です」というメッセージが込められている。リーバイ・ストラウスがとったアプローチもこれと似ている。同社ではずいぶん前から「チップス・アンド・ビア」と呼ばれる（CEOのチップ・バーグをもじって名付けられた）全社的な定期バーチャルミーティングが開かれていた。公開討論会といったところで、従業員が経営陣に何でも意見を伝えられる場だ。バーグが、パンデミック収束後も柔軟な働き方を続ける可能性を話題に挙げたのは、このチップス・アンド・ビアでだった。最高人事責任者のトレイシー・レイニーは、こう話してくれた。

「従業員にこんなふうに伝えました。『柔軟なやり方がうまくいくことは証明できたので、これから話を詰めていきます。うまくいくのかは、わかりません。詳細も決まっていません。でも検討を進めているので、また情報をお伝えします』」

検討中の計画について情報が公開され、早期から計画に加わる機会が与えられたという事実を、従業員は好意的に受け止めた。経営者のなかには、未完成の計画について話したがらなかったり、答えがまだ出ていないと認めるのを避けたりする人がとても多い。でもそれは、従業員を蚊帳の外に置いているのと同じ。不信感を育み、変革に取り組む姿勢を傷つける態度だ。

意図したとおりに進まないときや路線変更しなければならないときも、リーダーは自発的にそれを発信したほうがいい。柔軟な働き方に10年以上も取り組んでいるデル・テクノロジーズは、「サマー・アワー」という施策でそれを実践した。夏のあいだは金曜は午後2時に退勤して良いとする施策で、最高人事責任者のジェニファー・サーベドラが「一見良さそうだけれど実は柔軟性を最善の形で提供できていないのでは」と気付くまで続いた。まず何よりも、お決まりの9時から5時、または8時から5時勤務を前提としたルールであり、スケジュールの自由に反している。それから、国際的なビジネスの観点で見ると、あまりにもアメリカ中心でしかものを見ていない（たとえば、オーストラリアにある事業部門ではこの期間は冬だ)。極めつけに、これは真の柔軟性とはいえない。毎週火曜の午前中に育児や介護、運動の時間をとりたい人は、どうすればいいのだろう?

そんなわけでこの施策を廃止したのだが、一部からは不満の声が上がった。人気のあるプログラムだったので、はじめは権利を奪われたような気がしたのだ。でも経営陣はそれをコミュニケーションの機会と捉え、柔軟性が本当はどうあるべきかについて、従業員を深い対話に引き込んだ。ある人にとっては、引き続き金曜日に早めにログオフして、家族との時間を楽しんだり個人的に優先したい用事をすませたりすることだった。また別の人は、その自由を別の曜日にまわしたいと答えた。

泡立て、すすぎ、その繰り返し

新しい働き方の導入に「完了」はない。実験にも終わりはない。学習にも。従業員に目標や現状を伝えることにも、終わりはない。どんなチェンジマネジメントにおいてもそれが真理とはいえ、時間とともにエネルギーと集中力は失われるもの。だからこそ、会社全体とチーム単位の両方の成長と進化を止めない仕組みづくりが重要なのだ。次はその一例である。

■**タスクフォース**　柔軟な働き方の推進を担う専門グループは常設にする。解散させるべきではない。ときどきメンバーとチームを入れ替えると、新しい視点とエネルギーを加えられる。タスクフォースの「卒業生」を中心に、変革を率いる層の地盤を固めよう。タスクフォースのメンバーとパイロットプロジェクトの参加者を、推進者として活躍させる。

■**チームレベル**　ステップ3で述べたように、チーム内で基準、習慣、手順を見直すスケジュールを立てる。チームに新メンバーが加わったとき、新たなツールやテクノロジーを使うとき、新しい目標がいい渡されたときに、チームのニーズが変わるはずだ。また、習慣は古くなるものなので、次の2つを定期的に見直す。

▼**従業員エンゲージメント**　質問や提案を受ける場は常に開いた状態にする。ベストプラクティスの共有を定期的に促すこと。

▼**実験に対する報酬**　変革を推進して結果を出しているタスクフォースのメンバーや変革支持者を、忘れずに称賛する。彼らの尽力が報酬と昇進に必ず反映されるようにする。リスクをとるチームが日の目を見るように、また参加したいチームだと思われるようにする。

これが、変革に向かって勢いをつける方法だ。ステップ5でも変革は続くが、今度は、従業員と業務に合う形でつながりを強められる社内文化の構築に注目していく。

Step 4 のチェックリスト

メンバーを巻き込む

- □タスクフォースを結成して、社内の変革を前進させてくれる推進者を見つけたか。
- □新しい働き方を実験できる仕組みと、うまくいったこと、いかなかったことを共有できる仕組みをつくったか。
- □柔軟な働き方計画とその背景にある目的について、従業員に対して幅広く、隠し立てせず率直に伝えているか。その情報は社内の全員に行き届いたか。質問したりフィードバックを返したりできる機会を継続的に提供しているか。
- □さらに良い働き方を追求し続けるために、投資を続ける用意はできているか。変革が「完了」することはない。

Step 5

つながりを築く——社内文化を育む仕組み

MURALが1億1800万ドルのシリーズB資金調達を達成した。その知らせを聞いた同社の経営陣は喜びに沸き、全社を挙げて祝おうと考えたが、1つだけ問題があった。それは2020年8月で、ほぼ世界中が新型コロナウイルスによるロックダウンのさなかにあったのだ。

大多数の従業員はまだこのニュースを知らなかったので、経営陣は、世間に公表する前に従業員向けに発表イベントを設けることにした。MURALはブエノスアイレスとサンフランシスコにオフィスを、ヨーロッパやオーストラリアなど各地にチームを持つグローバル企業で、つながりの強い社風の醸成に常に尽力してきた。前年度にはアルゼンチンで全社規模のリフレッシュイベントを開催したが、2020年はさすがに海外旅行はできそうになかった。では、偉業達成を祝い、従業員たちをねぎらう一席を設けるには、どうすればいいだろう？　カルチャー&コラボレーション担当責任者、ライラ・フォン・アルベンスレベンはこう振り返る。「今回のすばらしい功績を祝い、急速に成長する当社で新メンバーとのつながりを深め、そしてもちろんみんなで楽しめる特別なオンラインイベントを企画する任務をもらいました。本番まで、わずか2週間でした」

どうにか実現するには、創造力を駆使し、計画を徹底的に練る必要があった。MURALの製品であるビジュアル・コラボレーション用ソフトウェアにブレインストーミングやホワイトボードの機能があったので、アルベンスレベンが集めたチームメンバーは自然とMURAL上で計画策定を始めた。まずはイベントのテーマだ。「2020 MURALワールドツアー」と題して、現実世界では旅に出られない時期に、従業員を世界中やその先へバーチャル旅行に連れていくことに決めた。

次に、どのようなイベントにしたいかについて、基本的な答えを出していった。参加者がどのような体験ができるイベントにする？　同僚とのつながりを感じてもらい、会社から大切にされている、投資されていると思ってもらうには、どのような旅にしたら良いだろう？　より「リアル」に体感してもらうには？　こうしたイベントはほぼ未知の領域だったので、答えはまったく見えなかった。

「参加した従業員同士で交流することと、旅行にしっかりと没入できること」が主な目標だったので、まずはテクノロジーに頼ることにした。インターネット上で「旅行先」の写真を探し、フォルダにまとめて、参加者が事前にダウンロードしてZoomの背景画像にできるようにしたのだ。これで、各地を旅してまわるあいだ、みんなで同じ場所にいるような感覚になれそうだ。加えて全参加者の自宅にイベント当日に使えるグッズを郵送した。お祝い気分を盛り上げるディスコライトや蓄光スティックなどだ。

ほかにも、ワールドツアーへの出欠を尋ねる招待状も郵送した。旅程もしっかりと組んだ。各自のZoom背景を使って、まずはバーチャルの空港ラウンジで待ち合わせ、それから雪山にこもり、南の島に飛び、最終的には宇宙空間へ飛び出す。目的地ごとに面白いイベントと小道具も用意した。たとえば南の島では日焼け止めとうちわ、宇宙では宇宙食の菓子といった具合に。

イベント当日、ガイド役を務める企画チームのメンバーは、パイロットとフライトアテンダントの格好で登場した。全参加者がZoomの出発ゲートに集まると、共同創業者でCEOのマリアーノ・スアレス‐バタンが、資金の獲得が決まった件について発表した（ここで蓄光スティックとディスコライトをつける合図！）。効果は抜群だった。本当に同じ場所で一緒に祝っているような感覚だったと参加者は述べた。でもこれはまだ始まりにすぎない。

企画チームには、終始受け身で見ているだけのイベントにはしたくないという思いがあった。従業員同士、特に入社したばかりの人々がつながり合う機会をつくりたかった。パンデミックのあいだに従業員が急増していたので、同僚と直接会う機会を一度も持てないままの人が多かったのだ。そんなわけで、イベント中に交流とチームビルディングの時間をとることにした。たとえば、雪山ではZoomのブレイクアウトセッションを開いた。全参加者にバーチャルのパスポートを事前作成しておいてもらい、雪山ではできるだけ多くの人と会話することを目標にして、パスポートのページにスタンプをためてもらった。「雪山でアイスブレイクをする」時間をつくったとアルベンスレベンは話す。

イベント成功の鍵となったのは、細やかな準備の数々だった。小道具と背景画像だけではない。休憩時間にはみんなでMURALバンドの演奏を聴いた。技術的な問題にぶつかる人が出ると踏んで、サポートクルーが常駐する#lost（迷子）という名のSlackチャンネルも用意しておいた。イベントの最後には、全員が再集合して宇宙に向けて旅立った。「宇宙空間を旅しながら、MURALのバーチャルキャンパスをつくる案について話し合いました。パンデミックの状況を鑑みて、このまま分散チームとしてリモートワークを続行する意向も皆さんに伝えました」とアルベンスレベンは記録に残している。「もちろん、MURALのオフィスは以前と同じ場所にありますが、すぐに戻れる可能性は低い。大手テック企業が本社を建設して世界中から有能な人材を引きつけたのと同じように、「MURALista（訳注／MURAL社員）が世界中どこからでも働けるバーチャル本社をつくってはどうだろう、と考えたんです」

とにかく前代未聞のイベントだった。MURALのCEOのスアレス－バタンも私たちと同じく、実験を通して学ぶことを信条としている。試し、どうなるかを観察し、やりながら改善していくことを従業員に促す。これを彼は「スマートな実験」と呼んでいる。バーチャル旅行は、「うまくいったこともあれば、うまくいかなかったこともありますが、とても楽しい企画でした」とのこと。会社の功績を祝い、同僚とともに過ごす時間を楽しむという、イベントのいちばんの目的をまさに達成したといえる。

その後もMURALは同じようなイベントで実験を繰り返しており、ほかにもたくさんの企業が同様のことを試している。この事例を皆さんに紹介したのは、対面よりもデジタルでつながりを構築すべきという印象を与えるためではない。むしろ、この章を読むとわかるが、直接集まることが担う重大な役割を私たちは強く信じている。MURALのイベントが大成功に終わったのは、イベントの開催場所が良かったのではなく、「なぜ」「どうやって」を追求して計画に反映させたからだ。MURALはデジタルツールのみを使ってイベントを成功させた。従業員同士のつながりと帰属意識を育む目的で使える物理的な共有スペースがあったら、もっといろんなことができるはずだ。

2021年にFuture Forumで懇親イベントを企画したとき、私たちは重視するテーマを2つ決めた。今後の計画策定と、人間関係の構築だ。対面参加とリモート参加の両方を良しとし、好きな場所から好きな方法で参加できるようにした。夕食をともにしたり飲み会を開いたりする一般的な関係構築方法の代わりに、各自の性格タイプについて伝え合う「チームダイナミクス」セッションを用意した。性格に関する会話から、各メンバーが何を考えて行動しているのか、どのように働き、ストレスにさらされたときにはどうなり、チームに何を求めているかを深掘りするねらいだ。これにより同僚、特に新入りとの仲を深めることができた。でもそれは全員が1つの場所に集まったからではなく（そもそもファシリテーターがリモート参加だった）、互いのことをよく知る目的で同じ時間を共有したからだ。

このような実例は、本社に毎日出勤する以外にもつながりを構築する選択肢はたくさんあると証明している。それどころか、柔軟な働き方を正しく導入することで、これまでよりももっとつながりの強いインクルーシブな文化を築くことだってできるのだ。このステップではそこに注目していく。

つながりと帰属意識の重要性

他者とのつながりを得たい、帰属意識を持ちたいという感情は、職業や居住地には関係のない、人間の基本的な要求だ。進化の観点からいうと、集団に属することで身の安全を確保しやすくなるし、人間の脳はそれを求めるつくりになっている。研究によれば、帰属意識は認知行動に影響を与え[1]、また身体的・情緒的な健康と幸福につながる[2]。所属組織とのつながりを実感できるとき、人はより満ち足りた気持ちになり、仕事のパフォーマンスが上がり、組織の目標達成に貢献するようになる[3]。

これを踏まえると、柔軟な働き方に対する懸念事項でいちばん多いのが「会社の文化と従業員同士のつながりをむしばむのではないか」という点であるのも不思議ではない。つながりや帰属意識がなくなれば、創造性、イノベーション、共同作業に悪影響が出るだろうと、多くの経営者が恐れている。先述の研究結果からも、つながりと帰属意識の構築を重視するのは理にかなっているとわかる。疑問を投げかけたほうがいいのは、「つながり意識はオフィスに集まってこそ育める」という考えのほうだ。

研究結果はこう示している。**柔軟な働き方は、つながり意識と帰属意識を向上させる**

[図7]　職場への帰属意識

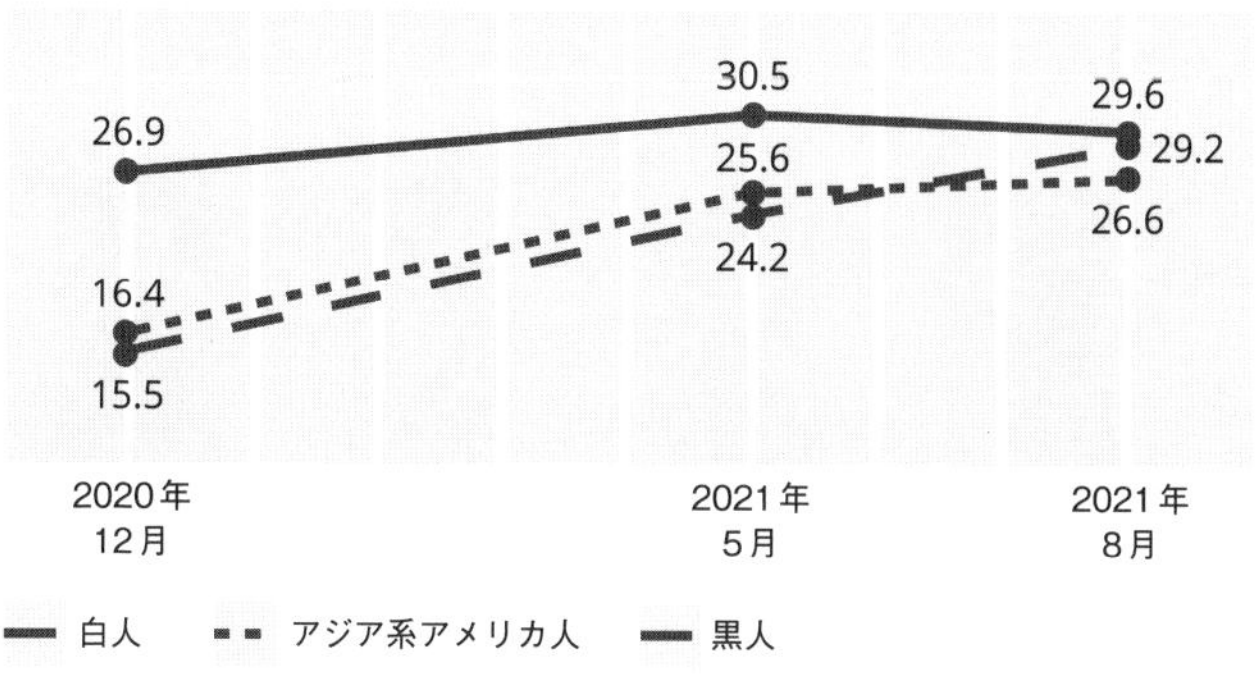

出典:Future Forum Pulse、2021年

にあたって不可欠なツールである。

パンデミック中に実施したFuture Forumのアンケートからは、ほとんどの従業員が同僚と物理的に離れてオフィス以外で働かざるを得なくなったものの、従業員の仲間意識はむしろ高まったことがわかった。勤務スケジュールの自由を獲得した従業員は、ほかの従業員よりも帰属意識が高く（36％増）、仕事への全体的な満足度も高かった（50％増）。これは歴史的に差別を受けてきたグループに特に当てはまる。なかでもアメリカの黒人の会社員の帰属意識は、柔軟で分散した働き方が企業に定着するにつれて、四半期ごとにますます向上している。図7は、職場への帰属意識の移り変わりを人種ごとに表したものだ。

オフィスに集まって働かないと創造性とイノベーションが損なわれるのでは、という懸念にも、間違った古い社会通念が潜んでいる。実際は、勤務場所とチームの創

[図8] 「私のチームは以前と比べて同等またはそれ以上の新しいアイデア、製品、サービス、プロセスを生み出している」に同意するナレッジワーカーの割合

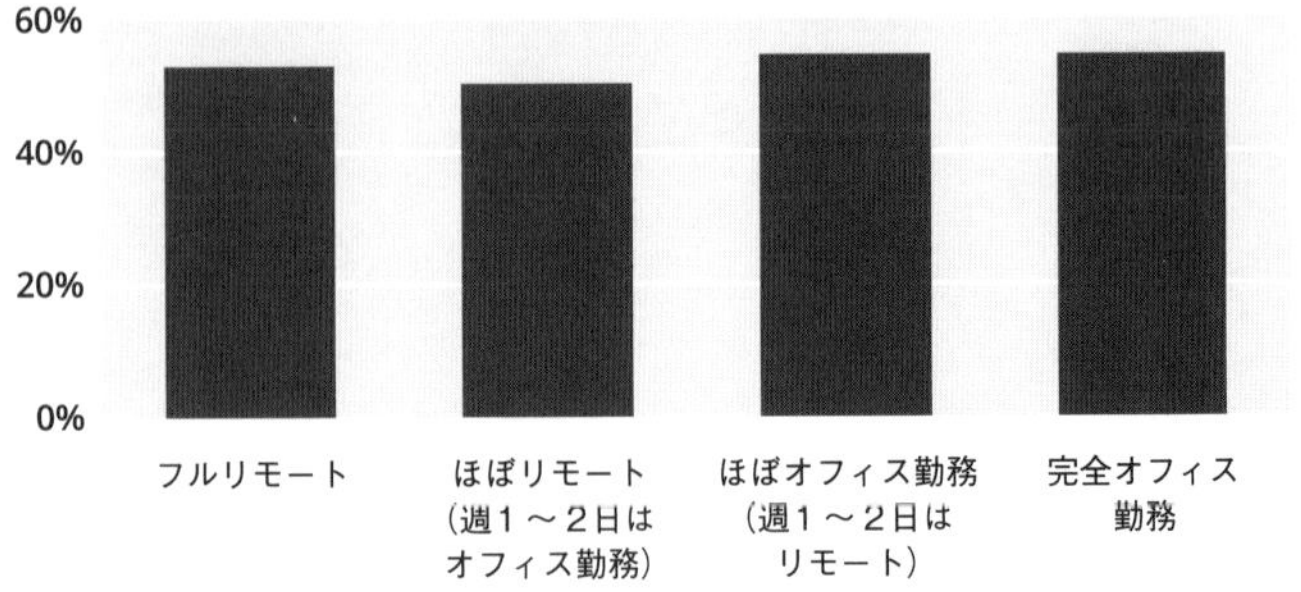

出典：Future Forum Creativity & Innovationの研究調査、2021年

造性には相関性がほとんど見られない（図8参照）。

創造性に大きく影響するのが、心理的安全性だ。自分のチームはリスクを進んでとろうとしているとか、チームメイトに気軽に助けを求められると感じるかどうかである。注目してほしいのは、心理的安全性のどの要素も、従業員がどこで働くか、柔軟なスケジュールで働いているかどうかにはまったく影響されない点だ。

それどころか、オフィスに集まることでつながり意識が育まれるという決めつけは、重要な点を無視している。従来のオフィス文化が全員にとっての正解ではないという事実だ。一部の人は好んでいたとしても、あらゆる従業員のつながり意識と創造性を一様に育めるわけではない。人間関係構築に役立つと見なされてきた、オフィス定番の集まりについて考えてみよう。

会議

すでに述べてきたとおり、会議はあらゆる階層の従業員にとって深刻な問題となっている。出席者に良い刺激を与えるどころか、エネルギーと創造性を消耗させる会議があまりに多いうえ、重要な仕事に集中する時間を奪ってもいる。それに、会議室での力関係にやりづらさを感じる人が周りにいた、または自分がそうだったという経験は、ほぼ誰にでもあるのではないだろうか。声の大きな人たちにアイデアや意見をかき消されてしまう内向的な人はいるし、その点でいえばテレビ会議でも問題は同じだ。ベテランの前で意見をいいづらい若い従業員もいるだろう。入社したばかりで同僚との関係を築けていない人も。いつも同じ数人のメンバーが、優れたアイデアや意見を持っているという以外の理由で場を支配して議論を進める傾向が、たくさんのチームや部門で見られる。

食堂

どこに座る? 誰と座る? ひとりで座る? いっそ何か買って来てデスクで食べる? 一緒に食事をとることは、関係を構築する良い手段かもしれない。でも、たとえば新入社員や内気な人、多数派の属性に当てはまらない人などにとっては、つながりではなく排除を感じる場となることもある。「くだらないとわかっていますが、まるで高校生に戻ったみたいでした。悪い意味で」というのは、入ったばかりの会社で周りを見渡すと、有色人種は自分を含め数人しかおらず、そのなかでランチタイムをうまく過ごさなくてはならない状況に置かれたある従業員の言葉だ。

飲み会

多くの企業で習慣化しているこうした集まりは、社交的でない人にとってはつながり意識よりも気まずさを生む場になることがある。アルコール中毒から抜け出しつつある知り合いは、部門で毎週木曜に開かれる飲み会についてのチャットを見るのが憂鬱だと嘆いていた。妊娠したばかりの同僚にも似た悩みがあった。チームで夕飯を食べに行ったときになぜ飲酒しないのかと聞かれても、まだ妊娠を明かせないしうまくかわせないという。飲み会が好きな人は多いけれども、そうでない人も割と多い。

こうした集まりを開かないほうが良いとか、気まずい思いや居心地の悪い思いをしそうな出来事から常に従業員を守るべきだといいたいわけではない。いったんこう問いかけてほしいのだ。こうしたイベントを企画するとき、これでつながりが強まると信じ切ってしまうのはなぜだろう？　誰との関係構築で、誰が犠牲になっている？　ねらいどおりに参加者が関係構築できると、また全員が公平にそうできると、自信を持っていえるだろうか？　そうでない場合、もっと良いやり方はないだろうか？　もっと効果的かつ誰も置き去りにしない方法は？　声が大きな人や外向的な人、年長者、マジョリティに属する人だけが楽しむのを防ぐには？

「集いは確かに関係構築のためですが、力も無視はできません」と、『最高の集い方』著者のプリヤ・パーカーはいう。「パワーダイナミクスを見て見ぬ振りしていては、腕の良い企画者とはいえません」[4]。力の不均等をならし、メンバーの積極参加を促す環境を丹念に構築できるかは、リーダーにかかっている。

会議からカジュアルな会合まで、ここに挙げた集いはどれも、つながり構築の機会をもたらす可能性もあれば、損なわせる原因にもなりうる。その分かれ目は、どのくらい強い目的意識を持って計画と実行をしたかだ。MURALが「ワールドツアー」に向けて徹底的に計画を練った例からわかるように、**いちばん大切なのは目的意識であり、どこに集まるかではない**。それに、使い慣れたいつもの集合場所があったとしても、そこがつながりを構築できる唯一の場所とはいえないはずだ。

つながりと帰属意識が大切であることは間違いない。でも、自社の文化に絶対に欠かせないと本当に思うのなら、オフィスだけにこだわっている場合ではない。物理的な空間だけでなく、つながりをつくれる手段すべてを、吟味し直す必要があるだろう。

つながり構築に本当に必要なもの

最新の研究結果が証拠を示しているにもかかわらず、またオフィス文化で疎外感を抱く人が後を絶たないにもかかわらず、いまもたくさんの人が、オフィスに集まることこそが真のつながりと帰属意識を構築できる唯一の方法と考えているようだ。

社内の一部の人、特に長く会社にいてオフィス文化のなかで成功を手にしてきた人たちが、「いつもそうやってきたから」とオフィスを標準にしたがる傾向を、私たちは目にしてきた。しかも、本当にオフィスのほうが良いかを疑いさえしないことが多い。「仕事とは物理的なオフィス空間に集まってするもの」という固定観念をなかなか手放せない理由の1つに、企業が近年熱心にオフィスに投資してきた流れがある。アメリカだけを見ても、毎年5000億ドル近くがオフィス用の不動産取引に投じられている。[5] 優秀な人材を引き込むためにと、数多くの企業が装飾とデザインにこだわった施設（レストラン、ジム、ラウンジ、ゲームルーム、瞑想ルーム、カフェなど）や、オフィスで受けられる福利厚生（保育、洗車、美容院、マッサージ、ハッピーアワー、スパなど）に少なからぬ資金をつぎ込んできた。従業員の会社生活をより充実させようというのは良い目標ではあるが、経営者たちにはぜひ、**会社に利益をもたらす新たな投資先として柔軟な働き方を視野に入れてほしい**ものだ。

古い観念を手放せないもう1つの理由に、別のやり方をイメージできないというのがある。単純に経験したことがないので、うまくいくと思わないのだ。

では、つながりを育む職場とはそもそもどういうものだろう。同僚と良い関係を築ける環境をどうつくるか、新しい視点を持つにはどうすればいいだろう。いつ、どこで、どのように勤務したとしても、全員が参加でき、貢献できる環境をつくりたい。それは不可能ではないはずだ。

ここからは、柔軟に働きながらより強固で円滑な関係を築く方法について考えていく。つながり合える柔軟な職場をつくるためにできそうなことを、1つずつ見ていこう。

（1）課題を認識する。
（2）従業員が本当に求めるものを知る。
（3）デジタル空間を本社にする。
（4）共有スペースの役割を再考する。

（5）チームに決定権を与える。
（6）チームに選択肢とツールを提供する。
（7）トップダウンで文化をつくる。

（1）課題を認識する

会議や共同作業を生産的に行うのは難しい（会議疲れに関する調査結果がそう示している）し、つながりを崩したり特定のグループをないがしろにしたりせずに関係構築できる集まり方を見つけるのも難しい。対面のほうが良いと一般的には思われがちだが、場所がどこであれ、このような課題は存在する。柔軟な働き方を導入すると、また新たに考えなければならない要素が出てくる。

たとえば、ハイブリッド会議で出席者全員が公平に参加するのは難しいと、プリヤ・パーカーが指摘している。「私が自宅にいて別室で子どもを昼寝させている一方で、別の出席者たちはオフィスにいて会議前にコーヒー片手にお喋りしているとしたら、そこには公平とはいえない力関係があります」。この不公平さを解消する一歩目は、不公平さを認識することだとパーカーはいう。「ハイブリッド会議は、1つの集いではありません。3つです。同じ部屋にいる人たちの集い、バーチャルの集い、そして両者がやりとりをする混合の集い。それぞれ違う現実のなかにいることを認識する必要があります」

まず現状認識から始めなければならないのは、それ以外に道はないからだ。柔軟な働き方に移行する副次的なメリットに、思ったほどの効果が出ていないお決まりの習慣や行動の破壊が不可欠となるという点がある。破壊してしまえば、それを何に置き換えたいか、明確な目的意識を持って前進できる。

次節以降と併せて巻末のステップ5のツール1「意義ある会議を行う4つのヒント」も活用してほしい。パーカーの見解に基づいており、集いの規模や、デジタルか対面かハイブリッドかに関係なく、集いの計画策定に利用できる。

（2）従業員が本当に求めるものを知る

働く人々が柔軟性を求めていることは、この本のなかで幾度も述べてきた。ナレッジワーカーの93％が勤務スケジュールの柔軟性を、76％が勤務場所の柔軟性を求めている。でもだからといって、対面での関係構築をいっさい望んでいないわけではない。

柔軟とは選択肢があることであり、それはいつ、どこで、どの頻度で、どんな目的で

［図9］　オフィスを使いたい理由は人それぞれ

オフィスでは静かに集中する作業をしたいと考える人が1人いるのに対して…
4人が、オフィスは共同作業、クライアントとのミーティング、仲間意識構築などチームメイトや同僚との交流に使いたいと考えている。

出典:Future Forum Pulse、2021年

集まるかを選べることだ。必ず毎朝9時にオフィスに集合するのではなく、従業員は自分で、またはチームで働き方を選択できることを望んでいる。

データを見るとわかるが、働く人はオフィスという選択肢も求めてはいるものの、勤務中に常にオフィスにいたいわけではない。関係を構築したり、交流したりする特定の目的のために必要だと感じている。Future Forum の調査によると、静かに集中して作業する際にオフィスを使いたいと答える人が1人いるのに対して、チームメイトや同僚との共同作業と仲間意識の構築にオフィスを使いたいと答える人が4人いた（図9参照）。

これは理解しておくべき点だ。柔軟に働くと対面でのつながりはなくなると思い込んでいる人がとても多いが、それは会社がそうしたい場合に限った話だ。人が密集する従来のオープンフロアの職場でも、つながりに関する課題はある。なんといっても、デジタルファーストは「対面禁止」

ではない。
デジタルファーストまたは「フルリモート」戦略を導入済みの企業だって、いまでも従業員が集まる機会をあえてつくっている。たとえばGitLabはフルリモートに移行済みだが、チームメンバーとの関係構築という明確な目的のもと、対面の集まりを計画する。「よく聞かれるんですよ。『フルリモートのチームって、直接会うことはあるんですか？』って」と、GitLabのリモート統括責任者のダレン・マーフはいう。答えは断然イエスだ。「GitLabがGitLabであるために欠かせません」[6]
同社は1年に1回、毎回違う都市で、GitLab Contributeという全社イベントを開催している。イベントの最初と最後に基調演説があり、「それ以外はすべて自由参加のレクリエーションです。同僚とともに行動して絆を深め、関係を構築することが目的です」とマーフはいう。また、地域別のイベントや、営業イベント、マーケティングイベントなども年間を通して開催される。イベント以外で顔を合わせる機会は多くて年に1、2回だと認識しているからこそ、GitLabは意識的にイベントを企画し、できるだけ多くの従業員が参加できるよう尽力している。
GitLab同様にフルリモートの企業、Zapierも、似たアプローチをとっている。共同創業者でCEOのウェイド・フォスターは、「日常業務を対面で行う必要はないと確信していますが、対面のほうがスムーズにいくものも当然あると考えています[7]」と書いている。この理由から、Zapierでは年に2回、つながりを構築して社内文化を維持する目的で全社イベントを開催している。「イベントでは、当社の文化を育めるような活動をします。ボードゲームやグループでのハイキングは、お互いや相手の家族のことを知るきっかけになります。通常どおり働いていては得られない知識です[8]」

柔軟な環境でつながりを構築する方法を考えるとき、オフィスやオフサイトイベントを活用する手もあると意識することが大切だ。ただし、それが唯一の選択肢ではない。

(3)デジタル空間を本社にする

対面で集まるほかに、どんな手段でつながりを構築できるだろう？　これまで述べてきたように、柔軟な働き方を導入するには企業で「職場」の概念をいちからつくり直す必要がある。単なる物理的な場所ではなく、業務遂行の場やつながり構築の場など、たくさんの重要な場のネットワークと捉えるべきだ。会議室を使う気軽さで、テレビ会議やSlackのプロジェクトチャンネルを使っていい。プレゼンは、対面でパワーポイントを使って行う気軽さで、Googleドキュメントや Quip、Notionなどの共有ドキュメント上で行ってもいい。コミュニケーションは、コミュニケーションプラットフォーム、メール、テレビ会議、チャット、電話、ハドル、ダイレクトメッセージ、ソーシャルメディア、対面のどれを使ってもいい。そしてコミュニケーションをとる際の居場所は、自宅、車、道を歩きながら、カフェ、乗り物で移動しながら、オフィス内、ほかにどこだっていい。場所と手段は、集いやコミュニケーションの内容と質に比べれば、たいして重要ではないのだから。

オフィスの建物と土地、内装、席順の検討に、これまでどれほどの時間をかけてきただろう。いまや、オフィスは会社の一面にすぎない。経営者はもっと、従業員の業務とつながりを支えるための場とツールの提供に重きを置く必要がある。実働する従業員が、いちばん働きやすい場所から働きやすい手段で参加できるようにだ。それはつまり、**過去にオフィスに投じてきた資金と思考を、同じレベルでデジタル方面にも向けること**を意味する。とはいったものの、この意識転換は遅きに失している。パンデミック禍では大半の企業がオフィスを取り上げられたわけだが、ナレッジワークのほとんどは深刻な崩壊なく続行された。もしも、デジタルツールとソフトウェアが取り上げられていたとしたら。業務を続けられるとは思えない。

古い習慣を打破して職場というものの位置付けを変える良策が、デジタル空間に新たな本社を設けることだ。デジタル本社を持つとは、従業員が情報と機会を得たり、同僚とやりとりしたりするメインの場所が、物理的なオフィスではなくデジタル空間になるということ。従業員がいつどこにいても本社にアクセスできるのが、いちばんのメリットだ。

デジタル本社に移行するには、どのデジタルツールを採用するかを、経営陣が目的意識を持って検討する必要がある。パンデミック禍では、生産性を犠牲にすることなく会議をテレビ会議に置き換えることは可能だという学びがあった。ただ、デジタル本社に関してはさらにその先、つまり、タスクごとに使う手段をよく選ぶ必要がある。

このステップの冒頭で取り上げたMURALは、会議室のホワイトボードで行うブレインストーミングをオンラインで同様に（もしかするともっと便利に）できるバーチャルツールを提供している。また、この本は著者3人でGoogleドキュメントを使って執筆したので、作業を一緒に進めたり注釈や調査結果を共有したりできた。休憩室でのプライベートな雑談は、代わりに専用のソーシャルチャンネルで行ってもいい。MURALが「ワールドツアー」イベントの経験をもとに作成したリモートワークショップ運営ガイドには、イベントを開催する場所ではなく目的をまず確認するべきだと書かれている。「従来の企画をバーチャルで実行するときは、まず目的を確認し、それからデジタルツールを使って従来と同じ結果を得る方法を考える。場合によっては、デジタルファーストのほうが対面よりも良い結果をもたらすこともある[9]」

新たなツールとテクノロジーは絶えず登場し続けているので、ついていくことが大切だ。従業員からの期待も高まり続けるし、事実、デジタル技術への投資は勤務環境に大きな影響を与えうる。自社がテクノロジーのアーリーアダプターだと感じる従業員の帰属意識のスコアは、その逆のレイトアダプターだと感じる場合の約2倍あり、ほかにもメリットが報告されている（図10参照[10]）。

デジタル本社を置くという考え方を浸透させるためにとれる手段をいくつか紹介する。

■ **全社規模のデジタルフォーラムを使って認識を揃える**　共通の目的と目標を浸透させるには、全社的なコミュニケーションチャネルが便利だ。会社の使命、ビジョン、優先事項を伝えたり、重要な指標、最新情報、発表内容を共有したりするメインの場として使う。

■ **チームやプロジェクトごとにデジタルのホームをつくる**　チームが楽に共同作業できるよう、プロジェクト専用またはチーム専用のスペースを用意する。作業内容を共有し、フィードバックを返し、情報を入手し、作業についてチームメイトとやり

［図10］　ワークエクスペリエンスのどの項目のスコアも、テクノロジーの導入が早い企業は遅い企業を100%以上上回る

出典:Future Forum Pulse、2021年

とりできる「ホーム」とする。

■ **オフラインで起きたことをオンラインで共有する**　会議はできる限りすべて録音か録画し、その動画や文字起こししたものを共有して、会議に参加しなかった人も含め全員が情報を得られるようにする。全社会議の音声データやリーダーのプレゼン資料などはデジタル上の「倉庫」に保管すると、社内全体で基本知識を共有できる。

■ **交流の場をつくる**　共通の関心ごと（好きなテレビ番組、運動、趣味など）について話せる交流の場を用意してもいい。テレビ会議システムを使って、自由に立ち寄れるコーヒーブレイク（小休憩）を開いてみよう。本社とは仕事を進めるためだけの場所ではない。つながりをつくり、関係を構築する場所でもあるべきだ。

■ **従業員リソースグループ（ERG）を支援する**　ERG（LGBTQ＋、障がい者、女性、黒人、ヒスパニック／ラテンアメリカ系、など）の重要性を多くの人が実感しつつある。デジタ

ルプラットフォームのおかげで地域を越えてグループで集い、味方を見つけられるようになった。

（4）共有スペースの役割を再考する

オフィスが近いうちに消滅するとは思えないし、デジタルファーストは「対面禁止」ではないので消滅しなければならない理由もない。ほとんどの企業ではこれからもオフィスが活用されるだろう。ただ、以前とは違い、柔軟な働き方を支える役割を担うことになる。

ひとりひとりにデスクを割り当てなければならないという時代遅れの決めつけのせいで、余白がない月並みなレイアウトのオフィスがものすごく多い。いまや空っぽのデスクがただ敷き詰められているだけの空間もある。もし理想の勤務環境を叶えるオフィスを自由に再設計して良いといわれたら、勤務場所に対する考え方ががらりと変わるかもしれない。オフィスを持つことが義務ではなく強みに見えてくるはずだ。

少し前に紹介した調査結果を思い出してほしい。静かに集中して取り組む作業をオフィスで行いたいと答えた人が1人いるのに対して、4人がチームメイトや同僚と取り組む業務をオフィスで行いたいと答えた。ここから、**企業は自社の空間の使い方について見方を変える必要があること、従業員同士の交流や共同作業ができるエリアを優先する必要があること**がわかる。だからといって静かに作業できる部屋をなくすべきだというわけではない。自宅に部屋数が多くない、家族が多い、騒がしいなどの理由で、集中して作業できる環境を持たない人もいる。ただ重点を換えるという話だ。

個人向けエリアとチーム向けエリアのバランスは、企業ごとに業務の性質を見て決めるべきですが、一般的には大きな変化が訪れようとしています。これまでは多くの企業が、床面積のだいたい8割を個人に割り当てた作業スペースに、2割を自由に使える共同作業用スペースに割いていました。この個人に割り当てて所有させるモデルから、最近は割り当てなしの個人作業用スペースに2割、チームの共同作業用スペースに8割というモデルに変わりつつあります。個人基準のレイアウト計画から脱却し、個人作業と共同作業の両方を考慮したチーム基準のスペースをつくってチームの作業の性質ごとに好きに調整できるように進化しているのです。オープンなレイアウトのほうが便利だというチームもあれば、しっかりと壁で仕切られた空間が必要なチームもありますから。

ミラーノル、デザイン戦略部門長、ジョセフ・ホワイト

つながりと帰属意識を育めるオフィスを設計することは可能だ。ミラーノルとLeesmanによる調査で、次のような特徴を持つ、会社に合わせて設計された共有スペースがあると、従業員の帰属意識が5％上がることが確認されている。[11]

■**サービス**　製品のプロトタイプや、従業員イベントの写真など社内文化を表すもの、またコーヒーや軽食などのアメニティを共有スペースに置いて、従業員を呼び込む。

■**選択肢**　さまざまなエリアと座席レイアウトを用意して、ニーズに合う場所を選べるようにする。たとえば座り心地の良い長椅子のエリア、小さなカフェテーブルと椅子のエリアなど。グループで交流したいときにも、静かな隅っこで1対1で話し合いたいときにも使えるように。

■**見通し**　オープンで見通しが良いと、偶然出くわしたり会話が生まれたりする可能性が高まる。

■**関心を引くもの**　デジタルディスプレイを設置すると、最新ニュースを得たり、タ

イムリーな話題について知ったりできるので、従業員が集まりやすくなる。

ほかにも企業がとれる戦術として、個人作業用と交流用でフロアを分け、より多くの人が求めている交流用スペースのほうを大きくするというのもある。Slackも導入している「**ホテリング**」もありだ。柔軟な働き方モデルに切り替えるタイミングで、私たちは自分のデスクを主な居場所にするという古典的な概念を取り払った。代わりにホテリングという、個人にデスクを割り当てるのではなく、**個人やチームが必要に応じてデスクや会議室などのリソースを事前予約する**やり方を選んだ。柔軟な働き方と相性の良い方式だ。

どんなオフィスが自社に適しているかは、業務の内容と従業員によって当然異なる。でも、柔軟性とつながりの両方を可能にする選択肢は無数にある。何よりも恐ろしいリスクとなるのは、理想とする企業文化を育むスペースとツールの使い方について、企業が方針を持たないことだ。

（5）チームに決定権を与える

対面で集まることの価値を、フルリモートの企業でさえも実感している。ただし、集いの頻度はチームごと、企業ごとにまったく違ってくるはずだ。週に何日、または何曜日にオフィス勤務するように、などとトップダウンで指令を出すのではなく、いちばん結果を出せる方法をチームで選ぶ自由を与えよう。

チームが枠組みのなかで自由な決断をする助けとなるのがステップ3のＴＬＡだ。ＴＬＡの初版は取り入れやすいようにシンプルにし、やりながら修正や追記をするといい、という助言を覚えているだろうか。いまこそ、ＴＬＡを拡張する良い機会だ。チームで行っているはずのＴＬＡ定期確認の一環として、集いについて話し合ってもらうといいだろう。必ず含めてほしい要素があるなら、チームに議題として与える質問をあらかじめ役員側で決めておく。どのくらいの頻度でオフィスに出勤するかだけではない。**チームで効率的に業務を遂行し、関係を構築するには、どのような種類の対面での交流がどんな頻度で必要となるかを考えさせる。**業務遂行と関係構築の両方が大切だからだ。

たとえば製品設計・エンジニアリングチームなら、近況報告を行い、製品戦略について話し合い、次の四半期の全体的なロードマップを策定するために、比較的低い頻度で長めに（四半期に一度、3～4日間連続など）集まる選択をするかもしれない。事業企画部門、それも特に大企業の場合はさまざまな連携が必要な複雑な作業となるので、オフサイトまたはオンサイトでみっちりと会議をしたほうがずっと効率が良いかもしれない。

一方で、営業開発やビジネス開発のチームでは地域の顧客を担当することが多いため、メンバーも同じ地域内に固まっている傾向が強い。こうしたチームはもしかすると、週2～3日は対面で作業して、日常業務での仲間意識（勧誘電話や売り込みで頻繁に断られる職場では特に必要だ）や競争意識を育んだり、売り込み戦略を共有したりすると良いかもしれない。

チームごとに選択肢を検討して結論を出す。チームの全体的な機能、現状、そしてメンバーの性格なども加味し、うまくバランスをとる必要がある。たとえば、地理的に広範囲に散らばっているチームなら、メンバーは交流好きだとしても、四半期や月ごとに何度も対面で集まるのは現実的ではないだろう。代わりにミーティングや週次報告会議の最初の数分間を近況報告タイムにしたり、昼食を各メンバー宅にデリバリーしてZoomで製品発売を祝うランチ会を開いたりするほうが効果的かもしれない。

また、すでに長い時間一緒に働いてきてメンバー同士の深い関係が出来上がっており、帰属意識を構築するための対面の集いはあまり必要ないというチームもあるだろう。その場合、集うのは四半期に一度の計画策定セッションで十分かもしれない。反対に、入社したばかりのメンバーが多いチームは、カジュアルな集まりがもう少し頻繁にあるほうがうまくいきそうだ。少なくとも最初のうちは、お互いを知るために企画するといいだろう。働き方を柔軟にするのだから、集いの習慣もニーズの変化に合わせて変えてしまえば良いのだ。

いちばん重要なのは、チームリーダーがひとりきりで決定しないようにすること。リーダーは自覚を持って、またチームの特性をよく認識して、業務とメンバーにプラスになるルールをつくれるようチームを導く必要がある。チームの特性の理解については、ステップ6で詳しく述べる。

（6）チームに選択肢とツールを提供する

集いに関する基準と行動習慣についてチームに自由に決めさせるとき、経営陣に忘れないでほしいのは、実践面のサポートだ。たとえば、つながりと帰属意識を育む方向にメンバーをまとめるスキルについて、チームリーダー向けに研修かアドバイスが必要だろう。集いが対面かデジタルかに関係なく、成功の鍵を握るのは計画だ。明確な目的なしに会議を開く人はとても多い（だからこそ会議は時間の無駄だと感じる人が多いのも不思議ではない）。MURALのCEO、スアレス－バタンはこう話す。「実のある会議を行うのは本当に難しいです。練習がいりますし、事前に熟考する必要もあります」。どんな集いを計画する際にも、ステップ2でも紹介した次の4つを自問することを、私たちからおすすめしたい。

■どうすれば参加者が確実に居心地良く過ごすことができ、やる気も高まる？
■トピックは？　何を達成したり生み出したりしたい？
■誰がどのように進行する？
■どんなツールが必要？

工夫を凝らした「ワールドツアー」イベントを企画したMURALも、この4つを自問した。もっと小規模でカジュアルな集いだとしても同じくらい重要な質問だ。後半2つに関しては、実践面でチームをどうサポートできるかを経営陣が考える必要がある。どんな場を提供できるだろう？　マネージャーがチームの取り組みを讃えたいとき、企画をどうサポートできるだろう？　週次、月次、四半期ごとの対面の集いで、移動や経費まわりの方針はどうすればいいだろう？　一言でいえば、実際の運営をイメージして細かな部分を詰める必要がある。

こうした方針を明確化するのは、経営陣の役目だ。マネージャーにイベント企画の予算を渡すだけでは、彼らの負荷をさらに増やすだけの場合もある。いちから計画させるのではなく、「事前承認済みの活動オプション」一覧を与えてそこから選んでもらう手もある。Slackではまさにこの手段をとり、結果、マネージャーは段取りすべてを背負うことなく、最重要な「なぜ」（集いの背景にある意図）と「どうやって」（メンバーを集合させる方法）に集中できた。

社内旅行を取り仕切る役がいるように、つながり構築のイベントや集い（対面、バーチャル含め）の企画・進行を担う新たな役割を社内につくるかどうかも、経営陣が考えるべきだ。つながり合う文化を社内で確実に育むために経営陣にできることは、まだまだある。

（7）トップダウンで文化をつくる

「今後のビジネス界で主流となる2つの軸は、柔軟性とつながりです」というのは、リーバイ・ストラウスのトレイシー・レイニーの言葉で、私たちもこれに同意する。「では、どうすればその2つを取り込みながら、過去よりも良いものをつくれるでしょうか？」

ここで不可欠となるのが、**企業文化**だ。文化で2つの軸を支えなければ、繁栄は見込めないだろう。かの有名な経営学者のピーター・ドラッカーはこんな言葉を残した。「企業文化は戦略に勝る」

ステップ2でガードレールについて解説した際、「手本を示す」ことについて述べた。意図するしないに関係なく、役員の行動が文化を形づくるからだ。というより、つながり合える柔軟な職場にとっての最大の危険因子が、役員の行動とさえいえそうだ。一見柔軟な方針を敷きながら、役員には1つの建物に毎日集まることを許しているようでは、柔軟に働く従業員たちは大切にされていないように感じるかもしれない。新しい働き方への移行は必ずトップから始めるべきだが、同時に会社じゅうの従業員を関与させる必要もある。つながりと帰属意識を支える社風を、経営陣が意識して広げていかなければならない。

それは、つながり合う柔軟な働き方戦略のメリットと展望を、従業員に向けて発信し続けることでもある。しないよりは、発信しすぎるくらいがいい。使えるコミュニケーション手段はすべて使って、できる限り多くの従業員に届くよう定期的に話しかけよう。

なお、広く社内外に向けてだけでなく、自分のチーム内に対しても手本を見せることが大切だ。だからSlackではあえて経営幹部のオフィスを解体した。世のリーダーたちが出世のシンボルや特権と見なすような役員室も役員フロアもない。従業員が毎日オフィスに通うわけではない柔軟な環境下では、単に不必要なのだ。この変革は、Slackが企業文化として何を最重要視しているかを社内全体に知らしめた。そして経営陣がカリフォルニア、コロラド、ニューヨーク、そしてオーストラリアと、複数の場所に分散してからも、変わらず効率的に会合を開いたりコミュニケーションをとったりできている。

経営陣がチームメンバー個々と関係を構築するためにできる工夫もたくさんある。私たちが聞いたなかでとても印象的だったのは、ペプシコの元会長兼CEOのインドラ・ヌーイの話だ。ヌーイがCEOになったばかりのころ、インドに住む母親に会いに行った。母親が友人や近所の人を自宅に招くと、「娘さんのことが誇らしいでしょう」、「あなたはすばらしい親だ」などと、来た人が次々に母親を讃えるのを目にした。感銘を受けたヌーイは、似たようなことを直属の部下とそのまた部下にすることにした。部下の両親に宛てて、「息子（娘）さんはペプシコの宝です。どうもありがとうございます」という趣旨の手紙を自らの手で書いたのだ。それも定型文を使わず、ひとりひとりがどのように会社を変えたかを具体的に書いた。ヌーイは退任までに約400通を送り、チームメンバーとその家族に本当に意義深いメッセージを伝えた。ある役員の父親はなんとその手紙を100部コピーして自宅アパートの入り口に座り、通り過ぎる人に「ペプシコの会長がうちの息子についていっているかをぜひ見てほしい」といって配ったそうだ。[12]

ヌーイは部下と同じ部屋で過ごさなくとも、相手とのつながりを構築し、大切にしていることを伝えた。リーダーが明確な意図を持ってクリエイティブに行動したときの影響力がわかる例だ。

「リーダーの第一の責任は現実を定義することである」と、ハーマンミラー（現ミラーノル）のCEOを長年務めた故マックス・デプリーが書いている。私たちはいま新しい現実を生きているが、社会的な帰属意識を育み、互いにつながり合う組織を構築したいリーダーにとっては成功しやすい環境だと、私たちは思う。ステップ6では、柔軟な働き方戦略を成功させるためにマネージャーに求められる新たなスキルについて述べながら、リーダーが組織にもたらせる影響について引き続き考えていく。

Step 5 のチェックリスト

つながりを築く

- □デジタルファーストとは「対面禁止」ではないこと、オフィス中心だったころと同様につながり合う文化が重要であり、それが実現可能であることを、理解したか。
- □従業員がつながり、共同作業し、業務遂行するメインの場所となるデジタルファーストな本社をつくったか。
- □つながりと共同作業を促進する場として物理的な空間を使えるかどうかを、改めて考えたか。
- □柔軟に働く環境下で従業員同士がつながり合うために必要なツールとリソースを提供したか。

Step 6

リーダーを教育する――求められる管理スキル

2020年代序盤は、従業員管理の本質に変化があった時期として人々の記憶に残ることだろう。パンデミックによる突然のバーチャル移行と、その後に続いた「大退職時代」。予測可能だった日々のマネジメント業務は、めまぐるしい変化を続けるようになり、マネージャーは頭を悩ませている。これはマネージャーたちの声にも表れている。Future Forumがナレッジワーカーを対象に実施したグローバルアンケートから、次の結果を得ることができた（図11も併せて参照）。

■ミドル・マネージャー（1〜6人の部下を持つとする）はシニア・マネージャー（15人以上の部下を持つとする）と比べて仕事への満足度が46％低かった。

［図11］　各階層の従業員エクスペリエンス

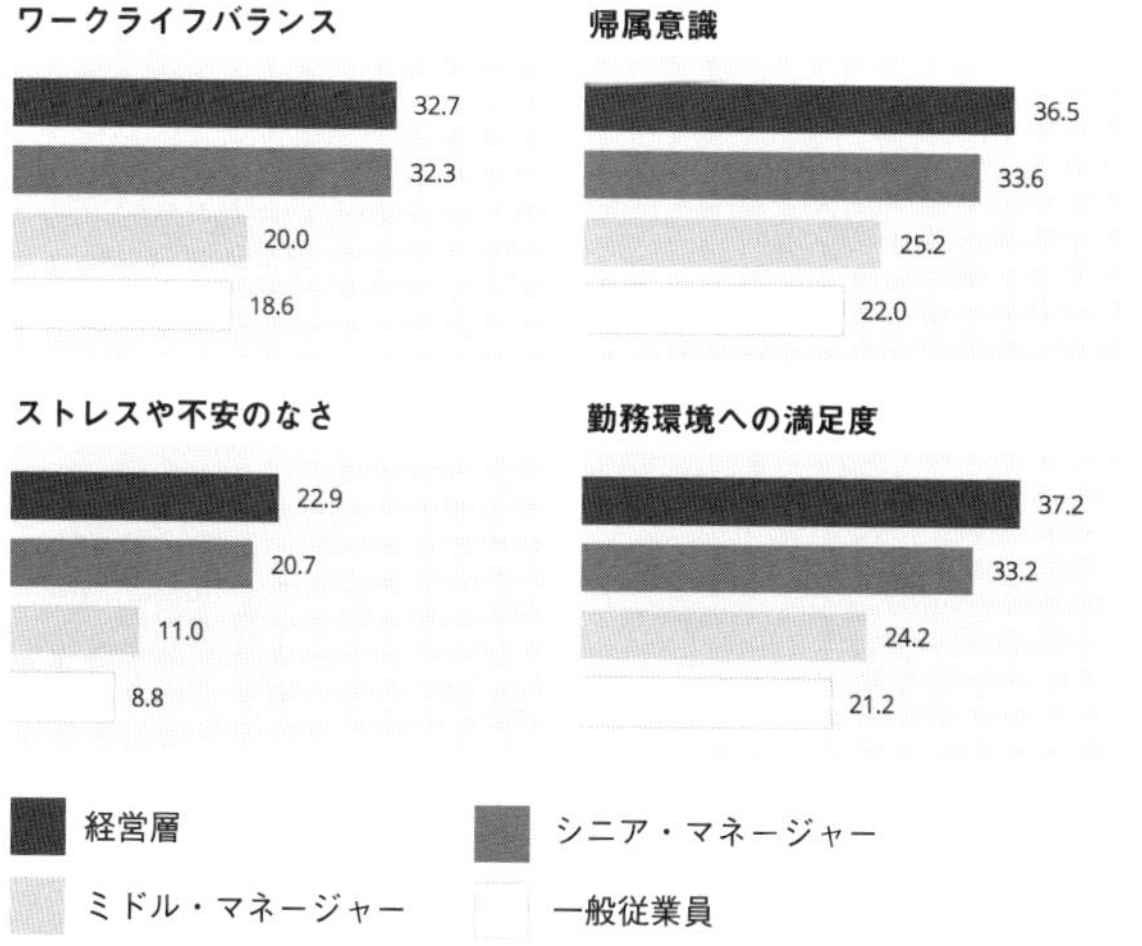

ナレッジワーカーに、勤務環境について全8項目を5段階（「とても悪い」から「とても良い」）で評価してもらい、結果を-60（最悪）〜+60（最高）で表した
出典:Future Forum Pulse、2021年

■マネージャーは経営層よりも、帰属意識の維持に苦労していた。
■マネージャーはさらに上の役職と比べてストレスを多く抱え、生産性の低さを感じていた。

このような意見の要因となった世の中の混乱は、まだしばらく続きそうだ。「これから何が訪れるのか、確実なものは何ひとつなく、誰にもわからない」と、未来学者のアレックス・ステッフェンは書いている。「大きな変化に対応する準備ができているとは、（中略）前例のない状況で支障なく働けるようにすることでもある」。まさにそこが問題で、今回の変化に対応するマネージャーの準備は整っていなかった。パンデミック対応の教育など受けていないのだから当然だ。

一方で、マネジメント業務に起きた変化はもとからあった問題が露わになっただけだ、という主張もあるだろう。柔軟な働き方に伴う課題が、優秀でないマネージャーをあぶり出している一面もあるが、そもそもナレッジワーカーの複雑なチームを率いるためのスキルを持たない人は多く、もっと早く追加訓練を始めるべきだったといえる。グーグルは10年以上前に、優れたマネージャーの条件を突き止め、マネージャーが本当に必要かを探る「Project Oxygen」という調査を開始した。結果、**マネージャーの存在は重要であるということと、最高のマネージャーは良いコーチであるべきことがわかった**。[1] また、良いマネージャーの資質を表したエビデンスは多いにもかかわらず、現状ではほとんどのマネージャーがコーチングのやり方を知らない（教育も受けていない）という調査結果もある。[2]

2015年からSlackの人事部長を務めるドーン・シャリファンは、収益と社員数の急増、2019年のDPO（直接上場）、パンデミックと職場への余波、柔軟なワークモデルへの移行、さらには2021年のセールスフォースによる買収という大きな変化のなかで、組織を率いてきた。社内では従業員ファーストのリーダーとして知られ、インクルーシブで公平な文化を推進してきた人物だ。さらにコーチングの認定資格を持ち、コーチング・ファーストのマネジメントモデルを、かなり前から取り入れてきた。柔軟に働くためだけでなく仕事全般に有効だと調査で認められているモデルだ。マネジメントに関する個人的な理念を問われると、シャリファンは3つの言葉に従っていると答える。

1つ目は、「**自己認識がすべての鍵**」。どんな階層のリーダーも、自分の癖や、行動の誘因となるもの、モチベーションの源を知り、自分の盲点を把握する必要がある。こうした努力があってこそ、最大限に効果的な方法でチームを率い、コミュニケーションをとれるようになる。

2つ目は、「**勇気を持ち、親切に**」。責任を負うとときに難しい決断を迫られるが、その決断の影響を受ける人のことを思い、彼らの立場で考えたうえで答えを出す。

3つ目は、「**明確さこそ優しさ**」。誰も暗闇のなかを手探りで働きたいわけではないので、いま取り組んでいる内容、それに取り組む理由、マネージャーとして部下に求めることについて明確に伝えることが、優しさになる。これにより従業員は安心でき、先を予測できるので、最高の結果を出す余地が生まれる。

「この3つの考え方に導かれてきました」と、シャリファンはいう。「親切をとるか成果をとるか、という誤った概念があるように感じますが、私は両方をとれると思います。明確に伝える、かつ親切でいる、かつ自分の弱いところを認識すれば、チームを成功に導けるでしょう」

シャリファンの理念は、2018年に立ち上げられたSlack Base Campというマネージャー向け研修の（そしてこの章で触れる数々のマネジメント理論の）基盤となっている。マネージャーが最高のリーダーに近づけるよう支援したいという思いから、シャリファンはチームでその研修プログラム作成に取り組んだが、そもそも「良いマネジメント」とは何かについて明記したものが社内にないことに気が付いた。そこで、まずは社内を見渡して、最高のマネージャーと思われている人物を探すことにした。部下の定着率が高く、評判が良く、その人が率いるチームにみんなが移りたがり、チームメンバーの成長と新たな役割への挑戦を常にサポートするマネージャーだ。その際、必ず多様な声を聞くよう心がけた。さまざまな部門、階層、属性の人はもちろん、CEOのスチュワート・バターフィールドや、Base Campプログラムが進化するに従ってたくさんの外部専門家の意見も取り入れた。

この研修プログラムは、パンデミック前、つまりオフィスが一挙に閉鎖されるよりも前に始動した。オフィス中心の文化を捨ててパンデミック収束後にも続けられる柔軟なワークモデルへ移行すると、決めるよりも前からだ。柔軟な働き方への変革は簡単ではなかったし、むしろ困難続きだったが、コーチングモデルに力を注いだこととマネージャーたちが学んだスキルは、コロナ禍で間違いなく役立った。現にSlackは、近年の大混乱のなかをぐらつくことなく進んでこられた。

この不確実な時代にも変わらない、そして近々変化するとも思えない事実が、少なくとも1つある。会社に対して、そして従業員の生活に対して、マネージャーが担う役割の大きさだ。しかし厳しい事実もある。大半のマネージャーには、柔軟な働き方の体制を取り入れたり、分散したチームを率いたりする能力が備わっていない。**マネージャーは進捗管理を行う門番役から、共感能力をもって部下を率いるコーチへと変わらなくてはならない。**業務遂行に必要なスキルセットだけでなく、メンバーひとりひとりについてもよく知る必要がある。要は、マネージャーの役割を定義し直すべきなのだ。このステップでは、マネージャーが基礎を築き直して新たな働き方に合う能力を獲得するために、経営陣ができることについて考えていく。

マネージャーの役割を定義し直す

前章までのステップ1~5をスムーズに実行できたとしても、全社展開や定着はマネージャーの協力なしには成しえないだろう。それは、ミドル・マネージャーこそがたいていの組織の要、つまりメンバーを率いて仕事もこなす存在だからだ。会社員の56%が、「自分の勤務先」は情報源としてとてもまたは最高に信用できる、と回答した。そして77%が、政府、非政府組織、メディアなどの機関よりも自分の勤務先をいちばん信頼している、と回答した。

しかし、高い信頼を寄せられている分、責任も重い。働く人の75%が、離職を決意するいちばんの理由にマネージャーを挙げている。[3] ギャラップの調査員は、従業員エンゲージメントとマネジメントの質のあいだには強い関連性があると述べ、こう書いている。「ほぼすべての企業で、マネジメント方法の一貫性のなさが少なからず要因となって、パフォーマンスは大きくそして不必要に上下している」[4]。人材獲得競争に勝ちたいなら、マネージャーの教育は役員が見ないふりをして良い問題ではない。

9時から5時までの定番のワークモデルが現代の知識経済ではすっかり時代遅れになったことは、すでに述べてきたとおりだ。デジタルツールが私たちの働き方とコミュニケーション手段を変え、デジタルインフラがオフィス空間の使い方に影響を与えていることも、以前からわかっている。次の最終ステップで触れるが、マネージャーとは時間管理人でありタスク監視人であるという古いイメージも変える必要がある。マネージャーは、各メンバーの活動内容や職場にいる時間の長さではなく、成果をもとに価値

[図12]　マネージャーの3つの役割

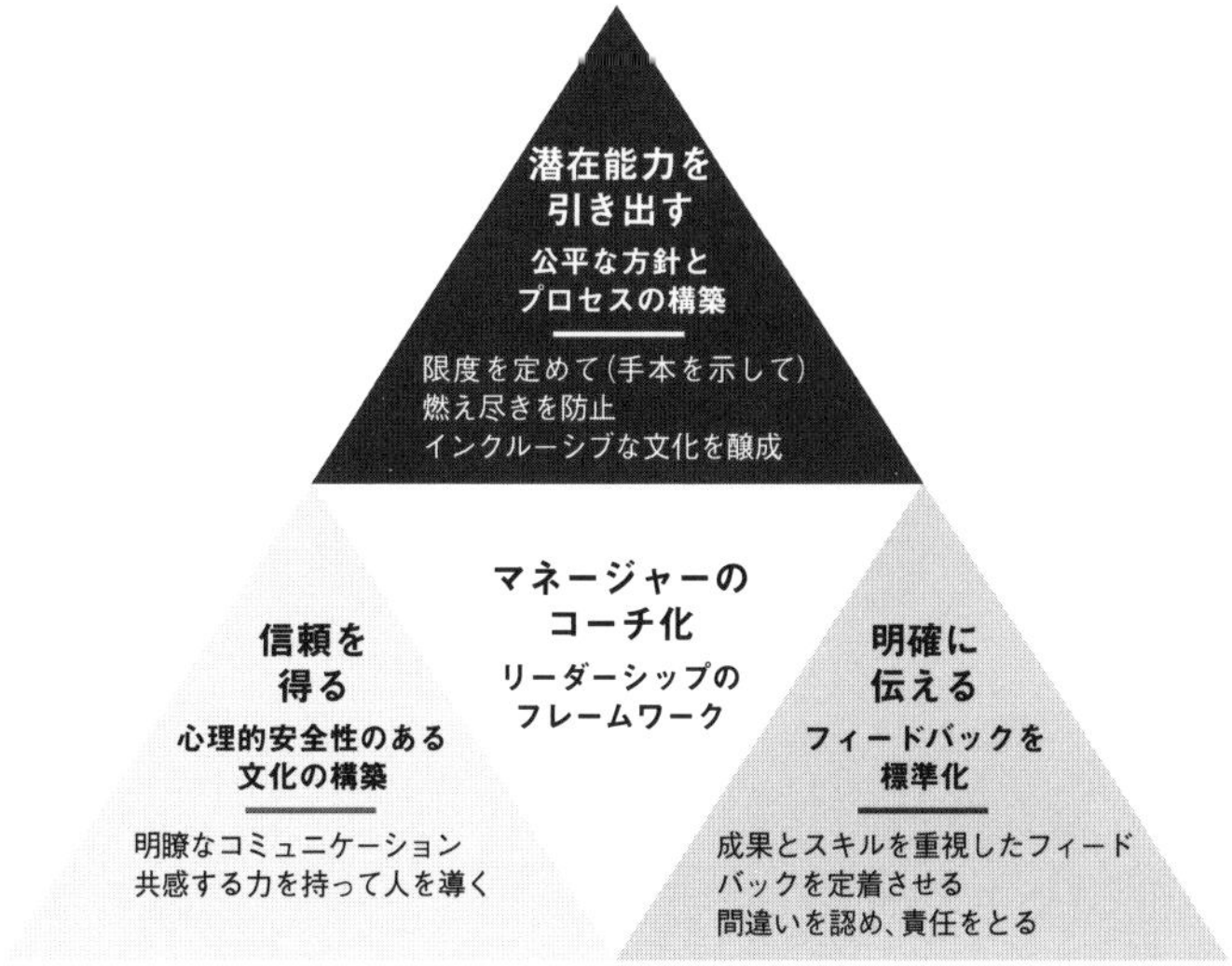

SlackのBase Campリーダーシップ方針を参考に作成

を測定する方法を身につけなければならない。

　時代の変化に合わせ、現代のマネージャーの役割を明確にするべきときがきている。1916年にアンリ・ファヨールが提唱した「マネジメントの5機能」は、計画、組織、命令、調整、統制からなる。[5] 多くの組織で、マネジメントの概念はこのころからたいして進化していない。私たちはこの古い考えに代わる新しい定義と目的をマネージャーたちに提案したい。現代のマネージャーの役割は、大きく3つ。**信頼を得る、明確に伝える、チームの潜在能力を引き出す**、である（図12参照）。

　具体的には次のような行動である。

（1）信頼関係を構築するために、目的、評価方法、部下に期待する内容について、透明性を確保する。
（2）直接（そして双方向）のフィードバックを介して、メンバーの責務と目標を明確に伝える。
（3）公平な業務習慣と「ノー」といえる環境を整え、メンバーに潜在能力を発揮させて最高の成果を上げてもらう。

ここからは、業種に関係なく、この再定義に沿うマネージャーになるために必要なスキル、それも特に柔軟な働き方に関係の深いスキルを見ていく。

マネージャーの仕事は人の管理ではないという認識を持つことが、とても重要です。マネージャーは、プロセスや時間、リソースをコントロールできても、人はコントロールできません。（中略）しかも皮肉なことに、コントロールしようとすればするほど望みどおりの結果からは遠ざかります。自分は良いパフォーマンスを引き出すための起爆剤なのだと考え、メンバーに最大の力を発揮させるために何ができるかを自問することがとても大切なのです。

マネジメント教育会社LifeLabs Learningの共同創業者、タニア・ルナ[6]

信頼につながる心理的安全性を構築するには

ハーバードビジネススクールのエイミー・エドモンドソン教授は、心理的安全性をこう定義している。「アイデアや質問、懸念、または間違いを率直に口にしても、懲らしめを受けたり、ばつの悪い思いをしたりすることはないと安心できること」[7]。心理的安全性の構築への一歩目は、そもそもなぜ心理的安全性がそれほど重要なのかを理解することだ。**心理的安全性はパフォーマンスの高いチームが必ず有する要素**であることがわかっている。社内が高パフォーマンスのチームばかりになれば、企業としての利益にもつながるはずだ。高い心理的安全性を確保している企業は、ほかよりもイノベーションを起こし、変化に適応し、多様性による利益を得る可能性が高い[8]。

心理的安全性は、「知らないことを認める謙虚さと、普段どおりのやり方を検討し直す好奇心を持つ」環境である「学びの文化」の基盤にもなると、組織心理学者のアダム・グラントが書いている[9]。学びと実験についてはステップ4で詳しく解説したので、柔軟な働き方に欠かせないものとすでにおわかりいただけたと思う。学びの文化がイノベーションと創造的な問題解決能力を育むことも、以前から証明されている。一方で従来のパフォーマンス重視の文化では、長期的な成長ととる価値のあるリスクよりも、短期的な結果と実績のあるプロセスを優先しがちになってしまう。

心理的安全性の構築は全マネージャー共通のコアスキルとするべきだが、なかでも柔軟に働くチームのマネージャーには必須といえる。なじみのない働き方と共同作業方法に不安を感じるメンバーとも向き合うからだ。マネージャーにこのスキルを習得させるには、ステップ2の役員が「手本を示す」というガードレールを思い出してほしい。心理的安全性は、トップから。社内全体に求めるリーダーの行動、たとえば透明性を重視して情報伝達する、共感力でチームを率いるなどを、まずはトップがやってみせたほうがいい。

透明性を確保して信頼関係を築く

リーダーは、日々の業務だけに気をとられていてはいけない。もっと効果的で効率的な業務遂行のために、チームからの信頼を構築する必要もある。信頼は、透明性なしには得られない。「自分はいま何が起きているかを把握できているし、その情報を知らされるくらい尊重されている」とひとりひとりが感じられる状態のことだ。でもFuture

Forumのデータを見ると、役員の66%が透明性を確保していると思う一方で、これに同意する従業員は42%にとどまる。ここでも、社内の現状について役員と一般従業員のあいだに乖離がある。

この本ではすでに、透明性を確保して信頼関係を築く方法をいくつか紹介してきた。答えがまだ不完全でも情報発信する、などだ。組織の規模に関係なく、リーダーはわかっていることといないことを明確に開示したほうがいい。何もいわないよりは、「まだ答えが出ていない部分もあるけれど、いま取り組んでいるところだ」とか、「いまはまだ説明できないので、あと少しだけ待ってほしい」とだけでも、いうほうがいい。何もいわないとは、従業員に状況を自由に解釈させ、「自分たちに影響のあることをなぜ隠すのだろう」と勘ぐらせることでもあるからだ。

コミュニケーションは透明性確保の鍵。よって、従業員からのコミュニケーション関連の要望、特にコミュニケーションに使用する手段とその使用頻度に関する要望に応えることも大切だ。かつては、チームの週次報告会議や月次の部門会議を待って重要な最新情報を発表するのが一般的だった。でも**いまはほとんどの人が、大きなライフイベントについてグループチャットやソーシャルメディアでほぼリアルタイムで知らされることに慣れている。**職場にも同じようなコミュニケーションが求められているというだけでなく、本社の廊下を歩くと誰かの会話が耳に入るなんて機会が減ったいま、スピーディな情報伝達は、「社内のニュース」から取り残されないために必須なのだ。「会社が最新のコミュニケーション方式にアップデートしないからといって、従業員の会話がなくなるわけではありません。憶測で進むだけです」と、Slackの社内コミュニケーションの前部門長、アマンダ・アトキンスは書いている。[10] 従業員に解釈させたり怪しませたりする余地を与えるうえ、リーダーが認識を揃えて方向性を正す機会もつくりづらい。

共感力でチームを率いる

共感する力はとても大切で、ＩＢＭでは社内教育プラットフォームに専門コースを用意しているほどだ。「パンデミックのあいだに、当社で重要視されている共感という特性について、マネージャー3万人を教育しました」と、最高人事責任者のニックル・ラモローは話す。柔軟な働き方戦略を導入するうえでもやはり共感力は重要で、それはほかのどんな企業にとっても同じはずだ。

共感力でチームを率いるマネージャーを育てるためにできることならたくさんある。手始めに、柔軟な働き方の手段や課題をテーマにチームでディスカッションの場を設けるよう、提案してみよう。マネージャーは、柔軟な働き方によってチームにどんなメリットがあり、どんな制約や課題があるかを話して議論を先導する。自分がすべての答えを持っているわけではないと示し、信頼関係を高めるためだ。人は新たな習慣を先陣を切って取り入れるのを渋る傾向があると調査結果にも表れているので、マネージャーが率先して道をつくることが習慣定着には有効なのだ[11]。

また、マネージャーは柔軟な心で意見や懸念に耳を傾ける必要もある。みんなも自分と同じ考えだろうと決めてかかるのは簡単だけれど、たいていそうではない。チームメンバーとの乖離を埋める努力をしよう。会社によっては、柔軟な働き方の方針をすでに確定して活動を始めているかもしれないが、だからといって、従業員の思いや不安を理解するのに遅すぎることはない。マネージャー自身、同僚、そして会社にとってどんな効果がありうるかを知る第一歩にもなる。

マネージャーの共感能力を後押しするツールに、「**個別業務マニュアル**」（POM＝Personal Operating Manual）がある。POMとは、従業員が自分のコミュニケーションスタイル、好み、嫌だと感じること、欠点、抱負など、性格や働き方に関する情報を記した資料である。柔軟な環境下でそれぞれがどのように働きたいか、どうすれば成果を出せるかを明確に伝える手段であり、TLA（チームの取り決め）を補足する資料となる。たとえば、「希望するコミュニケーション方法」の欄には、次を参考に書くといいだろう。

■形式（と堅苦しさ）よりも内容を重視します。私は情報の入手に積極的です。オフィシャルの発表を待つよりも早く情報を受け取りたいですし、未完成の案への早期フィードバックも喜んで返します。

■悪い知らせは良い知らせよりも早く伝わるので、どこかで耳にしてしまう前に早く聞かせてください。厳しいフィードバックは直接聞きたいです。

■会議では可能であれば音声のみを希望します。カメラがあると余計に疲弊してしまいます。

■ストレートに話してください。私に求めるものを、それを必要とするタイミングで伝えてほしいです。

チームで共有することを前提に、各自このPOMを作成する。作成したら、マネージャー主導で対話の時間を持つ。これにより、互いをひとりの人間として見られるようになり、以前よりも思いやりと共感を持って関わり合う基盤を築けるだろう（巻末にPOMのテンプレートと記入ガイドを掲載した）。

POMを作成する行為自体が、シャリファンいわくマネジメントにおいてとても重要な特性である自己認識に役立つ。ここでも、マネージャーは先陣を切って自分の

ＰＯＭを発表し、苦手なことや配慮してほしい部分をチームに伝えよう。職場では自分をさらけ出して良いのだと伝え、メンバーのＰＯＭの発表を促す。ただし、１つだけ注意事項がある。ＰＯＭに書いた要望を、理不尽な要求の口実にしてはいけない。ＰＯＭで「朝は苦手です」と打ち明けたからといって、早朝のミーティングで同僚にきつくあたったり、朝10時までは緊急の用件でも連絡しないでくれと主張したりして良いわけではない。ＰＯＭはお互いをよりよく知るため、そして多様な性格を認めるためのもので、悪い行動の免罪符ではない。

リーバイ・ストラウス　共感力でチームを率い、ともに学ぶ

リーバイ・ストラウスの柔軟な働き方戦略の基本方針は「共感力でチームを率い、ともに学ぶ」。同社はそれを従業員にこのように伝えている。

ともに学んで成長する過程で、私たちは明瞭なコミュニケーションを大切にし、共感力の基盤を築きます。

■マネージャーは共感力と偏見のない心を持ってチームを率いましょう。新しい働

き方をスムーズに導入するのに不可欠な特性です。

■どのようにチームで共同作業したいか、どのようにして一体感を保って卓越した成果を上げたいかを、マネージャーが積極的に明確化しましょう。

■マネージャー、従業員、チームで常日頃からコミュニケーションを取り合いましょう。

■私たちは、新しい働き方を築いていくという同じ旅路に立っています。互いに忍耐力と思いやりを持って、みんなで学び、適応し、成長しましょう。

明確に伝える

マネージャーは、チームメンバーに状況を明確に伝える方法を知っておく必要がある。そしてメンバーは、自分に何が期待されているか、自分がどういう立場にあるかを知っておく必要がある。これは柔軟に働く環境、つまり各メンバーが異なる場所で各自のスケジュールで働き、これまでとは違う行動様式と基準を学んでいる状況では、一段と重要になってくる。

明確なコミュニケーションには、先述の心理的安全性と信頼感を高める効果もある。

シャリファンは「**明確さこそ優しさ**」とよく口にする（著述家で研究者のブレネー・ブラウンの言葉のいい換えだ）。明確なコミュニケーションのおかげで状況をよく理解できたメンバーは安心感を覚え、どうやって最高の成果を出すかに集中できる。状況をはっきりと伝えるには、マネージャーが正しい方法でフィードバックを返すこと、そして自分のミスを認められることが大切だ。

定期的に評価をフィードバックする（必ず正しい方法で）

定期的なフィードバックミーティングは、チームメンバーとつながりを持ち、目標とパフォーマンスについて確認し合う、いちばん単純な方法だ。ただし、単なる進捗確認や業績評価になってはいけない。ひとりひとりと話す機会をマネージャーが定期的に計画し、柔軟なスケジュールのなかで互いの都合を合わせてキャリア開発プランについてよく話し合う必要がある（4Dを思い出してほしい。「成長」は、対面にしろリモートにしろ、会議に値するテーマだ）。良いマネージャーは、報酬だけでは優秀な従業員のやる気を引き出せないと、直感的に理解している。**優秀な従業員は、目的やつながり、やりがいを求めるのだ。**チームメンバーのモチベーション、そしてキャリア目標と抱負をよく理解したうえで、それに合った役割と任務を割り当てなければならない。

リンゼイ・マグレガーとニール・ドシは、共著書『マッキンゼー流　最高の社風のつくり方』（日経BP社、2016年）でこれを「トータルモチベーション」（ToMo）と表現し、3つの直接的な動機から成ると主張している。仕事で感じる「楽しみ」、仕事に感じる「意義」、キャリアの前進などの結果として求める、仕事の「可能性」だ。[12] 直属の部下とキャリアについて話し合う機会を定期的かつ継続的に持つよう、経営陣からマネージャーに指示を出すと良いだろう。話し合いを通して部下を大切にしていることが伝わるだけでなく、部下の情熱や関心を高めたり、柔軟に働きながらもチーム内のつながりを維持したりする効果も見込める。

また、マネージャーもフィードバックと提案を受け取れるような仕組みをつくろう。シャリファンは部下との1対1の週次ミーティングで、「今週のあなたの仕事をもっとやりやすくするために私にできることを、1つ挙げてみてもらえますか?」と尋ねる。聞かれたメンバーは、いま抱えている問題について聞いてほしいと答えることもあれば、同僚とのあいだに介入して話をしてほしいと訴えることもある。課題を解決するために情報やアイデアが欲しいということも。メンバーがどう答えたとしても、その回答のおかげでシャリファンは、部下が何に困っていて、彼らの潜在能力をさらに引き出すには何ができるかを、明確に知ることができる。

マネージャーはフィードバックの返し方についてもよく気をつかう必要がある。何年か前にスタンフォード大学のクレイマン・ジェンダー研究所が、テック企業と専門職の企業、合計4社の数百人分の業績評価内容を分析した。結果から判明したのは、「協力的」「協調性のある」「よく気が付く」という評価を書かれた女性が男性の約2倍いたこと。女性が受けた評価内容は、個人の功績よりもチームの業績に関するものが2倍以上多かったこと。男性は具体的な成果についての評価を女性の約3倍受け取っていたこと。この問題は評価だけにとどまらない。女性が昇給や昇進を願い出ると、強い反対や報復に遭うことが多い。ひどい悪循環だ。

マネージャーとして直接フィードバックを返したり評価を書いたりする際に公平であるには、仕事をどう進めるべきかや特定の属性グループがどう振る舞うべきかではなく、必ずスキルと成果に注目すると良い。自分が職場にバイアスを持ち込んでいないかを確かめる良い機会でもある。ある人のパフォーマンスが高いと感じるのは、その人の影響力や成果を見てのことだろうか？　それとも会議や対面でよく顔を合わせるから？　ステップ2でも述べたとおり、もとからあるバイアスに意識的に向き合うことが、いつどこで働くかに左右されない公平でインクルーシブな環境を保つ、第一歩となる。

すぐに取り入れられるフィードバックのコツを3つ挙げておく。

■業績への影響度に注目して、個人の功績を讃える。
■成果を重視すると、大切なことが伝わりやすい。
■チームに重要なことを伝える際は、言葉選びに気をつかう。

間違いを受け入れる文化をつくる

ミスを責めない空気をつくり、それは失敗と同義ではないとチームメンバーに伝えるのは、マネージャーの役割だ。フィードバックを返す際にミスを指摘するべきではあるが、伝え方には注意が必要だ。スタンフォード大学教授のデイヴィッド・ケリーはこう述べる。「同じ間違いをただ繰り返すのは、何も学んでいないということ。でも、毎回違う新たな間違いを犯すのは、新しいことに挑戦して新しい何かを学んでいるということだ」。この後半の考え方をチームに広めたい。学びの文化を築くには、みんなが間違いから学びを得て成長する必要がある。つまり、間違いを指摘してメンバーがそこから学びを得られるようにしつつも、最初から完璧にはできなかったからといって責めてはならない（当然ながら、メンバーが同じ間違いを繰り返すようなら話は違ってくる）。

これはこれまで述べてきたことにもつながる。ミスの指摘にはマネージャーからの明瞭なコミュニケーションが求められるし、その明確さが信頼関係と心理的安全性を高める側面もある。事実、心理的安全性の構築には間違いを受け入れることがとても大切であると、エドモンドソン教授が定義に含めているほどだ。**間違うことへの恐怖心があると、創造性とイノベーションが抑圧され、リスクをとりたがらなくなってしまう。**いずれも現代のビジネス界で成功に近づく行動ではない。みんな知っているとおり、トーマス・エジソンの電球からアップルの携帯式コンピューター（アップル・ニュートンを覚えているだろうか?）まで、実業史に名を残すブレイクスルーの背景にはミスに次ぐミスがあった。先述の実験文化と、失敗を繰り返して学ぶことへの寛大さは、チームがニーズに合った柔軟な働き方モデルを見つけるためには欠かせないのだ。

プロセスと方針に公平性を組み込む

柔軟なワークモデルへの移行に伴い、全従業員の潜在能力を引き出すには、社内のプロセスと方針を常に疑問視し続ける必要がある。そのためには、経営陣が絶えず学びの姿勢を育み、次のような質問を投げかけるといい。自社のプロセスと方針は公正で公平だろうか？　多様な従業員の声を取り入れ、多様な従業員のために考えられたものだろうか？　柔軟性の面での最終目標とずれていないだろうか？　過小評価されてきた人材を成功に向けて後押ししているだろうか？

　昔からの習慣やベストプラクティスについ頼りがちになるが、いずれも古いシステムを支えるために考案されたもの。だから、疑問視することが大切なのだ。シャリファンは、「現行のプログラムや方針がいまの従業員にとってどんな意味を持つのかを、一度本気で考えてみる」ことを推奨している。「なぜそれを続けているのでしょう？　やり方を知っていて簡単にできるから？　ほかにもっと良いやり方がある可能性は？」。実際、長らく差別を受けてきたグループのための設計は、結果的にすべての人にメリットとなることが多い。この現象は、PolicyLink設立者のアンジェラ・グローバー・ブラックウェルによって、「**カーブカット効果**」と名付けられた。[13]カーブカットとは、曲がり角の歩道と車道の境目に傾斜をつけて車椅子の人が通りやすいようにする処理のことだ。障がい者の権利を主張する人たちのおかげで存在するのだが、すべての人が人生のどこかのタイミングでこれに助けられるという現象が起きている。ほんの一例だが、ベビーカーを押しているとき、松葉杖をつき足を引きずって歩くとき、重い荷物を運ぶとき、スーツケースを引いているときなど。ブラックウェルは、「いちばん弱い存在のために設計したソリューションは、ずっと大規模なプラスの効果を生むのです」と書いている。[14]

全員が参加できるようにする

全員を輪に入れるインクルーシブな行動習慣をつくり、排他的な文化の原因となる習慣をやめることも、マネージャーの仕事の1つだ。**カジュアルな会話はチームのミーティングや進捗報告会議の空気を明るくするが、声の大きな人やズバズバとものをいう人が場を支配しがちになるので、マネージャーの気配りも必要となる。**避暑用の別荘や高級レストランなどといった「閉鎖的」な話題や、内輪ネタなどに会話が行き着く恐れもある。

会話をリードするときには注意が必要だ。選んだ話題が個々の参加者にどんな影響を与えるかを考えたうえで、話をチームの価値観に関連付けたり、全員が答えられる質問を投げかけたり、集団でいるとあまり発言しない人を引き込んだりすること。会話の形式も柔軟に考えてみよう。音声のみにしたり、チャット機能を使ったり、事前に背景情報やアイデアを投稿したりして、さまざまなタイプのメンバーが口を挟めるようにする。細やかな工夫が心理的安全性を育み、もっと気楽に発言したり反対意見を唱えたりできる環境づくりにつながるだろう。

「ジャンプボール」を用意する

燃え尽きは、柔軟な働き方がはらむリスクだ。でも、従業員がいまの仕事に刺激を感じ、自分に役割があると感じられれば、燃え尽きはたいてい回避できる。柔軟に働くようになると、人材と社内の成長機会を結びつけるマネージャーの役目はこれまで以上に重要になる。先を見越した行動をとり、メンバーに「ジャンプボール」を提供することで、モチベーションを高められるかもしれない。**タスクをただ割り当てるのではなく、「こんな面白い案件があるけど、誰かやってみたい人は?」と聞こう。**

このとき、人それぞれ反応のしかたが違うことを念頭に置いて、機会が組織内に平等に行き渡るようにすること。メンバーの1人にぴったりの機会があり、でもその人が自分からは手を挙げないタイプだった場合は、個別に連絡して提案したほうが良いだろう。POMを活用すると、各メンバーがどのような仕事にわくわくし、どのように伝えたら魅力を感じそうか、理解を深められる。人としての成長とキャリアの成長を促進するために、刺激的な新しいことに挑戦させる戦術だ。

マネージャーを再教育して限度を設けさせ、燃え尽きを防ぐ

チームメンバーが燃え尽きてしまったら、信頼構築も明確なコミュニケーションも潜在能力の発揮も意味をなさなくなる。そうならないようガードレールを設置し、マネージャーがメンバーによく目を配ることが大切だ。柔軟な働き方には、限度を曖昧にする一面があるからだ。勤務スケジュールの自由があると好きな時間に働けるが、ではどうすれば自分やメンバーの働きすぎを防げるだろう？　勤務場所の自由があると在宅勤務も可能になるが、ではいつ切り上げればいいのだろう？　デジタル技術の進化と柔軟な働き方は、古き「ハッスル」文化（訳注／過度に精力的に働くことが良しとされた文化）の増強剤となりやすい。限度を決めて良いと経営陣から伝えるだけでは到底足りず、そのやり方まで指導する必要がある。

たとえば**フォーカス・タイム**だ。これを設定する大きな目的の1つは、電話や会議に邪魔されずに作業に集中できる時間があると、従業員が計算に入れられるようにすることだ。考えてみれば、以前は会議を立て続けに入れることは珍しかった。対面会議がメインの時代は、少なくとも別のフロアや別の棟にある次の会議室に移動する時間を加味しなければならなかったからだ。でもZoom会議が主流になると、デスクについたまま、いとも簡単に次から次へと会議に出席できるようになった。このせいで常に予定が詰まっているように感じたり疲弊したりする人が増え、集中して取り組みたい仕事は夜や週末などの勤務時間外にしか行えない状況も出てきた。

この深刻な過負荷を危惧して、注視を始めた企業もある。Uberではパンデミックのあいだに Zoom や Slack などのコラボレーションツールの監視を行い、次の結果を導き出した。（1）会議が40％増え、会議ごとの平均参加者は45％増えた。（2）Zoom会議とSlackのメッセージが3倍以上に増えた。その結果、フォーカス・タイムは30％減少した。[15]

この調査結果を「コラボレーションに伴う過剰な負担」として『ハーバード・ビジネス・レビュー』誌に発表した著者らは、こう述べている。「こうした要求は管理職には見えない部分もあり、組織がより俊敏で革新的になろうとする努力を妨げる。そして、個人のキャリアの脱線やバーンアウト（燃え尽き症候群）、身体的・精神的ウェルビーイングの低下につながりかねない」

企業にできることの1つが、この問題への注意喚起だ。雑談中にでも良いのでその危険性についてマネージャーからメンバーに伝え、罠に陥りかけている人に気付ける環境をつくろう。現代のデジタルツールの利点として、メールやデジタルプラットフォームへの投稿日時を確認できる。マネージャーは、一日中やりとりをしていていつ眠っているのかわからないメンバーを見つけたら、次の1対1の面談で、何か手助けできることはないか尋ねると良いだろう。

ほかにマネージャーにできることとしては、チームで良いプレゼンス管理（在席管理）を実践することだ。セダール・ニーリー教授はこう定義している。「プレゼンス管理とは、同じ空間にいない場合にもデジタルでの出席を管理することです。相手が見えなくても、出席しているかをこちらから確認しなければなりません」[16]。手段はたくさんある。同僚とのメッセージのやりとりがあるか、ステータスはどうか、会議への参加状況はどうか。これは、TLAを更新する際に話し合う必要のある重要なトピックでもある。柔軟に働く環境では、マネージャーや同僚がデスクに寄って在席状況を確認する文化はなくなる。オフィス以外で働く従業員は、着席中または離席中であることを常に知らせる癖をつけるべきだろう。カレンダーを共有したり、通知を切って良い時間帯を統一したりすると便利だ。

当然ながら、プレゼンス管理は健全な方法で実施しなければならない。「できるだけいつも対応可能にして自分の価値をアピールしなければ」と従業員が感じてしまわないように。Slackでは、各自が健全な限度を決めて自分のための時間をとるという考え方も、併せて推進している。その一環として、ステータスだけでなくもう少し詳しい情報を公開するようにしている。フォーカス・タイムに入った人は鉛筆で何か書いている絵文字を表示したり、休憩中の人は犬の散歩の絵文字を表示したり。シャリファンは、Slackでは「ETOと呼ばれる精神面の休憩（Emotional Time Off）を習慣化しようと尽力しています。『休みが必要なので今日はメンタルヘルスデーにします』といってETOを宣言できます」という。柔軟な働き方に切り替わったことで突如考案した仕組みだ。「みんながまだオフィスで働いていたら生まれなかった文化だと思います」と、シャリファンも認めている。

限度を意識させるなら、**「ノー」と答えても良い**こともマネージャーから伝える必要がある。ほとんどの人は、「その会議には出られません」や「いまは新しいプロジェクトを引きうける余裕がありません」などの「ノー」をどうにかいわずにすむよう尽力する。何か不利になるかもしれないと心配だから、協力的でありたいから、FOMOに怯えているから、など理由はさまざまだ。明確なコミュニケーションが効果的なマネジメントの鍵ということは、すでに伝えたとおりだ。それには、チームメンバーが自分に何ができて何ができないかを、マネージャーや同僚にストレスなくはっきりと伝えられることも含まれる。

ここでもあらゆる階層のリーダーが手本を示し、行動習慣をつくって、標準として定着させる必要がある。生産的な限度を決める際にはチームメンバーも議論に引き入れ、決まったことはTLAに明確に書き留めよう。

「ノー」を許容する

「ノー」といっても大丈夫という考え方を普及させるための具体的なステップを紹介する。

■**優先順位をつけさせる**　今週の仕事量は処理可能かを部下ひとりひとりに尋ねる習慣を幹部メンバーから始め、マネージャーにも展開する。そして社内の結果を調査する。幹部メンバーもマネージャーも、部下がいま取り組んでいる仕事を本人と一緒に分析し、重要度の低いものを手放させることで、安心して「ノー」といえる環境をつくる必要がある。

■**コミュニケーションをとる**　何がなぜ重要かを伝えて、優先事項を強調する。何がなぜ重要でないかも説明する。的を絞る行為を褒める。

■**決断する**　マネージャーは、チームの意思決定者だ。判断のつかないことはエスカレーション（状況を報告して指示をあおぐ）するよう、チームに伝える。マネージャーとして意思決定を担っていいものかわからない場合は、上に報告する。

キャリアパスを再設計する

信頼を集め、明確なコミュニケーションをとり、潜在能力を引き出せるようにマネージャーを再教育することは、結局はマネージャー本人のためにもなる。だがそれ以前に、**そもそも誰をマネージャーにするかを経営陣が再評価する**必要もある。現在役職を持っている全員が、ここでいう再教育に適するわけではない。必要な能力を持っていない人もいるだろうし、タスク管理者ではなくコーチになれという考え方を単純に好きになれない人もいるだろう。

つまり、実働する側にいるほうが活躍できそうな人もいるわけだ。企業はこの機会に、柔軟に働く環境に合ったキャリアパスを再設計したほうがいい。一般的に企業ではマネージャーになることが出世する唯一の道であり、結果、本当はリーダーを務めたくはない人も含め、大量の従業員が権力を持つポジションに就くことになる。この問題を解決しようと、いくつもの企業が複数のキャリアパスを用意し始めている。人をマネジメントする道と、しない道だ。テック業界ではこの考え方が特に普及しており、**アップルやグーグルなどではマネジメントをしないテクニカル系の職務やエキスパートとしての**

キャリアパスも提供している。Slackではエキスパートとしてバイス・プレジデントのレベルまで昇進可能だ。誰のこともマネジメントする必要はなく、能力と成果のみで評価される。

野心も才能も持っているが、部下のマネジメントには特段の興味がない、または向いていない人はたくさんいる。マネジメント以外のキャリアパスを用意することで、企業が貴重な実力者を保持しやすくなるうえ、本当にマネージャーになりたい人がマネジメント職に就けるようにもなる。

マネージャーの再教育に投資する

柔軟な働き方とデジタルツールがビジネスの標準となりつつあるいま、**マネージャーの役割を再定義して、新しい環境で成功できるよう教育するのは経営陣の役割**だ。その助けなしには、マネージャーの成功は難しくなっている。再教育には、継続的な投資が求められる。「聞く力と共感力がとても重視されるなど、高水準のマネジメントスキルの構築が重要です」と、リーバイ・ストラウスの最高人事責任者、トレイシー・レイニーは述べる。「たくさんの企業にとって難題となると私は思います。これまでこうしたスキルに継続的に投資してきていないでしょうから」

この変化を取り入れ、柔軟な働き方を実現するうえで、マネージャーのために経営陣にできることが3つある。

■コーチングに投資する　Slackでは、マネージャーになると必ず最初にコーチングを受ける。失敗したり、解雇の危機に置かれたりしたときだけではない。

■継続的にフィードバックを得る仕組みに投資する　Slackでは全マネージャーがBase Campトレーニングの修了までに「アカウンタビリティーパートナー」を割り当てられる。修了後も互いに状況報告し合うという、すぐに忘れ去られる社内教育とは違った仕組みになっている。

■優秀なマネージャーを讃える場をつくる　重視する事項を社内に広め、目指す方向へ変革を進める最善の方法だ。

SlackのBase Campプログラムは社内で人気があり、たくさんのマネージャーたちから感謝の声が届いている。いちばんよく称賛される要素に、「マネージャーのコミュニティ」づくりがある。このプログラムは、マネージャーが直面している悩みを共有し、話し合える機会になっているのだ。「マネジメントは強い孤独を感じる任務でもあります」と、シャリファンはいう。「なので、自分の弱みを見せて正直でいられる場、そして『部下のこれに本当に悩んでいるんだ』とか『行き詰まってしまってこれからどうすればいいのかわからない』と同僚にこぼせる場を用意して、マネージャーに価値ある経験をしてもらっています」。柔軟な働き方への移行を成功させる企業は、マネージャーが孤独と闘わなくてすむよう、必要なサポートを懸命に提供している。

マネージャーへの投資を考えながら、こんな疑問が浮かんでいるだろうか。「いったいどうなれば、効果が出ているといえるのだろう?」。活動の成果測定は企業にとってもマネージャーにとっても重要だ。最後のステップでは、これまでのステップを自社に適用した後に、何がうまくいっていて何がうまくいっていないのかを実際に評価する方法について掘り下げる。

Step 6 のチェックリスト

リーダーを教育する

- □現代の職場で、とりわけ柔軟な職場でマネージャーが担うことになる新たな役割について理解したか。
- □信頼関係構築、明確なコミュニケーション、チームメンバーの能力発揮など、マネージャーが習得すべき新たなスキルについて、マネージャーたちは理解したか。
- □マネージャーに必要な行動様式の手本を経営層が見せ、仕組みをつくって、チーム内で同じことをするよう促したか。
- □マネージャーの潜在能力を引き出すための、新たな教育とリソースに資金を投じる準備はできたか。
- □人のマネジメントをしたくない人にも成長機会を提供したか。

Step 7

成果に基づき評価する——「監視」から「信頼」へ

「従業員が本当に働いているかをどうやって知ればいいのだろう？」

柔軟な働き方と切り離せない、定番の疑問だ。幹部メンバー、マネージャー、ときには一般従業員までもが、チームメンバーのデスクが見えなくなると本当に仕事をしているかがわからない、と悩んでいる。

あるソフトウェア企業の役員が、これに対する模範解答を考えた。「**オフィスにいたときは、本当に働いているかをどう判断していたのですか？**」

在席状態。ログイン時間。応答にかかる時間。過去にはこうした要素が、個人のパフォーマンスを測る指標に使われてきた。しかし柔軟に働く環境ではどれも使えない（それどころか過去にもあまり意味をなしていなかったと示すエビデンスがあるので、このステップで解説していく)。柔軟な働き方戦略の採用に成功している企業は、効果の測定にも新戦略を導入している。

ボストン・コンサルティング・グループ(BCG)では、編成がしょっちゅう変わる流動的なチームで仕事をすることが多く、チームの成果の測定が難しい。それでも、マネージング・ディレクター&シニア・パートナーのデビー・ロビッチはこう話す。「うちのチームはクライアントに価値を提供しているだろうか? スキル構築とやりがいにつながる、持続可能な方法で提供しているだろうか? と考えるようになりました。後者は、予測可能性、学び、認識、心理的安全性にプラスとなる文化的要素で測定しています」

チームの学びや達成感、持続可能性を重視する動きは、クライアントのニーズが優先されがちなコンサルティング企業ではさほど重視されないイメージがある。クライアントのために、またクライアントとともに価値を創出することが真の成功であるのはもちろんだが、同時に、自社の従業員と深く関わり、活力を与え、支えながら価値を創出していると感じられることも、また真の成功だとBCGは考えている。重要な成果の1つである従業員エンゲージメントを高めるために、ロビッチの先導でPTO(P=予測可能性、T=チームの協力体制、O=オープンなコミュニケーション)と呼ばれるグローバルプログラムを作成した。次の3点を優先事項とすることで、勤務環境を良くすることがねらいだ。

■**予測可能性**　週1で完全にオフラインになる（職場との接続を切る）時間を各自で決める。ストレスを感じずにオフできるようになることが何より重要だ。

■**チームの協力体制**　チームで協力し合って全員が休みをとれるようにする。また、これまでの「暗黙の了解」をチームの基準に明記する。勤務開始時間と終了時間、勤務時間外の業務とコミュニケーションに関する指示事項、移動に関する指示事項、応答時間、好ましい勤務方法などといった、細かいことをうやむやにしない。

■**オープンなコミュニケーション**　問題を早く解決するために、コーチ主催でチームでの定期的な対話の時間をとる。コーチはチームメンバーと1対1の面談も行い、あらゆる問題が生産的で前向きな方法で顕在化されるように努める。

ロビッチがPTOプログラムをつくるきっかけとなったのは、友人からの突然の電話だった。友人の知り合いのレスリー・パーロウという学者が、コンサルタントの働き方とその改善の余地について、研究を計画しているという。パーロウはコンサルタントの協力をあおぐ必要があり、ＢＣＧに依頼したがっていた。

ロビッチがこの電話を受けたのは、ちょうどロビッチと夫がお互いの生活について腹を割って話し合っているときだった。ふたりは4人の子どもと一緒にボストンで暮らしていたが、ロビッチは長期のクライアントを受け持っていて、毎週ニューヨークまで通勤していた。月曜朝6時に家を出ると、木曜の夜、たいてい子どもたちが寝入った後まで帰らない。夫は、もしロビッチがこの状況でクライアントを増やすなら、これが本当にふたりが望んだライフスタイルなのかを一度真剣に話し合うべきだといった。ロビッチは10年以上、つまり子どもを産む前からＢＣＧに勤めていたが、そのような話し合いをふたりは一度もしてこなかった。ロビッチが働き方について、またもっと良いやり方はないかについてしっかりと考えなければと気付いたタイミングで、パーロウから共同研究の話が来たのだ。そんなわけで会社の許可を得て、研究者たちを迎え入れた。

この研究が最終的にＰＴＯプログラムへと進化するまでには数年間かかったが、研究結果から、**ＢＣＧの従業員が欲求不満を感じる大きな要因に予測可能性のなさが挙げられる**ことがわかった。従業員はもともとコンサルティング業界に入るときにある程度の覚悟をしていて、忙しいことも長時間働くことも予想のうちだった。深夜や週末の残業だって想定内だ。悩みの種だったのは、それがいつになるかが予測できないこと。

いったいいつ友人や家族と過ごしたり、個人的な用事をすませたり、休んだりできるのか、または単に仕事以外の予定をいつ入れて良いのかが、確実には予測できないことだった。そこで研究者が、週に一晩は強制的に休みとする提案をした（たったの一晩かと思うかもしれないが、コンサルタントの常時「オン」の文化では画期的なことなのだ）。チームでタイミングを調整すれば、全員が自分の時間を予定したとおりに確保できる。

じきに、チームのルール決めと遵守を支援するファシリテーター（BCGではPTOコーチと呼んでいる）が必要だとわかってきた（実際、はじめのころには休みの夜に仕事を持ち帰ろうとする「ごまかし」が見受けられた）。でも、このわかりやすい改革が定着してしまえばすぐに、満足度や生産性が上がった、学びが増えた、などの声が従業員から聞かれるようになった。そのうえ、ロビッチの部下からの評価（それまではせいぜい平均程度だった）が急上昇した。じきにロビッチは、自分の生活面の予測可能性も高められるよう、ニューヨークのクライアントから離れてボストン付近のクライアントを開拓する決意を固めたそうだ。

この働き方改革をもっと多くのチームに展開するために、正式なPTOプログラムが作成された。PTOプログラムでは、プロジェクトの進行中にチームの勤務環境を測定、改善する。プロジェクト終了まで待つのではなく進行中に調査を行えば、リーダーが状況を改善できるからだ。調査結果は、チームのダッシュボードに毎週わかりやすく

［図13］　BCGが考案した、チームの勤務環境を知る方法

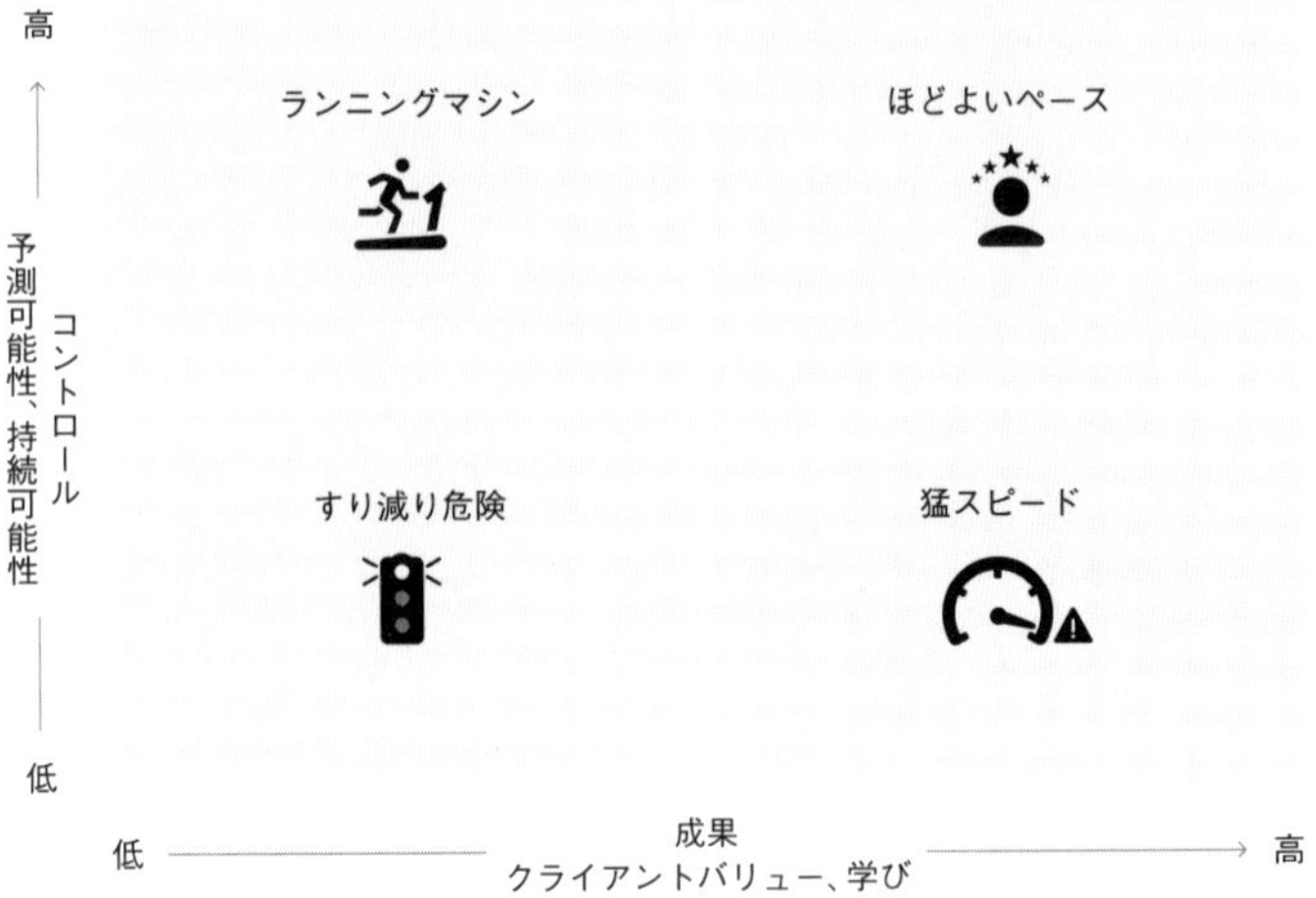

出典:ボストン・コンサルティング・グループ

表示される。環境の良好度合いがプラス（緑色または「ほどよいペース」ゾーン）からマイナス（赤色または「すり減り危険」ゾーン）のどこかにプロットされるのだ。「チームダッシュボードが赤色になっていたら、何か手を入れる必要があるとわかります」とロビッチはいう。「PTOのおかげで、プロジェクトチームの勤務環境の改善に何週間や何カ月も待たなくて良くなりました」（図13参照）

従業員エクスペリエンスが尺度として重要なのは、リアルタイムで監視できるから、そしてビジネスの成果にも影響が大きいからだ。BCGの場合、働き方改革への取り組みが人材獲得競争にも間違いなくプラスに働いた。『フォーチュン』誌で何年も連続で「働きたい会社」の上位にランクインしている主な要

因に、ロビッチはこの改革を挙げている。

「柔軟な働き方の効果が出ているかどうかは、どうすればわかりますか?」と尋ねるリーダーの皆さん。効果を測る方法はあるし、むしろオフィスで働いていた時代のやり方よりも良い方法だってありうる。従業員の意欲アップと企業の利益アップの両方を叶える方向に、チームや会社を導くことはできる。でもそこへ到達するには、このステップで見ていくように、ダッシュボードや指標以外にも大切なものがあるのだ。それは、**いちばん重要な目標を理解して明確に伝えること、優先順位をはっきりと決めること、そして、従業員エンゲージメントの把握にビジネス成果と同等の投資を行うこと**である。

古いやり方で何が悪い?

柔軟な働き方の導入は、進捗状況と成果の測定方法を改善する機会にもなる。でもその前に、なぜ古いやり方をときに手放さなければならないのかについて考えてみる。

柔軟な働き方に切り替えると、多くの企業がかつてしていたような、個人の生産性を一律の方法で測ることはできなくなる。オフィスに着いた時刻を記録できないし、デスク周辺をうろついて働きぶりを見張ることもできない。何時まで残業したかに気付くこともできない。でも、真実をいおう。このような活動ベースの古い指標は過ぎ去った古い時代につくられたものであり、いまの複雑でクリエイティブ、かつ一律に測定するのが難しいナレッジワークには効果的とはいえない。排除すべきときが来ているのだ。

結局は、定番の質問に対して先述のソフトウェア企業役員が返す答え、「オフィスにいたときは、本当に働いているかをどう判断していたのですか?」に行き着く。従業員がコンピューターの前に座っているだけ、またはオフィスにいるだけで、生産的に働いていると判断できたことは本当にあったのだろうか? どう考えてもノーだ。友人とメッセージのやりとりをしているかもしれないし、オンラインショッピング、子どものキャンプの情報収集、デートアプリのチェック、同僚とのチャット、オンラインニュースのチェックなど、質の高い仕事はおろか、業務にいっさい関係のないことをしている可能性はある。ある大手メディア企業の役員はこう話していた。「20代のころはとにかく長時間オフィスにいましたが、大半の時間は働いていませんでしたね」

肩越しに覗いてまわる従来の監視方法にはもともと欠陥があったのだから、複雑さと不確実さを増し続ける現代のナレッジワークにはなおさら使えないだろう。柔軟な働き方が普及したことで、いっそう適切とはいえなくなったのだ。**活動ベースのものさし**(勤務時間の長さ、キー入力量、パソコンの起動時間、プレゼンティーズム)から**成果ベースのもの**

さし（出した結果）への移行が求められているし、どう考えてもそっちのほうがいい。結局のところ、働いた時間の「量」と完成した仕事の「質」、どちらが本当に大事だろうか？さらにいえば、確実に「作業が終わる」かを監視するのはやめて、目標を設定してチームをコーチングするほうにシフトすべきだということだ。

「監視」という考えを捨てる

柔軟な働き方の導入準備を始めると、ステップ6のマネージャーの再教育の話でメインテーマだった「信頼」関連の課題が浮かび上がることが多い。オフィス外で勤務する、またはオンライン状態を監視できないとなると、メンバーが働いているかどうかがわからないのではと不安に思うリーダーもいる。「姿が見えないのに働いているかをどうやって確認するんだ」というのは、リーダーに限らず多くの人に染みついている考え方だ。

ハイディ・ガードナーとマーク・モーテンセンが『ハーバード・ビジネス・レビュー』誌に寄せた記事に、ある地方銀行の例が挙げられている。全員参加の週次タウンホールミーティングで、オフィス勤務の従業員から、在宅勤務の同僚が「本当に働いているのか」と疑う無記名の質問が寄せられるという。

「頭取は毎週、従業員を安心させようと、業績は計画通り順調であり、生産性を表す指標（融資数など）は期待値を超えていると報告している。『しかし、腹立たしいことに、私がどれだけていねいに説明しても、数字やその他のエビデンスを示しても、従業員には伝わらないらしい』と、この頭取はこぼす。『私が従業員を信頼できるのだから、従業員同士も互いを信用できると考えるのが当然ではないだろうか。だが、そうではないのだ』」[1]

この銀行は信頼の問題を抱えていた。信頼の欠如が広まった結果、監視に頼る企業は一定数ある。しかし**監視の問題点は、良くて効果がないこと。最悪の場合、信頼回復を求めて監視の頻度を増やした結果、信頼がさらに墜落することもある。**

そもそも監視がうまくいかないのは、**監視システムには必ず抜け穴がある**からだ。上司がデスク付近に来たときのために作業ウィンドウを開いたままソーシャルメディアを楽しめるし、時間監視ツールや作業監視ツールだってその気になれば欺ける。監視システムには欠陥もある。ある人がいつ働いているかを知ることはできても、効率的に、効果が出る形で、または質の高い結果を出す形で働いているかはほとんどわからない。ほんの一例だが、著者の1人であるブライアンの息子が政府機関の大学生インターンシップに参加したとき、あるツールを毎週最低10時間は開いておくよう指示を受けた。作業自体は3時間以内で完了し、いつもミスもなかったが、指導員は10時間分のログを残さなければ十分に意欲的に働いていると証明できないというのだ。だから息子はいわれたとおりにした。監視は、成果ではなく尺度（パソコンを1日10時間以上起動させておくなど）に合わせた働きを促しやすいのだ。

そのうえ、監視は事態を悪化させることも研究からわかっている。**監視から信頼は構築できない**。解決するはずの信頼問題を、余計にこじれさせるだけだ。さらに従業員のパフォーマンスを妨害し、従業員満足度とチーム全体の士気を下げるほか、燃え尽きの一因にもなる。ある研究によると、監視をあまり受けていない労働者で強い不安感を報告したのは7％だったのに対し、厳格な監視を受けている労働者の50％が同じ報告をした[2]。

どんな階層のリーダーでも、監視戦術をとるとはつまり、私たちが「破滅サイクル」と呼ぶ悪循環にはまるリスクを抱えるということだ。監視から始まる負のサイクルで、監視が無意味な指標と報告に費やす無駄な時間を生み、それが無意味なルールを守るか監視システムをかいくぐる無駄な労力を生み、それが人材を流出させ、それが信頼を喪失させ、監視のさらなる強化につながる。こうして延々と循環する（図14参照）。

活動を測定し監視する古いシステムの何よりの問題は、「ナレッジワークをどうやって効果的に測るか」というとても複雑な問いへの答えを、過度に単純化しようとしている点だ。金融サービス企業の役員がこう話していた。「生産性をより良く表す指標はないかと、いつも聞かれます。当社の役員の多くは従業員を信頼していません。そして、何でもデジタル化できる時代なのだから何でも測定できるはずだ、という考えでいます。でも、マーケティングのクリエイティブな作業に費やした時間や、どのくらいうまく決算処理ができたかを測るのは、簡単ではありません」。これまでも簡単だったことなどなく、それは企業が柔軟な働き方を検討し始める前から変わっていないはずだ。

[図14]　監視から始まる負のサイクル

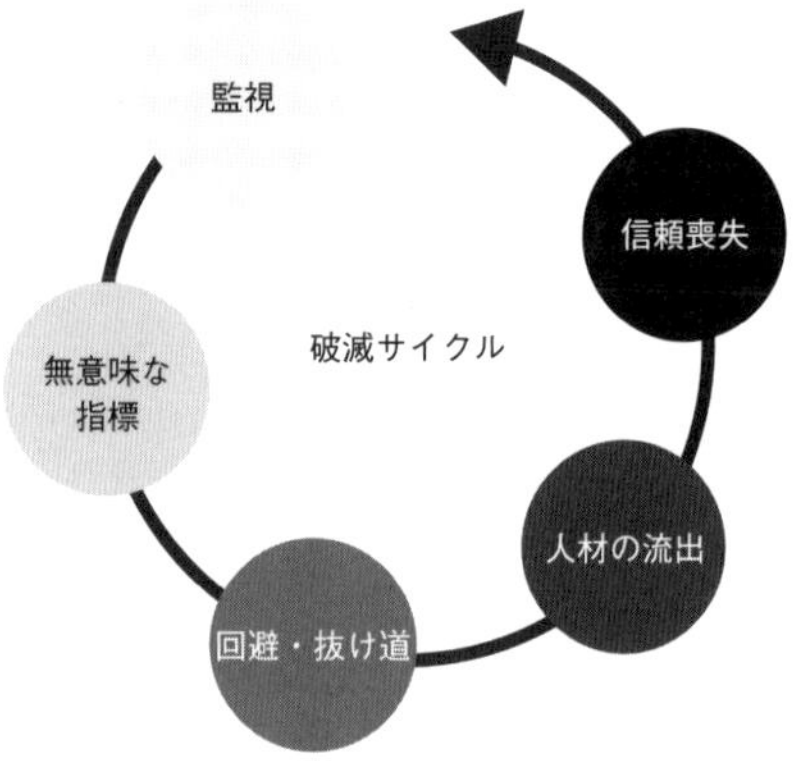

出典:Future Forum

活動よりも成果を測る

人材獲得競争を勝ち抜くために、柔軟性への移行は必須だ。どうにか獲得した従業員に最大の力を発揮させるには、ステップ6のとおり、リーダーが明確にコミュニケーションをとり、信頼を集め、潜在能力を引き出す必要がある。でも、企業が相変わらず間違ったものの測定にこだわっていたら、リーダーの努力も水の泡だ。

活動ではなく成果に重きを置こう。活動は、ときにインプット（オフィスで勤務した時間など）やアウトプット（対応完了したバグの数、開催したイベント数、ソーシャルメディアへの投稿数など）で表現される。でも企業としての成功は、つぎ込んだ活動や労力の量ではなく、結果で測られるではないか。チームのマネジメントも同じで良いのではないだろうか。

では、活動よりも成果を測るとは具体的にどういうことだろう。ソフトウェア企業アトラシアンの「ワーク・フューチャリスト」であるドミニク・プライスは、「人間は、生産性について250年前の概念をもとに考えています」と指摘する。かつて、農業機械や工場設備などの技術の進歩は、労働時間を増やすことなく生産量を急増させた。当時の指標（1日あたりの小麦の収穫量、鉄骨の生産量など）は産業化時代には非常に理にかなっていたが、いまのナレッジエコノミーではそうともいえない。プライスはこう続ける。「機械と資本の効果を測るには、生産性は昔もいまも良い指標です。でも人間が生む効果を測るのに良い指標だったことはありません」[3]

たとえば、販売員チームのマネージャーが、週に40本の電話を見込み顧客にかける（活動ベースの指標）という目標を設定したとする。販売員たちはそれを達成するために間違いなく行動を変えるだろう。たとえそれが、売上に結びつきそうな顧客にかける時間や、さらなる購入が見込める高価値顧客の予備軍にかける時間を減らすことになろうとも。この目標は、間違ったものに重きを置いている。会社にとって最重要なのはチームが利益を創出したかどうかであり、電話に費やした労力の量ではないからだ。さらに、活動ベースの指標は、「実際に売上を上げるには、勧誘電話のほかに何をすればいいだろう？」と考える力を従業員から奪う。売上を1件勝ち取るのに短い電話を40本かけたか、長い電話を1本かけたかは、ビジネスにとって本当に重要なのだろうか？　会社の業績を売上高で測るのと同じように、個々のパフォーマンスの指標も実際の売上高のほうがずっと適切だ。

もう1つ例を挙げると、プライスの話のなかに、ブログ記事を週に5本投稿するという目標をいい渡したマーケティングマネージャーが出てきた。ここでも、この目標を割り当てられたマーケターは間違いなく行動を変えて達成しようとするだろう。でも達成できたとしても、記事の質の高さや顧客にリーチする効果については、目標で触れられていないだろうか？　ノーだ。マーケターを質より量という間違ったものに注力させているだけだ。しかも、創造力を駆使した革新的な行動をとる能力を抑圧している。もっと適切な成果ベースの目標、たとえばアクセス数を5%増やすなどを目標にし、その達成のために何かを試したり手段を探ったりする自由をマーケターに与えてはどうだろう。

こうした方向性の修正は、会社のあらゆる階層で行われるべきだ。リーダーは活動（インプットとアウトプット）の監視をやめて、もっと総合的な成果ベースのアプローチに切り替えたほうが良い。量が質よりも重視されることがあってはならない。成功するには、企業レベルとチームレベルの両方で明確な目標を立てるべきだ。これは、企業として成果を出すためだけではなく、人材獲得競争の勝利につながる理想的な企業文化を醸成するためでもある。

［図15］　悪循環から好循環へ

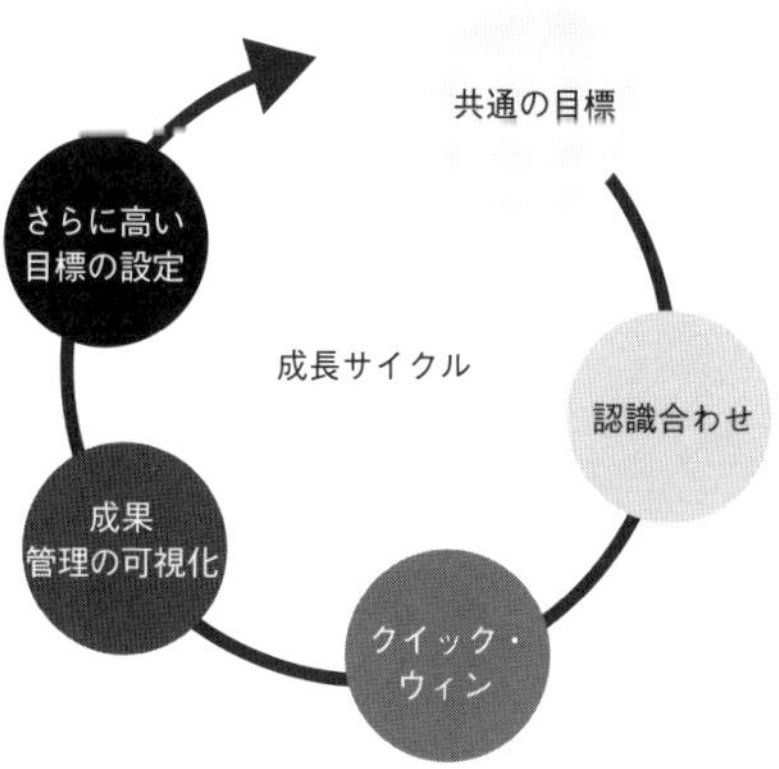

出典:Future Forum

個人とチームの成果を測る

方向転換に成功した企業は、破滅サイクルを回避できるだろう。目標を共有し、その達成に役立つ支援と機会をメンバーに与えることで、信頼関係が育まれる。この流れを私たちは「成長サイクル」と呼んでいる（図15参照）。

成果重視のマネジメントのスキルをまだ持っていないリーダーは多く、これから新しい行動習慣を取り入れて実践と強化を重ねなければならない。ステップ6で解説したマネジメントの新定義に話を戻そう。マネージャーはもちろん、あらゆる階層のリーダーが担う主な役割は、信頼を得ること、明確に伝えること、潜在能力を引き出すことの3つだ。成果に関していえば、どの成果を重視し、その成果をどの成果物で判断し、期限と品質の期待値はどこに設定するかを決める役割がある。いい方を変えれば、従業員が自分に求められているものを理解でき（明確さ）、成果が公平に評価されていると信じることができ（信頼）、制限内での自由を手に最大の力を発揮できる（潜在能力の解放）ようにする必要がある。成果ベースの指標を普及させるためには、どれも欠かせない。そしてこれらを実現するには、目的と目標、そして重要性をトップダウンで明確に伝える必要がある。

では、「成長サイクル」をまわし、活動ベースの指標を成果ベースに変えるには、マネージャーは具体的に何をするべきだろう？

メンバーひとりひとりに対してマネージャーがすべきことは次の3つだ。

■**入社直後から明確に情報提供する**　たとえばSlackでは新しく雇った従業員向けに30日間、60日間、90日間の計画表を作成して、期待する成果物を明記し、学びを後押ししている。

■**役割と責任の所在をはっきりと伝える**　メンバーがチームのなかでどのような役割を担うか、部門横断チームでのプロジェクトではどうかを、よく理解させる。メンバーが（単なる相談先や報告先ではなく）責任を負う役目なら、成果物と期日は明確化されているだろうか。

■**週1で面談する**　優先順位付けと取り組み方を振り返り、遅れが出ている場合に助けを求めやすくする（負担が大きすぎるときは上司に相談し、自分の能力では解決できない問題をエスカレーションするほうが、より良い成果につながる。面談は、それをマネージャーからメンバーに伝え、ステップ6のとおりに限度を設定する機会でもある）。

チームに対してマネージャーがすべきことは次の3つ。

■**チームの目標と優先順位を明確に決める**　チームの目標は必ず会社全体の目標につながるもの、そして長期的（四半期、半年など）に進捗を追えるものにする。優先順位も明確にして、チーム全体にわかりやすく伝える。状況に合わせて優先順位も適宜アップデートする必要があるが（一般的には1カ月か四半期に一度）、あまり頻繁だとチームに悪影響となり、仕事の質にも影響する。

■ **進捗報告とステータス更新の手段を用意する**　信頼を構築するために、公開された場で透明性をもって行う必要がある。共通のツールを使い、一定の頻度で各自好きなタイミングで報告を書き込む習慣をつくると、マネージャーは会議を増やすことなくチーム内で起きていることを把握しやすくなる。全員のステータスを全員で共有することで、チーム内の信頼と透明性を育める。メンバーは一体感を得られ、同僚がちゃんと働いていることがわかるほか、行き詰まったときに助けを求めることができる。

■ **継続的な学習をチームの基準に組み込む**　週次のチームミーティングで、毎回1トピックずつ「チームの基準」の確認を行う（TLA各要素など）。小さなへまの犯人捜しをするのではなく、うまくできたことと改善機会に注目した反省・評価会議、「非難なしの振り返り」を、主要なプロジェクトごと（大きな発表のある四半期ごとなど）に行い、その結果を公開する。

リーダーには、目標をチームに明確に伝え、チームプロジェクトの進捗を透明性を確保した状態で追跡する役目がある。その際に役に立つのが、RACIマトリックスと呼ばれる責任分担表だ。[4] RACIはそれぞれ、**実行責任者（Responsible、任務を実行する人）**、**説明責任者（Accountable、作業を割り当てて承認する人）**、**相談先（Consulted、情報を提供する人）**、**報告先（Informed、進捗と決定内容を常に提供する相手）**を意味し、チャートにメンバー名を書き入れて責任の所在を明示する。この手法により、グループ内の全員が個人として、またチームとしてどうやって作業を進めていけば良いかを認識できる。

指標を定期的に評価し直す

何を測定するかを切り替えるには時間がかかるかもしれない。ステップ4で柔軟な働き方の実験について述べたように、評価指標もまた、リーダーが実験を経て学び、何がうまくいくかを探りながら調整していかなければならない分野である。

たとえばパンデミックが始まったころ、Slackの技術リーダーたちは、オフィス出勤していたときと同等の生産性をリモートワークで保てるだろうかと心配していた。最高技術責任者のカル・ヘンダーソンは、正直あまり期待していなかったと認めている。はじめリーダーたちは、Jiraチケットのクローズ数と、メンバーとマネージャーからのアンケート結果という2領域に的を絞って指標を決めた。Jiraとは技術チームがタスクの追跡管理に使っているツールで、Jiraチケットを「クローズする」とはつまり、活動ベースの指標だ。パンデミックが始まって数週間は、実際のところクローズ数は増えた。ということは、生産性がぐんと上がって会社は好調と思って良いはず？　いや、そうともいえない。どんなチケットがクローズされたかがわからないからだ。製品にほとんど影響を及ぼさない、重要度の低いチケットかもしれないし、もっと複雑で重大なタスクかもしれない。そこで、チームは何を測定するかを考え直し、個人ではなくチームの状況をより良く示す指標を探すことにした。メンバーが使用するツールから何がわかれば、「行き詰まり」かけているプロセスはどれかをマネージャーが把握できるだろう？　同じころチームメンバーとの会話から、指標には表れていないが実は苦戦しているメンバーが多いこともわかり、マネージャーを悩ませていた。

その後技術チームはアンケートに手を加えた。メンバーの状態を尋ねて、行き詰まっていたら何が助けになるかを突き止められる設問に変えたのだ。これで、もっと長期的な成果につながるような、個別の細かな課題に対処できるようになった。個別の課題とは、在宅勤務の環境が整っていない、主要なツールと情報にアクセスしづらい、タスクの優先順位付けがわからないなどだ。同時に、技術リーダーたちは長期的な成功を測れる別の指標も探し始めた。たとえば製品開発に関しては、どんな製品を発売するかだけでなく、品質指標（バグの報告件数）と製品利用統計（製品が普及する速度）も追跡することにした。Jiraチケットのクローズ数ほどわかりやすい即時的な結果は得られないが、品質と成長に関する指標を追うことで、成果をずっと顕著に表せるようになった。

1つ重要な付け足しを。部門や職務によっては、定量化できる活動ベースの目標を個人またはチーム向けに設定するのもありだ（ただし、次節で述べるが、指標がそれだけになってしまってはいけない）。たとえば次のような目標が考えられる。

- カスタマーサポート専門のスタッフの場合、一度の対応で解決できた件数、トータルの解決件数、顧客満足度などを中心に効果を測定できる。
- エンジニアの場合、速度と品質に関する指標を、製品使用状況と併せて使用しても良い。
- 販売員の場合、売上高、契約更新率、売上継続率などを追跡管理できる。

とはいえ、ほとんどの役割においては、個人とチームの貢献度の評価には、量的な目標と質的な目標（品質や適時性など）のバランスが求められる。これにはどうしてもリーダーの「判断」が入ってくる。「判断」というと曖昧に思えるかもしれないが、曖昧になる可能性があるからこそ、質的な指標をできるだけ明確化することが重要だ。たとえば、「良い」と判断する例をいくつか挙げる、チーム全体でどの程度協力し合ってほしいかを伝える、目標の納期を決めるなどをして品質面の曖昧さを減らすことで、偏見の入った判断をしてしまう可能性を下げられる。

そこまで明確化するのは難しいと感じるマネージャーや役員は多いだろう。勤務時間数や応答にかかる時間などといった簡単に測れる指標に戻したくなるかもしれない。だからこそ、このステップの序盤で、単純な指標や手法があまり効果的とはいえない理由と、それどころか生産性を下げて組織を弱体化させる場合さえもあることを伝えてきたつもりだ。自分やマネージャーが古いやり方に戻そうとしていることに気付いたら、まずは古いやり方のデメリットを思い出そう。

次に、リーダーが時間をとって問題の本質をよく見る必要がある。**基本的には、マネージャーの仕事は10年前に比べてずっと難しくなっている。**変化の絶えない時代であるほか、部下の多くが部門を横断した複雑な流れに沿って仕事をしているという理由もある。その結果、リーダーは自部門の任務だけでなく、チームメンバーが健全な形で共同作業しながら目標に向かっているかを管理し、同時に良い習慣と行動を定着させなければならない。成果測定方法に使える手段と使えない手段は、結局は人、役職、チーム、企業の目標に大きく依存するが、いまのリーダーは職場（柔軟でもそうでなくても）でこれを整理してチームメンバーにわかりやすく伝える役目まで負っている。

経営陣にできるのは、最初からすべて成功させなくてもいいと伝えてマネージャーのプレッシャーを取り除くこと（ステップ6の「間違いを受け入れる」ことの重要さを思い出そう）。そして定期的に報告し、計画どおりに進まないときこそ積極的に学んだり修正したりするよう助言することだ。Slackの技術チームはまさにそうやって荒波を乗り越えてきた。

現代の複雑な環境下でも、変わらず頼りになる尺度もある。たとえば従業員エンゲージメントのような、常に長期的なパフォーマンスの推進力となる定量化可能なもので、これらは部門や企業を選ばず注視していく必要がある。

会社の成功＝事業＋従業員

ビジネスの成功度合いはあちこちで測定されている。かの有名なフォーチュン500のリストは、売上高という単純明快な尺度で企業をランク付けする。Inc.5000リストは、アメリカで最も急成長している企業を選出する。しかしこうした指標は、企業がどうやってトップランクに到達したかは教えてくれない。それにいまの柔軟な環境では「成功」の意味は広範で、ビジネスの成果（収益成長率や利益率など）と長期的なパフォーマンスの推進要因（従業員エンゲージメントや顧客満足度など）の両方を加味しなければならない。

要は、成功とは単なる生産性ではないのだ。すでに紹介したとおり、BCGは、クライアントに提供した価値と従業員に提供した価値の両方で成功を測っている。**従業員に価値を提供するとは、従業員が意欲的に業務に参加し、功績が報われ、持続可能なやり方で働きながらスキルを構築していると感じられる状態のこと**だ。当然ながらBCGでは収益の伸び、人材採用、定着率などといった一般的なビジネスパフォーマンス指標も追跡しているが、これらは遅行指標。昨年正しい道にいたかはわかっても、いま正しい道に乗っているかどうかはわからない。PTOプログラムの一環として、BCGはもっとリアルタイムに近い形で状況把握できる指標を追っている。重視する成功指標を次のように決めて、毎週または隔週でアンケートをとっているそうだ。

- クライアントに価値を提供できていますか？
- 効率的に働けていますか？

■チームはこの会社で楽しんで働けていますか？
■持続可能な働き方ができていますか？
■学びと成長を続けられていますか？

このように、企業文化だけでなく、各従業員が感じる自分の価値ややりがい、学んで成長する力、マネージャーとチームメイトに対して感じる心理的安全性などを推し量る質問を用意している。これが利益の測定と同じくらい大切なのは、BCGの気付きによると、熱意に満ちた企業は熱意に欠ける企業を収益面で上回るからだ。つまり、熱意とは企業の収入の促進剤なのだ。

だから、企業は従業員エンゲージメントを重視する必要がある。エンゲージメントレベルが高い企業は低い企業を成果の面で上回ることが、調査からもわかっている[5]。従業員エンゲージメントの向上は、高い利幅、利益、収入だけでなく[6]、従業員の定着率と顧客満足度の上昇にもつながる[7]。

Dropboxでは、柔軟な働き方への大規模変革に乗り出す際、「『忙しさ』ではなく、結果を伴ったパフォーマンスを注視することに、時間を費やす」努力をしたと、最高人事責任者のメラニー・コリンズは話す。その過程で、測定する主な成果項目に、次のとおり事業への影響度を測るものと従業員への影響度を測るものの両方を含めるようにした。

（1）**事業としての成績**　企業として機能し、経営面の目標（売上高、最終損益）を達成したか。

（2）**製品ロードマップの進捗状況**　分散したチームを支援する新機能を取り入れて、企業のミッション達成を促進しているか。

（3）**人材**　企業として、（採用と配置換えの両方の面で）分散化が進んでいるか。多様化が進んでいるか。

（4）**新しいやり方の導入**　新しい働き方を取り入れているか。経営陣が提供するバーチャルツールやテクノロジーを、従業員が使用しているか。コア・コラボレーション・タイムを有効活用し、Dropbox Studiosを利用しているか。

（5）**従業員エンゲージメント**　バーチャルファーストのコミュニティと帰属意識を育んでいるか。オフィス中心から柔軟性中心へとシフトしているか。従業員は今回の変革を受け止める側にいるか、それとも推進する側にいるか。

柔軟な働き方への移行で成功を収めたDropboxがどんなふうに変わったかについて

は、この本の序盤で紹介したとおりだ。求人への応募者数が3倍になり、採用プロセスにかかる時間が15%削減され、多様な背景を持つ採用候補者の数が16%増加した。

採用（選考にかかる時間、多様性の目標値など）、定着率、属性ごとの昇進率に関する指標は重要ではあるが、大半はバックミラー指標ともいえる。たとえば人材定着率が低い場合、それはすでに起きた問題の表れ（その人たちはすでに退職した）であり、いまから方針を変えるくらいしかできることはない。それよりも問題に先回りして対処しようと、多くの企業がパルスサーベイ（訳注／短期間に繰り返し実施する簡易的なアンケート調査）を利用して、リアルタイムに近い情報を得ようとしている。

アンケートは実際便利だし、デジタル時代の多様なツールに手が届くようになったいまも、従業員エンゲージメントを測る最善策の1つであり続けていると示す調査結果もある。[8] 私たちも推奨していて自社でも使っているが、強い目的意識を持ってアンケートを実施するよう重々気をつけている。注意する点は大きく2つ。アンケート自体の設計をよく練ること（設問は明確にし、回答をどう活用するかを決める）と、結果に対してこちらが行動できる以上の頻度でアンケートを実施しないことだ。アンケートの頻度が多すぎると従業員には過度な負担になり、すでに長いやることリストにダメ押しを加えて、燃え尽きへととどめを刺してしまうかもしれない。また、アンケートの目的が崩れるリスクもある。一般的にパルスサーベイは、フィードバックを大切にする姿勢を示す目的もあるので、もし何度も同じ問題を提議するのにいっこうに改善が見られないと思われると、むしろ逆効果になる。生産性を上げるどころか、やる気を奪いかねない。

多くの企業から有効性を認められている戦術としては、**退職時に実施する「イグジット・インタビュー」よりも、働き続ける理由を問う「ステイ・インタビュー」が優勢**だ。ステップ6で似たようなアプローチをおすすめした。マネージャーが各メンバーとキャリア開発について対話する時間を定期的に持ち、何に意欲を刺激されるか、そして何より、現在そのような意欲を感じられているかを理解する手法である。ほかにも、NPOのマネジメント・リーダーシップ・フォー・トゥモロー（MLT）の常務理事、ティナ・ギルバートが教えてくれたアプローチもとても良さそうだ。従業員が会社にとどまる可能性を推測する簡単な問いを3つ、パソコンの画面に表示する案だ。皆さんも、形式張ったアンケートで「どのくらい意欲がありますか？」と聞く代わりに、「はい」か「いいえ」でほんの数秒間で答えられる次のような質問を試してみてほしい。

■会社が自分のキャリア開発や前進のために投資してくれていると感じる。
■この会社で自分は成功できそうだと感じる。

■自分は長期的な成功が期待できる位置にいると感じる。

柔軟な働き方に切り替えるなら、成果に焦点を合わせ直さなければならない。成果の重視こそが従業員エンゲージメントを高め、ひいては事業の成功につながるのだから。最後となったステップ7では、ものさしを活動ベースから成果ベースへと切り替えるためにすぐに導入できるツールをたくさん紹介した。頻繁な進捗確認ミーティング、BCGが使用したようなダッシュボードとRACIマトリックスなどの責任分担表、パルスサーベイとMLTの3つの問いなどだ。どのツールも、透明性とエンゲージメントを保ちながら変革を進める助けとなるだろう。目的は、信頼と説明責任を有する文化を醸成しながら、ビジネスを発展させること。要するに、マネージャーの役割と責任範囲を根本から変え、柔軟な働き方を成功させて全従業員の潜在能力を引き出す方向へと会社の舵を大きく切ることが、いま求められている。

Step 7のチェックリスト

成果に基づき評価する

- □活動と成果の古い測定方法が、会社にとっていかに障害になり、成功を邪魔するかを理解したか。
- □収益成長率や収益性などビジネス面の成果と、従業員エンゲージメントや顧客満足度など長期的なパフォーマンス推進要因とのバランスをどうとるかを考えたか。
- □成果ベースの指標を個人向け、またチーム向けに活用する方法について、マネージャーは理解したか。
- □従業員エンゲージメントを定期的に測る方法を決めたか。

後書き——変化を起こす

柔軟に働く時代は間違いなくやってくるし、企業がいますぐに準備を始めたほうが良い理由はたくさんある。

- 従業員が柔軟な働き方を望んでいる。たくさんの人が必要としている。ますます多くの人が求めるようになるし、得られなければよそへ移ってしまう。
- オフィスの通勤圏外からも人材募集できるようになり、競争優位性になる。優秀かつ多様な人材を引きつけ、定着させ、意欲的に働いてもらいやすくなる。
- もっと多くの従業員の潜在能力を引き出せる。誰も取り残さない公平な環境をつくることが、より良い成果につながる。
- 従業員と事業にとってプラスになる新しい学び方、つながり方、共同作業のしかた、マネジメント方法、成果測定方法へと移行するチャンスである。ナレッジワークの普及は業務内容を変えたのに、業務習慣が追いついていない。
- たくさんの企業がすでにこの道を歩み始めていて、従業員エンゲージメントの向上と業績の改善を実感している。

もう1つ大切な理由がある。この本全体を通して軽く触れてはきたが、最後にじっくりと考えてみる価値があるはずだ。柔軟な働き方には、働く人々の生活を、そしてあなたの人生を、一変させる力がある。著者たちの生活はすでに変化したし、この課題に向き合う過程で出会ってきたたくさんの人も、変化を実感している。

デル・テクノロジーズの人事テクノロジー担当バイス・プレジデント、エリン・デュフェイの例を見てみよう。デルはパンデミック発生の10年前から、「コネクテッド・ワークプレイス」と名付けた成果ベースの柔軟な働き方を取り入れていた（パンデミック発生時には、従業員の64％がすでに週1日以上リモートワークをしていた）。「仕事とはいつどこでするかではなく、何をするか」という理念のおかげで「キャリアと成長」を手にできたとデュファイは話す。デルに入社した後、現役軍人の夫の転勤で5度もタイムゾーンをまたぎ、うち一度は夫が日本に配属されたので国境もまたいだ。引っ越し続きのなか子どもを2人授かり、柔軟な勤務スケジュールのおかげで育児と仕事を何とか両立してきた。配偶者の転勤についてまわりながらもキャリア構築を継続できたのは、「デルがとにかく協力的だったからです」。軍人の夫を持ついわゆる「駐在妻」が勤め続けることの難しさを思うと、自分は幸運だったとデュフェイは感じている。「柔軟性が手に入ると人生が変わる」のだ。そしていまはこう語る。「ほかのどの企業に誘われても、私はデルを離れないでしょう」

オーストラリア発のソフトウェア企業アトラシアンの最高執行責任者、アヌ・バラドワジは、ライフスタイルを一新するチャンスという点で、柔軟な働き方に魅力を感じたという。社交的でつながりの強い社風が特徴なので、リモートワークが始まってすぐは同僚が恋しくなったが、さまざまな場所から働けるという特典もしっかりと謳歌した。「シドニーからアメリカのベイエリアのマウンテンビューに引っ越していちばん恋しく思ったのは、家族とビーチでした」と、アヌは思い返す。「だから、2カ月ほどサンディエゴで仕事をしました。それからミネアポリスにある姉の家にしばらく滞在し、このときは仕事を終えた後に甥っこと過ごす時間に、本当に救われました。アトラシアンの幹部メンバーは常に世界中に分散していたので、仕事にも特に影響はありませんでした」

Slackのマイク・ブレボートの話はすでに紹介したとおり。Slackがデジタルファーストに移行したおかげで、幹部メンバーとの会議のために年に何十回も長距離移動しなくて良くなった。ハロルド・ジャクソンは、長年の働きかけの末にようやく柔軟な働き方針が認められ、また家族と一緒に暮らせるようになった。

著者である私たちの生活にも変化は起きた。ブライアンがもう長いこと見失っていたバランスを、柔軟な働き方がリセットしてくれた。ブライアンは20年以上前から、できるだけ家族と過ごす時間を増やし、2児の育児にも積極的に関わるつもりで仕事をしてはいたが、結局は妻が「デフォルト・ペアレント」(訳注/育児全般をメインで担う親)となって負担を背負いこんでいた。良い心がけもむなしく、理想のバランスを本当にとれるようになったのはSlackがデジタルファーストな働き方を受け入れた最近になってからだ。

シーラの場合は、「友人と家族は犠牲に、とにかくがむしゃらに働け」というビジネススクール時代の助言にとらわれ、望まないキャリア構築に必死になった。有色人種の女性として仕事はなかなか思うようにいかず、人の半分前進するために人の2倍努力しなければいけない、役職にふさわしくないのではという陰口を無視しなければいけない、2人の娘と年老いた両親がいて仕事以外にもたくさんの責務を負っている事実を隠さなければいけない、と数々のプレッシャーにさらされてきた。一度は実業界から身を引く瀬戸際にも立ったが、いまは主導権を握れるようになってきたと、そして仕事の周りに生活を築くのではなく生活の周りに仕事を築くことは可能なのだと感じている。

ヘレンはというと、若手のころは、キャリアアップと母親業とのバランスのとり方を示してくれるロールモデルが、周りにひとりもいなかった。単に現実的な選択肢がまだ少なかったのかもしれない。パンデミックでオフィスが閉鎖される直前に第1子を出産したので、毎日9時から5時までオフィスで働きながら新米母親業（母乳の処理から小児科の定期健診まで）をこなせるかという悩みとは、ありがたいことに無縁だった。ヘレンも夫もコロナ禍で柔軟に働いていたので、家庭内で平等なパートナーシップを構築していく良い機会となった。どちらかが「デフォルト・ペアレント」となって育児とキャリア目標を天秤にかける必要もなかった。子どもは1人だけでも手に負えないと思っていたヘレンだったが、いまは第2子を授かり、なんと第3子まで視野に入れている。

これらはほんの一例に過ぎず、柔軟な働き方のメリットを探究すればするほど、似たような体験談を数え切れないほど耳にした。「自分にどんな能力があるのか知りたい、最高の仕事をしたい」という人間らしい欲求が、みんなの心の奥底にある。仕事はこうやるべきという凝り固まった考えに邪魔されていては、本当にもったいない。だって、私たちは単なる「労働者」じゃない。複雑なものを抱える「人間」として、働いている。パンデミックを受けて始まった大実験を経て、大勢がこう実感している。仲間と最高の成果を出すための能力と自由があれば、人生も会社も一変させられる。

未来の働き方ツールキット

この本で参照したツールとテンプレートを紹介する。
FutureForum.com/Bookからさらなる追加リソースも入手可能だ。

Step 1 Tool 1

柔軟な働き方の目的と方針を設定するフレームワーク

会社の文化や信条によって方針の主張面や言葉選びは違ってくるが、内容は共通して大きく3種類あることに気が付いた。従業員の働き方変革の有効な手引きとなる方針を、このフレームワークを活用してつくってほしい。

［注］RBC＝ロイヤル・バンク・オブ・カナダ、LS＝リーバイ・ストラウス、S＝Slack

方針の内容	重要である理由	思考を促す問い	企業の事例
働き方変革の包含的な意図	自社にとっての柔軟な働き方の重要性を明確に伝えて、変化の基盤を敷く。	■社内全体の働き方を変革する動機は? ■変革の緊急性や必要性を伝える言葉は?	RBC ■柔軟な働き方を今後もずっと。 LS ■柔軟さを当たり前に。 S ■Slackで働き続けるためのデジタルファーストアプローチ。

方針の内容	重要である理由	思考を促す問い	企業の事例
変革への アプローチ方法	経営者と従業員に変化の出発点を示す（柔軟な働き方がかつての働き方を一変させるので、着手に抵抗があるかもしれないから）。	■リーダーが考え方を一新しなければならない部分は？ ■会社の現在の価値観と優先事項は変わるだろうか？	RBC ■まずはビジネス戦略から。 LS ■仕事が場所を決める。 S ■後ろには進まない。学んだことをすべて抱えて、前に進む。 ■デジタルファーストとは対面禁止ではない。 ■完璧ではなく進歩を求める。
自社にとって 柔軟性とは何かを 考えるときに 重視する軸	社内で柔軟性にどんな役割を果たしてほしいかを明示する。従業員や意思決定する際に出てくる重要な懸念事項をあきらかにする。	■柔軟な働き方でどんな成果を達成したいか？ ■柔軟な働き方を導入するにあたり、従業員にとっての重要な懸念事項またはリスクは何か？	RBC ■物理的な距離も重視する。 ■戦略的に投資する。 ■成長機会とインクルーシブな文化。 LS ■つながりが鍵。 ■信頼が基盤。 ■共感力で率い、ともに学ぶ。 S ■**柔軟性**　従業員が最高の働きをできる柔軟性と自由を与える。 ■**包括性**　機会が公平に与えられる環境をつくり、インクルーシブなチームを構築する。 ■**つながり**　本社はSlack上にある。

Step 2 Tool 1

ガードレールを設定するフレームワーク

ガードレールの種類	重要である理由	思考を促す問い	行動事例
リーダー層のガードレール	柔軟な働き方も、会社の成功に不可欠なほかの要素と同じ。有効に機能させるには、リーダー層から方向性を打ち出す必要がある。リーダーが正しい行動を示さないと、方針は機能しない。	■方針を推進するためにリーダー層が手本として示すべき行動は何か? ■やめるべき行動は何か? ■この行動を模範にするのを妨げている組織的な問題は何か? ■このガードレールの導入経過をどのようにして報告し合うか?	■象徴的なわかりやすい行動をとって方針を推進する。 ■等身大の自分を見せ、周りにもできればそうしてもらう。 ■誓約をつくって遵守する。
職場のガードレール	柔軟に働く世界では、職場に持たせる役割をリーダー層で定義し直す必要がある。ガードレール設置により従業員が昔の習慣に戻るのを防ぎ、物理的空間の新たな可能性を見出す助けとする。	■同僚と過ごせる場所が持つ役割は? 変えたくない点は? ■分散したチームでどうすれば公平に会議と共同作業ができる? ■オフサイトの役割は? チームで集まったとき、つながり構築のためにリーダーをどう支援できる?	■オフィスでともに過ごすことの意義について、認識を揃える。 ■居場所に関係なく公平な働きができるよう投資する。 ■チームのオフサイトイベントや会議を再設計する。

ガードレールの種類	重要である理由	思考を促す問い	行動事例
文化のガードレール	柔軟な働き方戦略をいちからつくるとは、社内文化が長年抱えてきた課題に向き合うチャンスでもある。社風をどうつくるか、目的意識を持ってよく考える機会になる。	■従業員がいちばん気に入っている自社の文化は? ■ありがちな問題が自社にもあるか(燃え尽き、会議についての会議、社内プレゼン)? ■離職のリスクがいちばん高い部署は?理由は? ■維持したい文化とやめたい文化は?	■会議の役割を考え直す。 ■創造性を育む方法を探る。 ■どのような行為を評価し、何を自由にするかをよく考える。 ■前回の評価期間に多く指摘されたプラス／マイナスの行動を挙げる。

Step 2 Tool 2

会議を減らすベストプラクティス

9時から5時まで会議だらけの働き方を夢見てきた人はいないだろう。リモート会議だとしてもだ。柔軟な働き方こそが意欲と生産性を高めるとSlackは認識しているし、そのためには、「爆発的」に共同作業する時間と、個人で何かをつくりだす「メーカー」タイムを組み合わせるという、新たな仕組みをつくる必要がある。メーカー・タイムやフォーカス・タイムを確保するための最初のステップは、全員で入る会議の数を減らすこと。毎回、「その会議は本当に必要?」と考えてみよう。

会議を減らすためのベストプラクティスを紹介する。

■進捗状況はSlackチャンネル内で共有する。チームに定期的な更新を促すには、Slackのリマインダー機能かワークフロー機能を使う。

■同様に、複数名に向けて発信したい際はチャンネルを使って情報共有（プレゼンテーション、資料など）する。Slack内の簡易録音・録画機能やZoomの録画機能を使うと音声も足せる。

［図16］　会議の種類を評価するフレームワーク

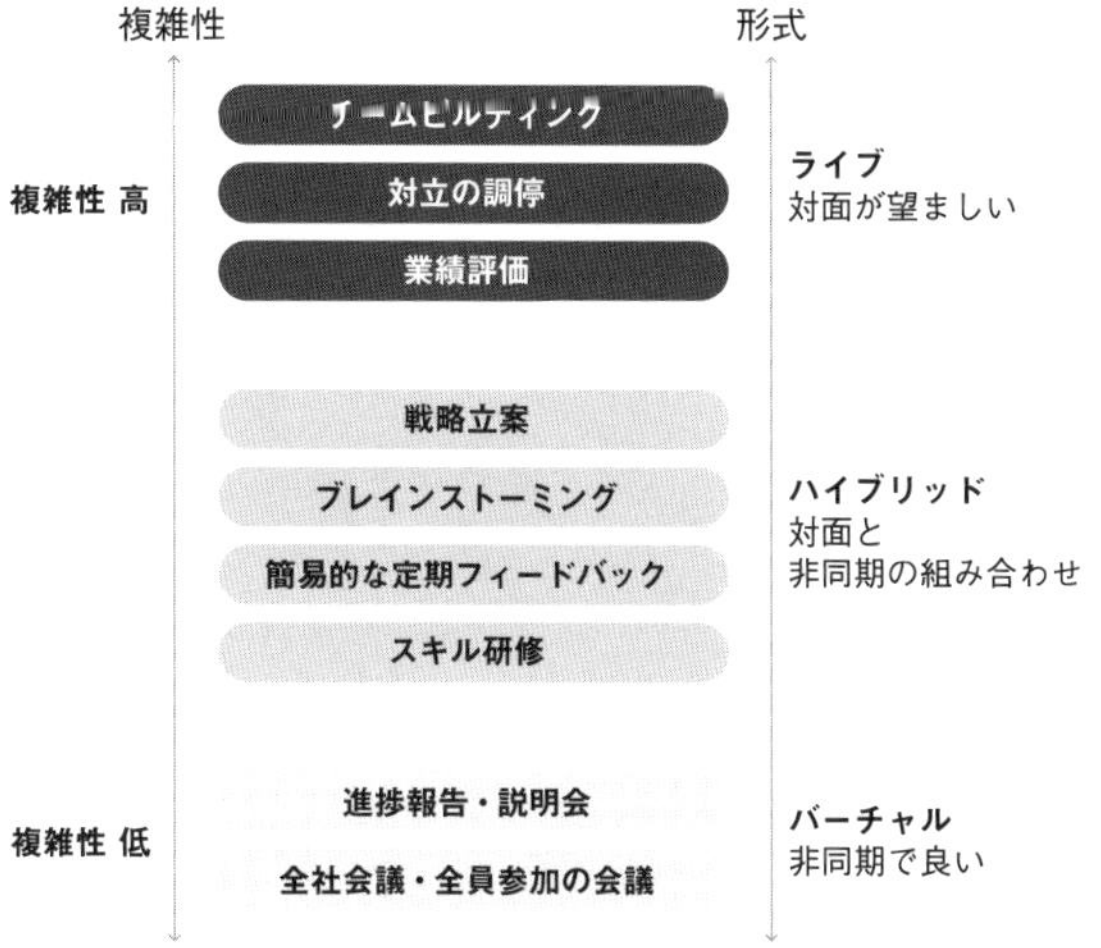

『ハーバード・ビジネス・レビュー』誌掲載のレイ・リンゲルによる記事「オフィスが再開したら対面会議も再開すべきなのか」（2021年9月14日付け）をもとにした、「会議は必要？」フレームワーク

■定例会議はとにかくやめにするか、少なくとも会議前に議事内容が出ていないときはキャンセルを要請する。

■会議の時間をもっと有効活用するために、事前に非同期ですませられる部分を探す（事前に資料を読む、フィードバックを渡す、議論で提案する内容を考えておく、など。図16参照）。

■ともに過ごす時間を最大限に活用できるような会議づくりを、積極的に行う。

Step 3
Tool 1

チームの取り決めのサンプルとなるスターターテンプレート

スターターテンプレートとは？

各チームがチームの取り決め（TLA）を作成して記述する際に参照するスターターテンプレートを紹介する。TLA（「チーム基準」、「チームの働き方協定」、「チーム業務マニュアル」とも呼ばれる）は、チームの勤務環境と働き方についてチーム主体で決め、認識を合わせるためのガイドラインだ。信頼を育み、透明性を高め、能力を存分に発揮させることが目的である。

スターターテンプレートは柔軟につくってあるので、ニーズに合うように適宜修正したりセクションを足したりすること。完成したTLAはチームの全メンバーと必ず共有する。チームに新メンバーが加わったら意見を聞き、必要に応じてTLAをアップデートする。

誰も取り残さないために

Slackのデジタルファーストの考え方では、成功するチームとは柔軟で結びつきが強く、誰も取り残さないインクルーシブさを持っている。さまざまな状況や次のようなメンバーに配慮したチーム基準をつくってほしい。

最近入社したばかりで……

■オフィス出勤して職場になじみたい。
■リモートワークを希望している。
■在宅勤務とオフィス勤務のハイブリッドを計画している。
■どう働くかをまだ決めていない。

これまでリモートワークをしてきて……

■これからはオフィスで勤務したい。
■引き続きリモートワークを計画している。

■在宅勤務とオフィス勤務のハイブリッドを計画している。
■どう働くかをまだ決めていない。

これまでオフィスで勤務してきて……
■今後もオフィス勤務を希望している。
■リモートワークを希望している。
■在宅勤務とオフィス勤務のハイブリッドを計画している。
■どう働くかをまだ決めていない。

スターターテンプレート

スターターテンプレートは、「価値観」「スケジュールと会議」「責任」「チームワーク」「見直し」の5つのカテゴリーで構成される。

価値観――勤務環境の何を重視するか

私たちのチームは、次のような勤務環境を重視します。

- 対面かリモートかに関係なく、みんなが一員として参加できる。
- 継続的にフィードバックが得られる。
- 個別作業に集中する時間を優先し、尊重する。

ヒント チームの価値観について話し合うには、会社としての価値観が良い出発地点となりそうだ。柔軟な働き方に関する全社的な方針とガードレールが定められ、共有されていたら、チームの具体的な指針決めに利用しよう。

スケジュールと会議——どうやって共同作業するか

私たちのチームは、勤務スケジュールについて次の基準を定めました。

■**コア・コラボレーション・タイム**　チームメンバーは、月〜木曜の午前10時〜午後2時（太平洋標準時）のあいだは共同作業ができる状態でいてください。

■**フォーカス・タイム**　毎日午後2〜4時（太平洋標準時）をフォーカス・タイムにします。各自、重要な作業を優先して専念してください。

■**通知**　コラボレーション・タイム外やフォーカス・タイム中は、通知をオフにしましょう。

■**対応担当時間**　メンバーごとに対応担当時間を決め、その時間外の連絡（テキストメッセージか電話を使うこと）は緊急時に限定します。

ヒント　チームによって、「木曜日はノー会議デー」よりもコア・コラボレーション・タイムのほうが便利なことも、その逆もあるだろう。TLAは変更不可ではないので、初版をもとに実験を繰り返しながらチームに合うペースをつかんでいくと良いだろう。

私たちのチームは、**会議とコミュニケーション**に関して次の基準を定めました。

- 全員が公平に参加できるよう、1人がオンライン参加なら全員がオンライン参加にする。
- できれば会議の24時間前までに議題表を完成させる。
- 議事録を必ずとり、チーム全体で共有する。
- 2人以上が別チームの会議に呼ばれても、残りのメンバーは気にせず欠席で良い。

ヒント 会議の健全化は、柔軟な働き方のためだけではない、万国共通のニーズである。会議とコミュニケーションの健全化には、日々の実践と定期的な見直しが必要だと実感している。会議の量はいとも簡単にまた増えるので、チームで定期的に時間を割いて（毎月や四半期ごとなど）状況の見直しを行い、重要な仕事に取り組めるフォーカス・タイムを増やしながら会議の負荷（とそれに伴うZoom疲れ）を予防的に減らす方法を探る。

責任――ひとりひとりに責任感を持たせるには

私たちのチームでは互いに次を期待し、各自が責任感を持って実行します。

- 求められる業務内容と成果物、そして直接責任者（DRI＝Directly Responsible Individual ともいう）をはじめに明確に定義する。
- フィードバックが（誰からいつまでに）必要かを可能な限り明示する。
- 主要なプロジェクトの後には必ず振り返りミーティングを行い、何がうまくいったか、もっと良くできたはずのことはないか、何を学んだかを反省する。

ヒント 1日何時間働いたかではなく成果で成功を測ることで、柔軟な働き方が成り立つ。そのためには、チームで成果、役割、責任範囲を前もって定義し、変更が必要な部分や別のニーズが生まれた部分を都度共有する必要がある。

チームワーク――チームで協力し合うには

私たちのチームは、チームメイトとの次のような関係構築を希望しています。

■一緒に働くにあたり、それぞれの事情をある程度は受け入れる。信頼関係をベースに仕事をする。仕事以外のこともオープンに話せる関係でいる。

■互いの成果や成功をチーム内で祝い、チーム外にもアピールする。

■プライベートでも仕事でも、負担が大きすぎるときや助けが必要なときには、遠慮なく正直に話す。

ヒント まずはチーム内の結びつきの強化に集中し、その後別のチームとの積極的な関係構築にＴＬＡを適用できないか検討する（［例］チームのミーティングにゲストスピーカーを呼ぶ頻度を上げる、シニアリーダーとのチーム横断メンターシップ制度を取り入れる、Donutなどのテクノロジーを使ってランダムな相手とコーヒーを飲みながらチャットする）。

見直し――取り決めを徐々に進化させるには

私たちのチームは、ＴＬＡの見直しを次のように行います。

■毎月のチームミーティング内で時間をとってＴＬＡについて話し合い、うまくいっている項目とそうでない項目のフィードバックを出し合う。

■四半期に一度、匿名でアンケートをとって、ＴＬＡに対するフィードバックと改善提案を得る。

Step 4
Tool 1

柔軟な働き方の課題を解決するデザイン思考のステップ

従業員、チーム、会社にとっての柔軟な仕組みをつくるという複雑な課題を前にして求められるのは、関与する人間のニーズを理解し、一緒になってアイデアを出し、そのアイデアのプロトタイプ作成やテストを本番でも役立つアプローチで進めること。一般的に「デザイン思考」と呼ばれるプロセスだ。

プロセスは一方向ではないし、「完成」することもなく、絶えず改善を続けるアプローチである。

[図17]　デザイン思考の5つのフェーズ＋「共有」

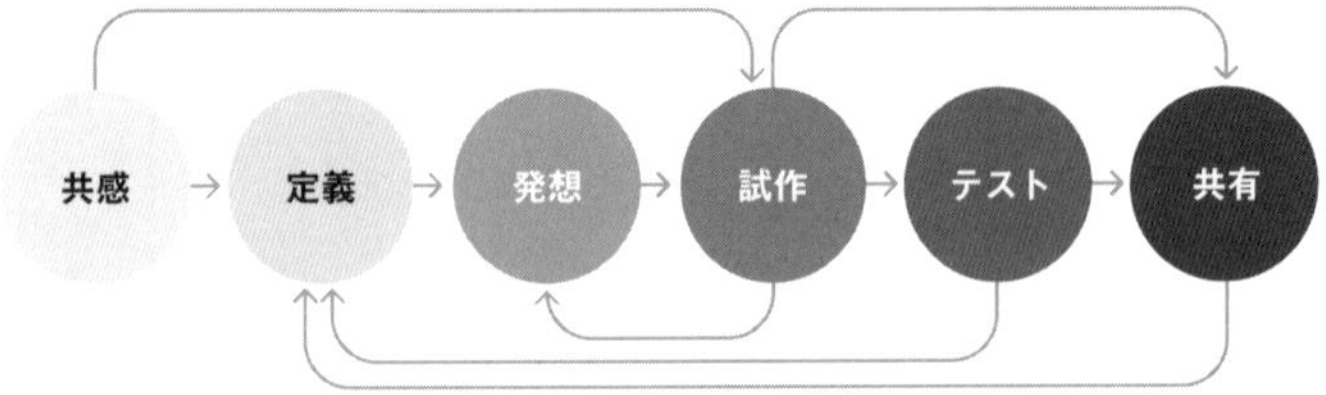

ステージ	内容	手法の例
共感	これから取り組む問題について、当事者の身になって理解する。	従業員意識調査（アンケート）、フォーカスグループ、業務日誌調査。多様性を意識した部門横断の聞き取り集会。
定義	従業員の視点から問題を定義する。	調査結果の分析と統合、影響度の大きな課題の見極め。当事者に問題の定義について確認。
発想	解決策の案を挙げる。	「どうすれば……できそうか？」の問いから始める。ブレインストーミングよりもブレインライティング（個別にアイデア出しをして非同期的に集める）。「考えられるなかで最低の解決策」エクササイズ。社内外のベンチマーク。「パフォーマンス／意欲の高いチームはどうやっている？」
試作	挙がった解決策案のプロトタイプ（試作品）を、低コスト・短時間で構築する方法を考える。	新しい方法、ツール、プロセスを試すことに意欲的な人を集めた「パイロットチーム」をつくる。プロトタイプを支えるインフラを整備。総務、ＩＴ、人事部門がテストと結果報告を支援する必要がある。
テスト	変革を小規模に実行する。結果を見るためだけでなく、選択肢と問題定義を改良するためでもある。	パイロットチームで繰り返しテストする、複数チームで経過を比較する。
共有	変化のあった部分を通知する。	社内告知やストーリーテリング、また必要であれば方針やインフラ変更を通して、社内で情報を伝達する。

デザイン思考は、「もっとスケジュールを柔軟に組めるようにするには？」のような抽象的な問題にも、「ハイブリッド会議」（出席者の一部は会議室、一部はリモートで参加する会議）に出席して感じた課題などといった具体的な問題にも適用できる。具体例を紹介する。

ステージ	内容
共感	会議室からの参加者がいる会議にオンラインで参加すると、会議室内の会話を追いづらく、議論に「割って入る」のが難しいうえ、置いてきぼりにされる不安を感じる。 会議室で会議に参加すると、テレビ会議ツール内で共有されたドキュメントやチャット機能に個別にアクセスできない。
定義	従業員は、ハイブリッド会議に公平に参加できる環境を確保したがっている。
発想	解決策の案がたくさん挙がった。 ■会議は必ず全員対面または全員オンラインで行い、「ハイブリッド」はやめる。 ■会議室からオンライン参加する従業員の数だけ、会議室にノートパソコン用スタンドを用意する。 ■大規模な没入型システムを全会議室に導入する。 ■チームにベストプラクティスを提供し、「1人がオンライン参加なら全員がオンライン参加」という指示を出す。
試作	ハイブリッド会議（出席者の一部は会議室、一部はオンライン）の設定を低コストで数パターン用意し、テストに協力してもらう2チームを手配した。 ■全員がノートパソコンを使い、全員のマイクをオンにする。 ■全員がノートパソコンを使い、会議室付属のマイクとスクリーンを使う。 ■全員がノートパソコンを使い、会議室付属のマイクのみ使う。 ■会議室のＡＶシステムを使い、オンライン接続する。

ステージ	内容
テスト	数パターンにわたるプロトタイプテストを実施した。フィードバックだけでなく、新たな問題（会議室で首が痛くなる）と解決策（ノートパソコン用のスタンド）も得られた。
共有	右記の活動はすべて、Slackパブリックチャンネル（#pilot-digital-first）上で進めた。プロトタイプからベストプラクティスを導き出したら、社内に通知し、社外にはソーシャルメディアで発信した。会議室にノートパソコン用のスタンドを設置することで、物理的なリマインダーができた。

Step 5 Tool 1

意義ある会議を行う4つのヒント

『最高の集い方——記憶に残る体験をデザインする』の著者、ファシリテーター、戦略アドバイザーであり、ポッドキャストの番組を持つプリヤ・パーカーからのアドバイス[1]をもとに、意義ある会議を行うためのヒントを4つにまとめた。

第1に、**自問してみよう。**「その会議は本当に必要?」ステップ2のツール2を参考にして、何よりもまず、会議が必要かどうか、参加者の時間を不要に奪うことにならないかを確認する。

第2に、**基本の部分を考える。**「集うときにやりがちな最大のミスは、集いの目的があきらかで、すでにみんなに共有されていると思い込むこと」だとパーカーは述べている。次のような基本的な質問をつい飛ばしてしまうのだ。

■会議の目的は?
■出席する必要のある人は?

■意思決定を担う人は？

単純な質問に見えるかもしれないが、パーカーはどれも複雑だと主張する。チームにとって成長と変化の機会となる問いだ。

パーカーは、チームで聞き取りセッションの時間をとり、次のような問いかけで自由な議論を引き出すことを推奨している。

■パンデミック中、オフィスに行けなくなっていちばん恋しく思ったものは何だろう？
■恋しく思わなかったものは？　つまりもう捨てたりやめたりして良いものは？
■パンデミック中に発明し、この先も使い続けたいものは？
■いまからつくりたい新しい習慣は？

「議論し、吟味しましょう」とパーカーはいう。「そして実験を繰り返すのです」

第3に、**あらゆる集いは社会契約である**。ホストの役割は、参加者が自分に何が求められているのかを理解できるようにすることだ。

「集いは確かに関係構築のためですが、力も無視はできません」とパーカーは述べている。「パワーダイナミクスを見て見ぬ振りしていては、腕の良い企画者とはいえません」。力の不均衡をならし、メンバーの積極参加を促す環境を丹念に構築できるかは、リーダーにかかっている。たとえば次のようなことができる。

■メンバーそれぞれの背景事情を前もって理解する。「私が自宅にいて別室で子どもを昼寝させている一方で、別の出席者たちはオフィスにいて会議前にコーヒー片手にお喋りしているとしたら、そこには公平とはいえない力関係があります」

■課題を認識する。「ハイブリッド会議は、1つの集いではありません。3つです。同じ部屋にいる人たちの集い、バーチャルの集い、そして両者がやりとりをする混合の集い。それぞれ違う現実のなかにいることを認識する必要があります」

■会議のファシリテーター（まとめ・進行役）を任命する。ハイブリッドで大規模な集いなら最大3人。対面の会場をまとめる役、バーチャルの参加者のニーズに応える役、その2グループをスムーズに融合する役だ。

■明確なルールをつくり、公開する。質問はいつどのようにするか、カジュアルな会話をして良いのはいつか、カメラをオンにする必要があるのはどんなときか、オフにして良いのはどんなときか、などのルールを明記する。これにより、暗黙の文化規範よりもルールが優先されるようになり、全員が期待されている内容を明確に理解でき、結果として心理的安全性が高まりやすくなる。

第4に、**変化を起こしたいなら、多少のリスクは免れられない。**「私は人を変化させる要素のある集いにいちばん興味を引かれます。人がやってきて、集いを経験することで少し変化して出ていくような」とパーカーは話す。ただし、真の変化には健全な議論がつきものだ。「不健全な平和は、不健全ないさかいと同じくらい人に悪影響を及ぼします」とパーカーも主張する。

パーカーがいう「思いやりある白熱」や「思いやりある議論」をチームに促すには、エクスペリエンスデザイナーのアイダ・ベネデットが考案した次のような問いかけが推奨される。チームの集いの前に、考えてみてほしい。

■ このチームが避けていることは？
■ それに向き合うとどんなメリットがある？
■ そのメリットのためにはリスクを冒す価値がある？
■ チームがそれに向き合う手助けをできるだろうか？

Step 6 Tool 1

マネージャーが「コーチ」になるためのヒント

ほとんどのマネージャーは分散したチームを率いる教育を受けておらず、監視役からコーチへと変身するためにも実践的な訓練を必要としている。「マネージャーがコーチになる」ために重要となる3要素を、図に示した。

結局、チームをいちばんよく知るのはマネージャーだ。だからマネージャーには、チーム内の力関係や個々の勤務スタイルに関する知識を活用して、いちばん納得のいく形でメンバーを支援してほしい。チームの信頼を集め、情報を明確に伝え、能力を発揮させるためのヒントをここにまとめる。

信頼を得る——心理的安全性の文化を築く

等身大の自分を見せ、メンバーにもそうしてもらうための、いますぐ試せるヒントを紹介する。

［図18］　マネージャーの3つの役割

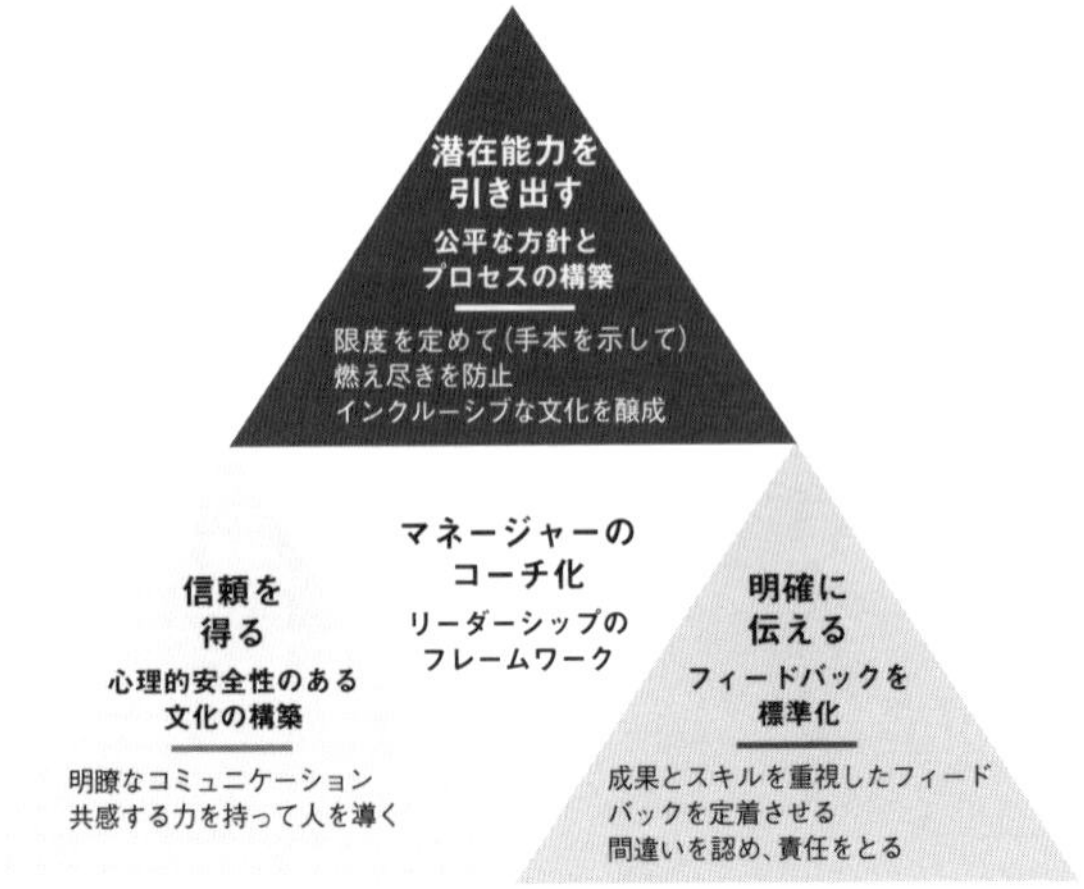

SlackのBase Campリーダーシップ方針を参考に作成

チームに対して……

■立ち寄りセッションを設ける　通常のミーティング以外で話のできる場を、勤務時間内につくるか、「立ち寄り」セッションを設ける。各メンバーのプライバシーを重視してカレンダーの予約機能に入れても良いし、誰でも好きに立ち寄れるミーティングを開いても良い。

■状況確認のリマインダーを設定する　週の終わりに、今週一度も話していない部下がいないか気付けるように。「お疲れ様、調子はどう？」のようなちょっとした会話でも良いので、全員の状況を直接確認する。

■定期的に状況を確認する　1対1面談で毎回次のような質問をする。どんな1週間でしたか？　話しておきたい状況の変化はありましたか？　もっと仕事をやりやすくするために、私にできることはありますか？　何が役立っていますか？　役立っていないことはありますか？

リーダーとして……

■**苦労していることを伝える**　自分にとって大変だったこと、眠れずに悩んだこと、どんな平日を過ごしているかなどを、チームミーティングの場で話す。個人情報をさらしすぎる必要はないが、純粋にどんな仕事に取り組んでいるかを話すことで、チームメンバーがあなたとのつながりを感じたり、自分の経験や感情を話しても安全だと感じたりしやすくなるだろう。

■**助けを求める（相手からも求めてもらうため）**　助けを求めるとは、そのままの自分を見せるいちばん簡単な方法だ。次のミーティングに次のような疑問点や問題を持ち込んで、チームに解決を手伝ってもらおう。ミーティングをもっと生産的にするにはどうしたらいいだろう？　もっとインクルーシブにするには？　チームの進捗確認の方法を変えたいと思う？　その場合、どう変えたい？　情報のサイロ化が起きている場所はどこで、どうすれば解消できると思う？　背景情報がよくわからないと感じるプロジェクトはある？　それを理解するために、私にできることはあるだろうか？　皆さんにとってもっと良いリーダーになるには、何が必要？

■**人間関係を構築する余地を持つ**　プライベートな経験を語るとは、自分をさらけ出すことでもある。お互いのことを知れば知るほど、相手とのつながりを強く感じるようになり、信頼関係が構築される。ミーティングや状況確認の会話に関係構築の時間を挟み込んでも良い。

明確に伝える――フィードバックを習慣化する

フィードバックを習慣化するための、いますぐ試せるヒントを紹介する。

■**部下との週次フィードバックミーティングを計画する**　そこまでしなくてもと最初は思うかもしれないが、週次の1対1ミーティングの最初の5～10分を使ってフィードバックを返すだけでも、チームメンバーが軌道から外れず生産的に仕事を進めやすくなるし、習慣化しておくと後々楽になる。「あなたやチームにとってもっと良いマネージャーになるために、私にできることはありますか？」などと尋ねて、部下からフィードバックをもらっても良い。部下へのフィードバックは、「今週はこれを意識してみてください」と話すと良いだろう。

■**健全な衝突の場をつくる**　リモートワークの影響で従業員は衝突を避けがちになっているかもしれないが、調和から独創的な考えやイノベーションは生まれにくい。対立を避けることで「衝突負債」なるものがたまり、生産性を失速させると研究者たちが主張している。会議中に意見の相違があったとき、「会議が終わってから個別に話そう」といったり後回しにしたりして議論を避けてはいけない。双方を尊重して意見を述べる余地と時間を与え、自分は落ち着きを保って両方に理解を示しながら、会話のまとめ役を務める。

■**「リアル」の会話に切り替える**　スレッドやオンラインのやりとりが手に負えなくなってきたら（話がどんどん曖昧になってきた、感情的になってきた、会話に適切な人が含まれていないなど）、「一時休止」を宣言して電話かテレビ会議に切り替える。もしくは、次に対面で集まるときにそのトピックを議題に挙げる。

■**「ステイ・インタビュー」を行う**　離職リスクの高いチームメンバーとの1対1ミーティングは、時間を長めにとって情報収集と質問に注力する。次のような単刀直入な質問をして、うまくいっていることといっていないことを聞き出す。仕事の好きなところは？　何がきっかけでやる気が湧く？　やる気が奪われるのはどんなとき？　仕事に関して何かを変えられるとしたら、何を変える？　何があれば仕事への満足度が上がりそう？　あなたの力を伸ばし、成長させるのは、どんな機会？上司として、私に成長を手助けできる方法はあるだろうか？

潜在能力を引き出す——公平な方針と習慣を築く

限度を設けるための、いますぐ試せるヒントを紹介する。

■**会議に集中するよう会議方針に明記する**　会議中、何か別のことをいますぐ片付けたい誘惑に駆られるときがある。テレビ会議中のマルチタスクは許可しないと明記しよう。デジタルファーストのコミュニケーションも対面コミュニケーションと同じで、参加者全員が意識を会議に向け、積極参加することが求められる。チームの取り決め（TLA）にルールを明記する。

■**会議時間の実験をする**　会議の長さは30分の倍数で適当に決められることが多く、決めた終了時刻が来るまで会議を引き延ばすことも多い。1時間の会議を10分だけ縮めてみるか、事前にきっちりと決めておいた議題をすべて話し終えたらそこで会議終了とする。

■**自分のスケジュールを投稿する**　新しい働き方になってからの自分のスケジュールと、その日の空き時間を正直に公開する。その透明性を部下は好意的に受け止め、自身のスケジュールの組み方についてよく考えるようになるだろう。

■**カメラをオフにする**　シンプルに電話したほうが効果的なときがあるし、テレビ会議疲れ対策にもなる。気分転換に散歩しながら電話することをチームメイトに勧めてみよう。

Step 6 Tool 2

個別業務マニュアル（ＰＯＭ）ワークシート

ＰＯＭとは？

ＰＯＭ（業務マニュアルまたはユーザーマニュアル）とは、チームで共同作業をしやすくするために、ひとりひとりの価値観とコミュニケーションスタイルを明記した短い資料だ。短く簡潔につくり、データ化しておくと使いやすい。能動的で意欲が感じられる文章で、できれば1ページに収めよう。

ＰＯＭをつくる理由

ＰＯＭは次の点でチームの役に立つ。

- ■心理的安全性を構築する。
- ■コミュニケーションを改善する。
- ■各自のモチベーションを推し量る材料になる。
- ■共同作業をやりやすくする。

■共感力を育む。
■誤解を避ける。

POMには、新たにチームに加わったメンバーの習熟曲線を縮める効果もある。だが、対面のつながりの代わりにはならない。自分のPOMをチームに見せる前に、チームメンバーと直接話す機会を持ち、POMの背景情報と目的について伝えて、メンバーからの反応に耳を傾けよう。

POMのつくり方

POMは次の6項目で構成し、それぞれに短い説明文をつける。

■勤務スタイル
■自分の誤解されやすいところ
■希望のコミュニケーション方法（こうしたい）
■希望のコミュニケーション方法（こうしてほしい）
■価値観（重視するもの）

■価値観（許せないもの）

この後挙げる「参考になる質問」を読むと、自分を内省するヒントになる。読まずにすぐに自分のPOMを作成し始めても良いが、はじめに数分間時間をとって、希望する働き方、コミュニケーションの方法、重視するものについて考えをまとめることをおすすめする。

ブレインストーミングする

自分のユーザーマニュアルをつくる前に、少し時間をとって次の手順1～3に従い、自分を定義する言葉、概念、価値観を見つけてみよう。

手順1　自分を的確に表現する（勤務スタイル、自分の誤解されやすいところ）

当てはまる言葉をすべて丸で囲むか、ハイライトしましょう。

用心深い　慎重　分析的　形式にこだわる　好奇心旺盛　知識欲旺盛　几帳面

内向的　外向的　思いやりがある　共感力がある　周りを励ます　協調性がある
忍耐強い　度胸のある　率直　気張らずゆったりとした　人好きのする　負けず嫌い　粘り強い　勤勉　真面目　目的意識が高い　規則正しい　やる気のある
立ち直りの早い　社交的　情熱的　理解力がある　熱心　温かい　せっかち　雄弁　表現豊か　綿密　発明の才がある　友好的　柔軟　協力的　目的意識がある
手際の良い　創造的　問題解決能力のある　直感的　論理的　順応力のある　議論好き

あなたに当てはまる／当てはまらない特徴がほかにあれば、書きましょう。

手順2　希望のコミュニケーション方法（こうしたい、こうしてほしい）

当てはまる言葉をすべて丸で囲むか、ハイライトしましょう。

徹底的に準備する　情報は文字にする　情報を詳しく伝える　単刀直入に伝える
結果を重視する　常に正直でいる　誇張しない　根気強く支援する　アドバイス

を求める　友好的でいる　意欲的でいる　偏見を持たない　返答を気長に待つ　ざっくりとした概要を伝える　忍耐強さを持つ　まずは相手を知る　意見を求め、よく聞く　時間に配慮する　反論する　個別に話しかける　みんなの前で話しかける　フィードバックを返す　フィードバックを返させる　前向きに捉える　誠実でいる　先を見越して行動する　明瞭に話す　時間をかけて話を聞く　透明性を確保する　他人からの助言を求める　質問する　違う意見を受け入れる　勝利を讃える　解決策を提案する　効率の良い方法を提案する　革新的なアイデアを伝える　行動や返答にじっくり時間をかける

自分のキャッチフレーズにふさわしい／ふさわしくない言葉がほかにあれば、書きましょう。

手順3　価値観（重視するもの、許せないもの）

あなたが重視するものと反対に許せないものを、丸で囲むかハイライトしましょう。

立ち直る力　好奇心　協調性　やり抜く力　積極性　率直　勇気　思いやり　革新する力　問題解決能力　インクルージョン　正直　透明性　ユーモア　安全　多様性　誠実　明確　創造的　温かさ　規律正しさ　健全　意欲的　適応力　親切　向上心　多様な意見　公平さ　利己的　野心　他人に指導する　他人に意欲を与える　他人を守る　他人を支持する　認められる　理解される　外交力　弱みを見せる　他人の学ぶ姿を見る　他人の成功する姿を見る　他人が喜ぶ姿を見る　話に割り込む　衝突を避ける　受動攻撃性　人を見下す

あなたが重視する／許せないものがほかにあれば、書きましょう。

参考になる質問

POMづくりの役に立ちそうな質問を集めた。すべてに答える必要はないが、一読して自分に関係の深いものを見つけ、考えをまとめるヒントにしてほしい。

勤務スタイル

■あなたと一緒に働いている人は、あなたのオフィスでの存在感をどういい表すだろう？

■あなたは職場で内向的？　外向的？　それともまったく別のタイプ？

■いちばんやる気が出たり、情熱が湧いたりするのは、どのような働き方をするとき？

■論理または感情、データまたは直感のどちらに従う？

■大局を見るか細部を見るかでは、どちらに引かれる？

■仕事はあなたの生活にどのように組み込まれている？　仕事と仕事以外をはっきりと分けている？　それとも混じり合っている？

■過去に受けた性格診断やタイプ分けテストで、あなたの仕事への向き合い方についてどんな結果が出た？

■仕事以外の知り合いに「職場でのあなたはどんな人？」と聞かれたら、何と答える？

自分の誤解されやすいところ

■他人からの第一印象で、よく誤解されるところは？

■あなたの内面に関して、チームに理解してほしいがおそらくいまは認識されていない部分は？

■チームメンバーが職場でのあなたについていい表したとき、そこから抜けていそうな要素は？

希望のコミュニケーション方法（こうしたい）

■他人とやりとりをするとき、どの程度の単刀直入さと気配りを心がけている？　また、相手にはどの程度を求める？

■これまで受けたフィードバックでいちばん良かったのは何だろうか。どういった点が自分のためになった？

■あなたに本当に理解してほしいメッセージがあるとき、相手はどうするべき？

■とてもイライラさせられるコミュニケーションスタイルをとる人はいる？　それをヒントに、自分が思う良いコミュニケーションの要素を見つける。

希望のコミュニケーション方法（こうしてほしい）

■仕事で本当に辛い思いをした時期を思い出そう。そのとき周りが何をしてくれたら、あなたが少し楽になれただろう？

■あなたの弱みは何？　周りが何をしたら、あなたがそこを克服する助けとなるだろう？

■仕事について不安に思うことは？　その不安に足を引っ張られないために、チームに何ができるだろう？

価値観（重視するもの）

■あなたが尊敬する、またはそうなりたいと努力している人の特徴は何（その特徴が、あなたの重視するものである可能性が高い）？

■一緒に仕事をするのが好きな相手を思い浮かべる。その人のどんな特徴が、そう思う理由？

■チームやマネージャーにどのような属性を求める？

■されたら退職を考えるかもしれない、「許せない行為」はある？　自分がいちばん気にすることは何かがわかるかもしれない。

■あなたが重視するものの対極にあるのはどのような行為？

価値観（許せないもの）

■最近、何かまたは誰かにひどくイライラさせられたのはいつだろう。その状況のどういった点にイライラさせられた？

■仕事でイライラするとき、その原因は何？

■一緒に働く人に対して耐えられないと感じたのは、ほかにどんなとき？

POMテンプレート

次のテンプレートを埋めてPOMを作成しよう。

勤務スタイル

1.
2.
3.

自分の誤解されやすいところ

1.
2.
3.

希望のコミュニケーション方法（こうしたい）

1.
2.
3.

希望のコミュニケーション方法（こうしてほしい）

1.
2.
3.

価値観（重視するもの）

1.
2.
3.

価値観（許せないもの）

1.
2.
3.

Step 7 Tool 1

成果に基づく人事評価基準の事例集

インプット（ログインしていた時間、オフィスにいた時間）やアウトプット（クローズしたチケット数、電話した回数）に基づいた評価から、顧客、従業員、企業目標にどのような影響を与えたかの「成果」を測る評価へと移行できるよう、マネージャーを支援する必要がある。さまざまな企業でマネージャーが実際に取り入れている行動の例をここにまとめる。

個人レベル

■**入社直後の支援**　入社から30日、60日、90日後の明確な目標を設定する。たとえば、会社、部門、チームについてよく知るために、人間関係を構築し、過去の情報にアクセスし、各種グループに参加するなどだ。目標と当面のマイルストンを設定すると、目的と手法を全員が共有できるはずだ。

■**役割と責任の所在を明白に**　各メンバーが自分の部門での役割と部門横断チームでの任務をよく理解できるようにする。RACIマトリックスを活用して、主要なプロジェクトでの役割が実行責任者、説明責任者、相談先、報告先のうちどれなのかをはっきりとさせる。

■**目標と優先順位**　週次の1対1ミーティングを使って目標に対する進捗状況を確認し、優先順位の認識を確実に揃える。進捗状況はチームで共有し、優先順位も明記して、混乱を防いだり管理職が介入しなければならないような対立の芽を摘んだりする。

チームレベルのパフォーマンスとチーム内の人間関係

■**チームレベルの目標**　個人と同様、チームにも明瞭な目標が必要だ。長期的な目標（四半期サイクルなど）と当面の目標またはマイルストン（2週間サイクルなど）の両方を伝えて、チームの認識を揃える。進捗を測定する最重要な指標を3～5つ決め、チーム内だけでなく、部門外の関係者にも向けて発表する。たとえば売上目標、製品採用件数、採用候補者数などが使えるだろう。

■**優先順位**　目標と主要プロジェクトについての優先順位を明確に決める。主要プロジェクトの進捗状況は公開フォーラムで共有する。エスカレーションを推奨し、週次の「進捗確認」をエスカレーションした事柄の解決を図る会議にする。重要なプロジェクト10件を選び、目標に対するパフォーマンスを追跡管理する。

■**チームの健全性の指標**　チームのプロセスや関係性の改善を定期的に検討する習慣をつくる。たとえば、週次の確認会議で「ブロッカー（障害物）」レビューを行い、リソースの競合やビジネス上の課題がないか、プロジェクトを進めるために意思決定が必要な部分はないかを確認する。主要プロジェクトすべてに対して（四半期に一度の大規模リリースなどのタイミングで）「誰も責めない振り返り」を行い、結果を社内全体に公表する。これは、遅れや障害の犯人捜しをするのではなく、うまくいったことと改善機会に着目する、ポストモーテム評価（訳注／問題発生後の事後検証）である。

従業員エンゲージメント

■**採用プロセス**　自社の選考・採用プロセスを評価する。質の高い応募者の増加具合、オファーの受諾率、採用までにかかる日数、オファーと受諾の多様性の改善具合などが指標として使える。

■**人材の定着**　阻止できたはずの人員減、全体的な人員減、人材の転職先の記録を管理して、考えられる離職要因と競合企業の動向の理解につなげる。イグジット・インタビューを行って、離職要因の変化をつかむ。さまざまな属性別に、人員減の傾向と原因を分析する。

■**従業員エンゲージメント**　仕事への総合的な満足度を尋ねるのは指標としては曖昧かもしれないが、社内外の主要な変化（［例］方針変更、企業業績、競合企業の動向）は測定、追跡しておいたほうが良い。チームに次のような質問をして、ネットプロモータースコア（訳注／顧客が製品・サービスを周囲に推奨する度合いを尋ねて、顧客ロイヤルティを計測する指標）を出すとさらに良いだろう。自社を勤務先として友人に積極的に勧めたいと思っているか？　そもそも自社の未来に期待しているか？

■**仕事に対する満足度の主要因を理解する**　次のような点について従業員がどう感じているかを知る。この会社で良い仕事ができそうか？　結果を出すために必要な情報や人にアクセスしやすいか？　この会社は自分の能力開発に投資してくれるだろうか？　ここで成功できるか？　長期的な成功が期待できる位置にいるだろうか？

ビジネスの成果

■**重要な経済的指標**　次のような領域に着目する。売上高成長率に変化はあったか？　どの事業部門がいちばん業績が良いか、それはなぜか？　利幅と収益性の目標を理解して共有し、成長と最終損益のトレードオフについてはっきりと伝える。

■**ＥＳＧ（環境・社会・ガバナンス）とＤＥ＆Ｉ（ダイバーシティ・エクイティ＆インクルージョ

ン）の目標の達成度合い**　自社のESG目標を社内外に対してどう明確に宣言するか？　その達成度を測定しているか？　DE&I目標を設定したか？　それを推進する責任者は誰か？　どのベンチマークツールを使用するか？　ESGとDE&Iのどの要素をいちばん重視していて、その進捗を社内外にどのように発表するか？

■**カスタマーサクセス**　従業員エンゲージメントを高める方向に変革を進めながら、引き続き、顧客満足度、純顧客維持率、事業成長率の変動も併せて注視し、比較する。

■**ロードマップ**　職場に柔軟性を取り入れる過程で、製品ロードマップ、販売パイプライン、従業員エクスペリエンスを過去の基準と比較する指標をつくり、進捗を追う。新しい働き方に切り替えた後、好調なのはどの部分で、苦戦しているのはどのチームだろう？　それは企業全体の目標にどのように影響するだろう？

Step 7 Tool 2

従業員が離職する可能性を把握する3つの質問

ステップ7のツール1の従業員エンゲージメントの項目で、柔軟な働き方の新方針に対する従業員の反応の測り方を紹介したが、この指標はバックミラー指標にすぎない。マネジメント・リーダーシップ・フォー・トゥモローが考案した、「はい」か「いいえ」で答えられる3つの簡単な問いを使うと、従業員が会社にとどまる可能性をざっくりと把握できる。

■会社が自分のキャリア開発や前進のために投資してくれていると感じる。
■この会社で自分は成功できそうだと感じる。
■自分は長期的な成功を期待できる位置にいると感じる。

Step 7 Tool 3

BCGによるチームの成功を測るアンケート

ボストン・コンサルティング・グループ（BCG）のプロジェクトチームは週次もしくは隔週で、主要な成功指標を測定するアンケートを実施している。成功指標として測るのは、企業文化だけでなく、個人のやりがいと組織内での自分の価値、学ぶ力と成長する力、マネージャーと同僚に対して感じる心理的安全性の程度なども含まれる。次の項目に対して1〜4で回答してもらう（1＝そう思う、2＝どちらかといえばそう思う、3＝どちらかといえばそう思わない、4＝そう思わない）。

■現行のプロジェクトで自分は全体的にプラスの経験をしている。
■チームは成果を重視し、顧客に価値を提供している。
■自分の成長と学びに満足している。
■自分が持つスキルと自分の貢献は、チームから重宝されている。
■チームで誠実な行動をとり、BCGの価値観に沿った決断をしていると感じている。
■チーム内で意見を述べることにストレスがない。

■自分が社内で成功するために必要なことをできている。
■チームでは、メンバー同士への配慮がある。
■チームは協力的でインクルーシブな環境を保持している。
■チームで協力し合って、効果的に効率よく作業を進めている。
■チームの役割、優先順位、目標について、チーム全員が明確に理解している。
■過去数週間の自分の仕事の負荷は、これからも持続可能な量だった。
■プライベートな用事と重要な評価指標の両方を守れる程度の予測可能性が、自分の勤務スケジュールにはあると感じている。
■ある業務の担当役員と専任チームが、確実にプラスの勤務環境をつくれるよう協力し合っている。
■自分のチームは定期的に働き方と出勤頻度を見直し、強い目的があるか、クライアントに価値をもたらすか、チームの共同作業を推進しているかを必ず確認している。
■オフィス出勤するかどうか、メンバーと集まって働くかどうかについてチームでオープンに話し合うことができ、そのおかげで仕事がやりやすくなっていると感じられる。

謝辞

私たち3人がFuture Forum設立に向けてチームを組んだときは、この冒険の行き着く先がどこになるのか、よくわからなかった。働き方の再設計が持つ可能性を信じる仲間がこれほどたくさんいて、私たちに賛同し、熱く経験談を語り、学んだことを伝えてくれるとは、当時は知るよしもなかった。皆さんからの協力なしには、この本が形になることはなかっただろう。

この分野に関する数十年分の実践と調査を基盤に、Future Forumチームによるプレイブック、調査レポートから調査グループの活動成果までをこの本に盛り込んだ。Future Forumに設立から関わり、汗と涙を流して一緒に取り組んできてくれたチームの皆さん、とりわけデイヴ・マクニー、マディ・チミノ、エライザ・サラソン、タリン・ブリム、ジャック・ハンスリー、カタリーナ・スタッカー、アリ・アイルズに感謝している。

私たちの知見は、クリスティーナ・ジャンザー、ルーカス・プエンテ、マーク・リヴェラが率いる最高の研究チームの研究に根ざしている。彼らは研究成果とその要約だけでなく、ストーリーテリングのスキルも持ち込んでくれた。また、この本で研究結果を引用している学界の専門家陣との関係構築にも手を貸してくれた。

Future Forumの「役員会」からの後援、励まし、助言がなければ、この本も私たちの活動も存在しなかっただろう。スチュワート・バターフィールドとデイヴィッド・シェルハスから受けた多大なる恩義に心から感謝している。ふたりは私たちの活動を始動させ、アイデアとフィードバックを与え、「これ以上にない最高の状態」に押し上げてくれた。ロビー・クウォク、ジョナサン・プリンス、ナディア・ローリンソン、ジュリー・リーグル、ボブ・フラティ、タマル・イェホシュアも、のちにパートナーとして私たちを支えてくれた。

Future Forumの成果は、Slackで働く仲間たちと、仕事をもっとシンプルで楽しく生産的にすることにかける情熱だけで成り立っているわけではない。働き方を良くする絶好のチャンスが訪れていると信じるパートナーの方々のおかげでもある。デビー・ロビッチ率いるボストン・コンサルティング・グループのチーム、ライアン・アンダーソンとジョセフ・ホワイト率いるミラーノルのチーム、ティナ・ギルバートとケヴィン・ドナヒュー率いるマネジメント・リーダーシップ・フォー・トゥモローのチームに謝意を示したい。この共同プロジェクトが発するメッセージを広く世に伝えるために、それぞれの専門知識、研究結果、そしてエネルギーをつぎ込んでくれた。

3人で本を共同執筆するというのは、明確に役割分担をする一方で、役割を取っ払って遠慮なく指摘し合う必要もあるという、なかなか難しい作業だった。もとからお互いをよく知っていなければうまくいかなかっただろうし、クリスタ・ブルグの尽力と励まし、専門知識がなければまず成しえなかっただろう。クリスタは、新米著者の私たちにも、過剰な情報量にも、50語でこと足りるところを500語も書いてしまう悪い癖にも、忍耐強く付き合ってくれた。

クリスタの存在が、そして優秀なエージェントであるキャサリン・フリンからの指導と支援が、著者として進むべき道を示してくれた。特に初期にキャサリンの協力がなかったら、まず書き始められなかっただろう。そもそもアダム・グラントの力添えがなければ、キャサリンに出会うことすらなかった。世界一熟達した頼もしいリモートワーカーとしてのアダムの仕事ぶりを、私たちは敬愛している。

Future Forum設立以来、本の出版はずっと頭のなかにあった。でも踏み出すには火付け役が必要で、その役目となってくれたのがワイリーのマイク・キャンベルだ。私たちは出版業界の常識を無視した希望を出して何度もマイクに迷惑をかけたし、本を書き始めた人が必ずぶつかる苦難の洗礼も受けた。執筆作業は本当に大変で、題名やカバーデザインとなればもう私たちの手には負えないのだ。書籍の見た目も、メッセージを伝えるのに欠かせない。アレク・ババラの作品と、私たちが何度も方向性を変えるのに付き合ってくれた忍耐力に、感謝している。ワイリーの敏腕編集長ドーン・キルゴアにも感謝の気持ちを伝えたい。

調査結果をもとに書かれた本には、事実という強固な基盤がある。でも、調査から得た知見を現実世界で活かせるようにと、私たちはストーリーの力を借りて内容を伝えてきた。個人的なストーリーを快く語ってくれた皆さんや、特にSlackのマイク・ブレボート、スチュワート・バターフィールド、カル・ヘンダーソン、ハロルド・ジャクソン、ドーン・シャリファンには感謝しきれない。調査の過程で得られたたくさんの学びは、『Future Forumのブログ記事で紹介している。その基盤を築いてくれたのは、テッド・ゲッテン、アリエル・ハンスベルガー、ジェイド・ハンリー、ロス・ハームズ、エブリン・リー、ドーン・シャリファン、クリステン・スワンソン、サル・ワーナーをはじめとしたSlackのすばらしい同僚たちだ。オードリー・カーソン、ジェシカ・ラーマン、ジュリー・マリンズ、スティーブ・シャープ、シンディ・ウィーラーという仲間に恵まれていなければ、この本を目にする人はいなかったと思う。

この本をつくる過程でいちばん楽しかった思い出の1つが、アマンダ・アトキンス、アンナ・ピカード、ジャレド・シュワルツとのある「打ち合わせ」だ。3人と一緒に考えた題名は本当に面白かったけれど、結局使わなかった。次はもっと良い案を出せる気がする。アンナはほかにも、Future Forum のマニフェストが良くない、がちがちの企業用語を使いすぎだと指摘してくれた。だからこの本からはマニフェストを省き、そもそものマニフェスト自体も廃止した。人間らしい文章の大切さを思い出させてくれて、どうもありがとう。

企業の幹部メンバーに自社の課題について公表を前提で話してもらうのは簡単ではないが、たくさんの方々が読者のためにと快く経験談を語ってくれた。その真価をこの本で余さず伝えられたと思いたい。ジェネンテックのレイチェル・アリソンとアンジェラ・パレルモ、アトラシアンのアヌ・バラドワジ、Dropbox のメラニー・コリンズとアラステア・シンプソン、デルのエリン・デュフェイ、ロイヤル・バンク・オブ・カナダのヘレナ・ゴットシュリング、IBM のニックル・ラモロー、リーバイ・ストラウスのトレイシー・レイニー、MURAL のマリアーノ・スアレス＝バタンから話を聞かせてもらったが、いずれも広く世のため人のためとなる経験談ばかりだった。

この本に書いた考え方やアイデアで、私たちが創造したものはほんの一部だ。話を聞かせてくれた企業の習慣や文化に加え、専門家たちの偉業も貴重な情報源となった。プリトラージ・チョードゥリー、ハイディ・ガードナー、アダム・グラント、パメラ・ハインズ、ブライアン・ローリー、プリヤ・パーカー、レスリー・パーロウ、エラ・ワシントン、アニタ・ウーリーにはたいへん感謝している。
私たち3人も、それぞれの情熱と持論を胸に、多くの人々に支えられながらこの仕事に取り組んできた。

ブライアン

まずは私の根っことなるところから。両親は大人になる前に私を授かり、それ以降惜しみなく愛情と支えに、私はいつもいつまでも感謝している。母のベッキー・ブライアンは、私のヒーローだ。子ども2人をひとりで育てながら大学に戻り、仕事も続け、上級学位をとって、がん患者支援組織を運営し、最終的にはホスピスを運営している。精神的にも楽とはいえない仕事だ。私の父、ビル・エリオットとは夏によく語り合ったのを覚えている。チームで仕事を行うことやチームの構築方法についてなど、いまも私のなかに根付いている学びをたくさんもらった。いつも私の後ろをついてまわっていた弟のマットは、いまは親友であり、素敵な夫であり父親だ。

今回の挑戦に一緒に取り組んでくれたヘレンとシーラへの感謝も尽きない。これ以上にない最高の共同設立者だ。仕事に関してもプライベートに関しても、ふたりから本当にたくさんのことを教えてもらった。フルタイムで働きながら本を執筆するのは本当に大変だ。幼い子どもたちを育てながらと妊娠しながらとなると、ほぼ不可能に近い。ふたりは情熱ばかりではなく、深い専門知識と学びへの意欲を抱いてこの仕事に取り組んでいる。これ以上の仲間はいない。

私の子どもたち、コナーとライリーは、もう子どもという年齢ではない。立派な若者で、私にはもうふたりのジョークの半分も理解できないのだが、ふたりとの時間を愛おしく思っている。

かつての私は、生きるために仕事をするのではなく、ただ仕事のために生きていた。子どもに見せてきた姿を反省しているし、ここ数年で私が学んだ成果を見て、彼らのバランス感覚が戻ってくれることを祈っている。私の相棒であり、配偶者であり、大親友であるモーリーンには、特大の代償を支払わせてしまった。仕事は融通がきかないものと思い込んでいたので、私は本当に意味のある形で隣にいなかったのだ。「デフォルト・ペアレント」という言葉の意味と、自分が「デフォルト」側ではないことを知ってようやく、私は変わり始めた。この本の執筆とFuture Forumの設立は、この先も続く私の学びと成長の道の通過点だ。この道でモーリーンほど頼りになる人はいない。私のコーチでありサポーターであり、人生最愛の人でいてくれて、どうもありがとう。

シーラ

私の両親、ラマムージーとシャマラにとって、仕事は達成感の源ではなかった。移民としてこの国に来た者として、仕事は家族を養うための務めだった。でも、うちの玄関のドアを開けたら、ふたりともいっさい仕事の話はしなかった。両親の仕事に対する向き合い方を私と弟は手本にしてきたけれど、何よりも強く私たちのなかに根付いたのは、家族、友人、コミュニティを最優先する価値観だ。人生における仕事の意味を好きに定義するという、自分たちは手にできなかった機会を両親は私に与えてくれた。どうもありがとう。それから、私がいちばん辛い時期に、諦めないでと励ましてくれた弟のサティシュにも感謝している。

ブライアンとヘレンへ。Future Forum の旅を始めたときは、いったいどこに行き着くのか見当もつかなかったことを覚えているだろうか？　私たちの期待を超える旅路になったのではないかと感じている。ふたりとの友情は私にとって何よりも大切で、これまでのキャリアのなかでも最高の時間を過ごしている。どうもありがとう。

私の夫で相棒、親友でもあるエリックへ。真のパートナーシップとは何たるかを体現してくれてありがとう。テッド・ラッソ（訳注／ドラマ『テッド・ラッソ』に登場する破天荒でポジティブなサッカーコーチ）ばりの安っぽさを誇る「エリックイズム」で励ましてくれるところはさておき、エリックのおかげで私は、仕事の野心と育児は両立できないと感じたことが一度もない。私から娘や姪たちに残せるいちばんの遺産について、いつも思い出させてくれてありがとう。ちなみに遺産とは、女性は「男性社会の常識に従って勝負する」必要はなく、「勝負」自体の性質を変える力を持っている、と伝えることだ。

そして私の魅力あふれる娘たち、姪たち、私が人生で出会ってきた、これからすばらしいことを成し遂げる女性の皆さんへ。皆さんはこの本のインスピレーションの源だ。いつもいつまでも応援している。

ヘレン

私の両親、エドワードとアン・リーがいなければ、自分と周囲の人たちのためにより良い働き方を形づくるという役目にはついていなかっただろう。父は、ロサンゼルスからサンフランシスコまでの片道300マイルを毎週飛行機で出勤していた。母は私の子ども時代のほとんどの期間、チャイナタウンのお店と郵便局の夜勤という2つの仕事を掛け持ちしていた。私と兄が学び、成長した愛情あふれる温かい家庭をつくりながら、そのすべてのバランスをいったいどうやってとっていたのか、いまだにわからない。感謝してもしきれない。

シーラとブライアンへ。これは本当に現実なのだろうかと、いまも自分をつねってみることがある。本を執筆し、新しい流れを生むというのは、なんてすばらしい任務だろう。そんな仕事に、私が心から敬服する（そして尊敬しない日はない）ふたりと取り組むことができるのは、本当に名誉なことだ。リーダーとして、友人として、人間同士として、毎日刺激をくれてどうもありがとう。

私の夫、味方、友人であり、誰よりも大きな声で応援してくれるネートにもお礼を伝えたい。私はいつも「励ましはもう十分」といってしまうけれど、いつも私を信じてくれて、背中を押してくれてありがとう。「母親でいる」ために夢を犠牲にするなんてことを許さず「イーサンとコーヒーを買ってくる」や「イーサンと庭いじりしてくる」といって、私が思考し、書き、仕事をし、ときにただ運動する時間を数え切れないほどつくってくれた。いつもできる限りの精神的負荷を背負いこんでくれ、平等なパートナーシップとはどのような感じかを日々の行動で示してくれて、どうもありがとう。

息子と幼い娘へ。ふたりがいるから私は頑張れている。職場と家で同じくらいの時間を過ごす母親でありたい。ふたりが仕事と家庭の在り方を好きなように決められるよう道をつくりたい。そして、人生の一瞬一瞬を、大きなことから小さなことまで、あなたたちと一緒に楽しみ尽くしたい。

本書に登場する専門家

〈企業の役員〉

レイチェル・アリソン　ジェネンテック 人材戦略部長

ライアン・アンダーソン　ミラーノル グローバルリサーチ＆インサイト担当バイス・プレジデント

ティナ・ギルバート　マネジメント・リーダーシップ・フォー・トゥモロー 常務理事

ヘレナ・ゴットシュリング　ロイヤル・バンク・オブ・カナダ（RBC）最高人事責任者

メラニー・コリンズ　Dropbox 最高人事責任者

ドーン・シャリファン　Slack 人事部長

アラステア・シンプソン　Dropbox デザイン担当バイス・プレジデント

マリアーノ・スアレス - バタン　MURAL 共同創業者／CEO

エリン・デュフェイ　デル・テクノロジーズ 人事テクノロジー担当バイス・プレジデント

スチュワート・バターフィールド　Slack CEO／共同創業者

アヌ・バラドワジ　アトラシアン 最高執行責任者
ドミニク・プライス　アトラシアン ワーク・フューチャリスト
カル・ヘンダーソン　Slack 最高技術責任者／共同創業者
ジョセフ・ホワイト　ミラーノル デザイン戦略部門長
ダレン・マーフ　GitLab リモート統括責任者
ニックル・ラモロー　ＩＢＭ 最高人事責任者
トレイシー・レイニー　リーバイ・ストラウス 最高人事責任者
デビー・ロビッチ　ボストン・コンサルティング・グループ マネージング・ディレクター＆シニア・パートナー

〈学者、ソートリーダー〉
アニタ・ウーリー　カーネギーメロン大学テッパースクールオブビジネス組織行動学准教授、『Handbook of Collective Intelligence』（邦訳なし）の共著者
エイミー・エドモンドソン　ハーバードビジネススクールのリーダーシップ・経営論教授、『恐れのない組織――「心理的安全性」が学習・イノベーション・成長をもたらす』（英治出版、２０２１年）の著者

ハイディ・ガードナー　ハーバード・ロースクールの特別フェロー、『Smarter Collaboration』（邦訳なし）の著者

アダム・グラント　ペンシルベニア大学ウォートン校教授、『THINK AGAIN――発想を変える、思い込みを手放す』（三笠書房、２０２２年）の著者、ポッドキャスト「WorkLife」のホスト

プリトラージ・チョードゥリー　ハーバードビジネススクール准教授、記事「リモートワークで組織の生産性を高める方法」の筆者

セダール・ニーリー　ハーバードビジネススクール教授、『リモートワーク・マネジメント――距離と孤独を乗り越える強いチームづくり』（アルク、２０２１年）の著者

プリヤ・パーカー　スライブ・ラボ創設者、『最高の集い方――記憶に残る体験をデザインする』（プレジデント社、２０１９年）の著者

レスリー・パーロウ　ハーバードビジネススクール教授、『Sleeping with Your Smartphone: How to Break the 24/7 Habit and Change the Way You Work』（邦訳なし）の著者

ブライアン・ローリー　スタンフォード大学経営大学院上級副学部長、ポッドキャスト「Know What You See」のホスト

エラ・ワシントン　ジョージタウン大学マクドノー・スクール・オブ・ビジネス教授、Ellavate SolutionsのＣＥＯ

著者について

ブライアン・エリオット

ブライアン・エリオットは、Future Forumのエグゼクティブ・リーダー兼シニア・バイス・プレジデント。Future Forumは、デジタルファーストの世界で新しい働き方を創造していく企業を支える目的で、Slackが立ち上げたコンソーシアムのこと。ブライアンは以前はSlackでプラットフォーム担当バイス・プレジデント兼ゼネラル・マネージャーを務め、プラットフォーム関連の戦略と実行を監督していた。Slackのプラットフォームはグーグル、マイクロソフト、オラクル、セールスフォース、Workdayなどが提供する企業向けツールに加え、2300を超えるツールやサービスと連携している。

ブライアンはSlack入社前は、グーグルのフルスタックのオンラインショッピングプラットフォームであるGoogle Expressのゼネラル・マネージャーを務め、製品、エンジニアリング、運用、市場進出の分野に貢献した。グーグル入社以前には、何千ものオンラインビジネスにソフトウェアプラットフォームを提供するMonsoon Commerceや、グローバルなオンラインマーケットプレイスのAlibrisなどのスタートアップでCEO

を務め、さらに前にはボストン・コンサルティング・グループでコンサルタントをしていた。

ノースウェスタン大学で数学と経済学の学士号、ハーバードビジネススクールでMBAを取得。執筆した記事は『ハーバード・ビジネス・レビュー』誌、『フォーチュン』誌、『エコノミスト』誌、『ニューヨーク・タイムズ』紙に掲載、引用されている。ブライアンとパートナーのモーリーンは、すばらしい若者2人と愛犬ユキの親であることを誇りに思っている。

シーラ・スブラマニアン

シーラ・スブラマニアンは、Future Forumのバイス・プレジデント。Slackのグローバル企業マーケティング部長を務めてB2B企業への転身を率いるなど、複数のリーダー職を経験してきた。プロダクトマーケティングチームのリーダー就任時には、Slackの企業向け領域やさまざまな国への進出に貢献した。

Slack入社以前には、新興市場向けにインターネットを拡充する国際的なスタートアップ数社に勤め、運営に携わり、会社を成長へと導いた。シーラの最初のキャリアはグーグルで、幅広い製品のマーケティングと戦略策定に携わった。とりわけ大きな功績は、グーグルにグローバル市場開拓チームを共同開設して、グローバル市場と多文化市場の開拓活動を率いたことだ。

スタンフォード大学で学士号、ハーバードビジネススクールでMBAを取得。公平な職場づくりを熱心に提唱し、スタンフォード大学の人種・エスニシティ比較研究センターの諮問委員会の一員を務める。執筆した記事は『ファスト・カンパニー』誌、『ウォール・ストリート・ジャーナル』紙、『ニューヨーク・タイムズ』紙、『Inc.』誌に掲載、引用されている。魅力あふれる2人の娘の母親であることとオークランド生まれであることを誇りに思っている。

ヘレン・カップ

ヘレンはFuture Forumの製品戦略&パートナーシップ担当シニア・ディレクターとして、メンバーシップ・プログラム開発と戦略的パートナーシップを先導している。以前はSlackの戦略&アナリティクスチームのリーダーを務め、国外展開と戦略策定、専門的サービスの構築、Slack全体の資金調達とDPO（直接上場）に向けた活動など、部門横断の取り組みをいくつも推進した。

Slack入社以前は、ThumbtackとBloomReachで事業運営と製品を担当する役割を複数経験し、主にプログラムと機能の新規立ち上げと規模拡大に取り組んだ。ＩＴ業界に入る前は、ベイン・アンド・カンパニーでコンサルタントとして活躍した。

カリフォルニア工科大学で理学士号、ハーバードビジネススクールでＭＢＡを取得。自称「内向的な性格」で、やんちゃな幼児と小さな赤ちゃんの母親。FutureForum.comにプレイブックを投稿している。育児や誰かの世話をしながら働く人々に向けた支援の強化を訴え、熱心に活動を続けている。

原注

未来の働き方について考える

1.「9 時から 5 時」の働き方はもう機能しない

1. The Startups Team (2018). 'Slacking Off: Interview with Stewart Butterfield', Startups.com. Available at: https://www.startups.com/library/founder-stories/stewart-butterfield (Accessed: 18 November 2022).
2. Curran, E. (2021). 'Goldman says pandemic is shaping a more productive US economy', *Bloomberg*, 12 July. Available at: https://www.bloomberg.com/news/articles/2021-07-13/goldman-says-pandemic-is-shaping-a-more-productive-u-s-economy (Accessed: 18 November 2022).
3. Deloitte (2021). 'Fortune/Deloitte CEO Survey: Fall 2021 Highlights', Available at: https://www2.deloitte.com/content/dam/Deloitte/us/Documents/about-deloitte/us-fortune-deloitte-CEO-survey-fall-2021-highlights-final.pdf (Accessed: 18 November 2022).
4. Subramanian, S. (2020). 'Farewell to the office?', *Future Forum*, 19 November. Available at: https://futureforum.com/2020/11/19/is-it-time-to-say-farewell-to-the-office/ (Accessed: 18 November 2022).
5. Thompson, D. (2014). 'A formula for perfect productivity: Work for 52 minutes, break for 17', *The Atlantic*, 17 September. Available at: https://www.theatlantic.com/business/archive/2014/09/science-tells-you-how-many-minutes-should-you-take-a-break-for-work-17/380369/ (Accessed: 18 November 2022).
6. Jacobson, L. (2015). 'Unions did not create the eight-hour work day and the 40-hour week. Henry Ford did', *Politifact*, 9 September. Available at: https://www.politifact.com/factchecks/2015/sep/09/viral-image/does-8-hour-day-and-40-hour-come-henry-ford-or-lab (Accessed: 18 November 2022).
7. Suzman, J. (2021). *Work: A deep history from the stone age to the age of robots*. New York: Penguin Publishing Group.
8. Cianciolo, B. and Vasel, K. (2021). 'The pandemic changed the way we work. 15 CEOs weigh in on what's next', *CNN Business*, 9 September. Available at: https://www.cnn.com/interactive/2021/09/business/perspectives/future-of-work-pandemic/index.html (Accessed: 18 November 2022).
9. Cianciolo, B. and Vasel, K. (2021). 'The pandemic changed the way we work. 15 CEOs weigh in on what's next', *CNN Business*, 9 September. Available at: https://www.cnn.com/interactive/2021/09/business/perspectives/future-of-work-pandemic/index.html (Accessed: 18 November 2022).

2. 柔軟な働き方を進めるべきこれだけの理由

1. Jones, S. (2021). 'Dropbox's billionaire founder Drew Houston says the 40-hour office week is a thing of the past and the pandemic has changed work', *Business Insider*, 28 September. Available at: https://www.businessinsider.com/dropbox-drew-houston-40-hour-office-work-week-is-over-2021-9 (Accessed: 18 November 2022).
2. Future Forum (2021). 'The great executive-employee disconnect', October. Available at: https://futureforum.com/wp-content/uploads/2021/10/Future-Forum-Pulse-Report-October-2021.pdf (Accessed: 18 November 2022).
3. Deloitte (2021). 'Summer 2021 Fortune/Deloitte CEO Survey', Available at: https://www2.

deloitte.com/content/dam/Deloitte/us/Documents/about-deloitte/us-ceo-survey-overview-summer-2021.pdf (Accessed: 18 November 2022).

4. Future Forum (2021). 'Winning the war for talent in the post-pandemic world', 15 June. Available at: https://futureforum.com/2021/06/15/future-forum-pulse/ (Accessed: 18 November 2022).
5. Fuller, J. B. and Raman, M. 'The caring company: How employers can cut costs and boost productivity by helping employees manage caregiving needs', *Harvard Business School*. Available at: https://www.hbs.edu/managing-the-future-of-work/research/Pages/the-caring-company.aspx (Accessed: 18 November 2022).
6. Future Forum (2021). 'Winning the war for talent in the post-pandemic world', 15 June. Available at: https://futureforum.com/2021/06/15/future-forum-pulse/ (Accessed: 18 November 2022).
7. Bersin, J. (2013). 'Employee retention now a big issue: Why the tide has turned', *LinkedIn*, 16 August. Available at: https://www.linkedin.com/pulse/20130816200159-131079-employee-retention-now-a-big-issue-why-the-tide-has-turned/ (Accessed: 18 November 2022).
8. Gandhi, V. and Robison, J. (2021). 'The "Great Resignation" is really the "Great Discontent"', *Gallup*, 22 July. Available at: https://www.gallup.com/workplace/351545/great-resignation-really-great-discontent.aspx (Accessed: 18 November 2022).
9. Harter, J. (2021). 'U.S. employee engagement rises following wild 2020', *Gallup*, 26 February. Available at: https://www.gallup.com/workplace/330017/employee-engagement-rises-following-wild-2020.aspx (Accessed: 18 November 2022).
10. Chamorro-Premuzic, T. (2015). 'Why group brainstorming is a waste of time', *Harvard Business Review*, 25 March. Available at: https://hbr.org/2015/03/why-group-brainstorming-is-a-waste-of-time (Accessed: 18 November 2022).
11. Future Forum (2021). 'Winning the war for talent in the post-pandemic world', 15 June. Available at: https://futureforum.com/2021/06/15/future-forum-pulse/ (Accessed: 18 November 2022).
12. Choudhury, P. (R.) (2021). 'Our work-from-anywhere future', *Harvard Business Review*, November–December. Available at: https://hbr.org/2020/11/our-work-from-anywhere-future (Accessed: 18 November 2022).
13. Lorenzo, R., Voigt, N., Tsusaka, M. and Krentz, M. (2018). 'How diverse leadership teams boost innovation', *BCG*, 23 January. Available at: https://www.bcg.com/en-us/publications/2018/how-diverse-leadership-teams-boost-innovation (Accessed: 18 November 2022).
14. JoshBersin.com (2015). 'Why diversity and inclusion has become a business priority', 7 December. Available at: https://joshbersin.com/2015/12/why-diversity-and-inclusion-will-be-a-top-priority-for-2016/ (Accessed: 18 November 2022).
15. McKinsey & Company (2021). 'Race in the workplace: The black experience in the U.S. private sector', 21 February. Available at: https://www.mckinsey.com/featured-insights/diversity-and-inclusion/race-in-the-workplace-the-black-experience-in-the-us-private-sector (Accessed: 18 November 2022).
16. Subramanian, S. (2021). 'Moving from retrofit to redesign on diversity, equity, and inclusion: A how-to guide for leaders', *Future Forum*, 15 June. Available at: https://

futureforum.com/2021/06/15/moving-from-retrofit-to-redesign/ (Accessed: 18 November 2022).

17. Subramanian, S. (2021). 'Moving from retrofit to redesign on diversity, equity, and inclusion: A how-to guide for leaders', *Future Forum*, 15 June. Available at: https://futureforum.com/2021/06/15/moving-from-retrofit-to-redesign/ (Accessed: 18 November 2022).
18. William Samuelson, W. (1988). 'Status quo bias in decision making', *Journal of Risk and Uncertainty*, 1, pp. 7–59. Available at: https://web.mit.edu/curhan/www/docs/Articles/biases/1_J_Risk_Uncertainty_7_(Samuelson).pdf (Accessed: 18 November 2022).

7つのステップで未来の働き方を実現する

Step 1「方針」を策定する

1. Keller, V. (2015). 'The business case for purpose', *Harvard Business Review*. Available at: https://assets.ey.com/content/dam/ey-sites/ey-com/en_gl/topics/digital/ey-the-business-case-for-purpose.pdf (Accessed: 18 November 2022).
2. Pendleton, D. (2021). 'CEO who built GitLab fully remote worth $2.8 billion on IPO', *Bloomberg*, 14 October. Available at: https://www.bloomberg.com/news/articles/2021-10-14/radical-transparency-pays-off-for-gitlab-ceo-worth-2-billion（Accessed: 18 November 2022）.
3. Sarasohn, E. (2021). 'The great executive-employee disconnect', *Future Forum*, 5 October. Available at: https://futureforum.com/2021/10/05/the-great-executive-employee-disconnect/ (Accessed: 18 November 2022).

Step 2「ガードレール」を決める

1. Cohen, J. R. and Single, L. E. (2001). 'An examination of the perceived impact of flexible work arrangements on professional opportunities in public accounting', *Journal of Business Ethics*. Available at: https://doi.org/10.1023/A:1010767521662 (Accessed: 18 November 2022).
2. Barrero, J. M., Bloom, N. and Davis, S. J. (2021). 'Don't force people to come back to the office full time', *Harvard Business Review*, 24 August. Available at: https://hbr.org/2021/08/dont-force-people-to-come-back-to-the-office-full-time (Accessed: 18 November 2022).
3. Telstra 'Our leadership team'. Available at: https://www.telstra.com.au/aboutus/our-company/present/leadership-team (Accessed: 18 November 2022).
4. Jones, S. (2021). 'Slack is telling execs to limit their office days to 3 a week to encourage other staff to work from home', *Business Insider*, 29 September. Available at: https://www.businessinsider.com/slack-executives-come-into-office-less-set-remote-work-example-2021-9 (Accessed: 18 November 2022).
5. Sarasohn, E. (2021). 'The great executive-employee disconnect', *Future Forum*, 5 October. Available at: https://futureforum.com/2021/10/05/the-great-executive-employee-disconnect/ (Accessed: 18 November 2022).
6. Parker, P. (2020). *The Art of Gathering: How We Meet and Why It Matters*. New York: Penguin Publishing Group.［プリヤ・パーカー『最高の集い方――記憶に残る体験をデザインする』（関美和訳、2019年、プレジデント社）］
7. Perlow, L. A., Hadley, C. N. and Eun, E. (2017). 'Stop the meeting madness', *Harvard Business Review*, July–August. Available at: https://hbr.org/2017/07/stop-the-meeting-

madness (Accessed: 18 November 2022).
8. Chamorro-Premuzic, T. (2015). 'Why group brainstorming is a waste of time', *Harvard Business Review,* 25 March. Available at: https://hbr.org/2015/03/why-group-brainstorming-is-a-waste-of-time (Accessed: 18 November 2022).
9. Mullen, B., Johnson, C. and Salas, E. (1991). 'Productivity loss in brainstorming groups: A meta-analytic integration', *Basic and Applied Social Psychology,* 12. Available at: https://www.tandfonline.com/doi/abs/10.1207/s15324834basp1201_1?journalCode=hbas20 (Accessed: 18 November 2022).
10. Stanford VMware Women's Leadership Innovation Lab (2021). 'Fostering inclusive workplaces: The remote work revolution', 12 October.

Step 3 チームの「取り決め」を定める

1. Schiffer, Z. (2021). 'Apple asks staff to return to office three days a week starting in early September', *The Verge,* 2 June. Available at: https://www.theverge.com/2021/6/2/22465846/apple-employees-return-office-three-days-week-september (Accessed: 18 November 2022).
2. Schiffer, Z. (2021). 'Apple employees push back against returning to the office in internal letter', *The Verge,* 4 June. Available at: https://www.theverge.com/2021/6/4/22491629/apple-employees-push-back-return-office-internal-letter-tim-cook (Accessed: 18 November 2022).
3. Amazon.com (2021). 'Amazon offering teams more flexibility as we return to office', 12 October. Available at: https://www.aboutamazon.com/news/workplace/amazon-offering-teams-more-flexibility-as-we-return-to-office (Accessed: 18 November 2022).
4. Kupp, H. (2021). 'The hybrid how-to: How leaders can embrace flexible working models', *Future Forum,* 15 June. Available at: https://futureforum.com/2021/06/15/the-hybrid-how-to/ (Accessed: 18 November 2022).
5. Riedl, C. and Williams Woolley, A. (2020). 'Successful remote teams communicate in bursts', *Harvard Business Review,* 28 October. Available at: https://hbr.org/2020/10/successful-remote-teams-communicate-in-bursts (Accessed: 18 November 2022). [「遠隔コミュニケーションの「バースト性」をどう高めるか」https://dhbr.diamond.jp/articles/-/7305]
6. Perlow, L. A., Hadley, C. A. and Eun, E. (2017). 'Stop the meeting madness', *Harvard Business Review,* July–August. https://hbr.org/2017/07/stop-the-meeting-madness (Accessed: 18 November 2022).
7. Ramachandran, V. (2021). 'Stanford researchers identify four causes for "Zoom fatigue" and their simple fixes', *Stanford News,* 23 February. Available at: https://news.stanford.edu/2021/02/23/four-causes-zoom-fatigue-solutions/ (Accessed: 18 November 2022).

Step 4 メンバーを巻き込む

1. Dam, R. F. and Siang, T. Y. '5 stages in the design thinking process', *Interaction Design Foundation.* Available at: https://www.interaction-design.org/literature/article/5-stages-in-the-design-thinking-process (Accessed: 18 November 2022).
2. Duck, J. D. (1993). 'Managing change: The art of balancing', *Harvard Business Review,* November–December. Available at: https://hbr.org/1993/11/managing-change-the-art-of-balancing (Accessed: 18 November 2022).
3. Duck, J. D. (1993). 'Managing change: The art of balancing', *Harvard Business Review,*

November–December. Available at: https://hbr.org/1993/11/managing-change-the-art-of-balancing (Accessed: 18 November 2022).

Step 5 つながりを築く

1. Dr. Lieberman, M. and Dr. Eisenberger, N. (2008). 'The pains and pleasures of social life: a social cognitive neuroscience approach', *NeuroLeadership Journal*. Available at: https://www.scn.ucla.edu/pdf/Pains&Pleasures(2008).pdf (Accessed: 18 November 2022).
2. Deci, E. L. and Ryan, R. M. (2014). 'Autonomy and need satisfaction in close relationships: Relationships motivation theory'. In N. Weinstein (Ed.), *Human Motivation and Interpersonal Relationships: Theory, Research, and Applications*. Springer Science + Business Media. https://doi.org/10.1007/978-94-017-8542-6_3 (Accessed: 18 November 2022).
3. HermanMiller.com. 'Belonging at work'. Available at: https://www.hermanmiller.com/research/categories/white-papers/belonging-at-work/. ［2022年11月18日現在アクセス不可］
4. Sarasohn, E. (2021). 'Priya Parker on what leaders should consider before bringing teams back together', *Future Forum*, 13 October. Available at: https://futureforum.com/2021/10/13/priya-parker-on-bringing-your-team-back-together/ (Accessed: 18 November 2022).
5. Statista (2020). 'Volume of commercial real estate transactions completed in the United States from 2007 to 2020', 24 June. Available at: https://www.statista.com/statistics/245103/real-estate-capital-flows/ (Accessed: 18 November 2022).
6. Shankman, S. (2020). '5 questions with GitLab's head of remote on business travel', *TripActions*, 16 June. Available at: https://tripactions.com/blog/q-and-a-darren-murph-head-of-remote-at-gitlab (Accessed: 18 November 2022).
7. Foster, W. (2019). 'How to run a company retreat for a remote team', *Zapier*, 1 April. Available at: https://zapier.com/learn/remote-work/how-run-company-retreat-remote-team/ (Accessed: 18 November 2022).
8. Foster, W. (2020). 'How to build culture in a remote team', *Zapier*, 18 March. Available at: https://zapier.com/learn/remote-work/how-build-culture-remote-team/ (Accessed: 18 November 2022).
9. Tippin, M., Kalbach, J. and Chin, D. (2018). 'The definitive guide to facilitating remote workshops', First edition, *MURAL*, June. Available at: https://assets.website-files.com/5ddd9c3f2186308353fe682d/5ea880b8d87d1751adea578b_The Definitive Guide To Facilitating Remote Workshops (V1.5).pdf (Accessed: 18 November 2022).
10. Macnee, D. (2021). 'Building a connected organization', *Future Forum*, 15 June. Available at: https://futureforum.com/2021/06/15/building-a-connected-organization/ (Accessed: 18 November 2022).
11. Macnee, D. (2021). 'Building a connected organization', *Future Forum*, 15 June. Available at: https://futureforum.com/2021/06/15/building-a-connected-organization/ (Accessed: 18 November 2022).
12. Work Life with Adam Grant (2021). 'Taken for granted: Indra Nooyi wants us to Reimagine the return to the office', 26 October.

Step 6 リーダーを教育する

1. Bariso, J. (2018). 'Google spent a decade researching what makes a great boss. It came up

with these 10 things', *Inc.*, 18 July. Available at: https://www.inc.com/justin-bariso/google-spent-a-decade-researching-what-makes-a-great-boss-they-came-up-with-these-10-things.html (Accessed: 18 November 2022).
2. Milner, J. and Milner, T. (2018). 'Most managers don't know how to coach people. But they can learn', *Harvard Business Review,* 14 August. Available at: https://hbr.org/2018/08/most-managers-dont-know-how-to-coach-people-but-they-can-learn (Accessed: 18 November 2022).
3. Edelman (2021). 'Edelman trust barometer 2021'. Available at: https://www.edelman.com/sites/g/files/aatuss191/files/2021-05/2021 Edelman Trust Barometer Spring Update_0.pdf (Accessed: 18 November 2022).
4. Beck, R. and Harter, J. (2015). 'Managers account for 70% of variance in employee engagement', *Gallup Business Journal,* 21 April. Available at: https://news.gallup.com/businessjournal/182792/managers-account-variance-employee-engagement.aspx (Accessed: 18 November 2022).
5. Fayol, H. (2013). *General and Industrial Management.* Mansfield Centre, CT: Martino Fine Books. [アンリ・ファィヨール『産業ならびに一般の管理』(山本安次郎訳、1985年、ダイヤモンド社)]
6. Charterworks.com (2021). 'Interview: Why the best managers ask more questions', 3 October. Available at: https://www.charterworks.com/why-the-best-managers-ask-more-questions/ (Accessed: 18 November 2022).
7. Edmondson, A. C. 'What is Psychological Safety?'. Available at: https://amycedmondson.com/ (Accessed: 18 November 2022).
8. McKinsey & Company (2021). 'Psychological safety and the critical role of leadership development', 11 February. Available at: https://www.mckinsey.com/business-functions/people-and-organizational-performance/our-insights/psychological-safety-and-the-critical-role-of-leadership-development (Accessed: 18 November 2022).
9. Grant, A. (2021). 'Building a culture of learning at work', *Strategy + Business,* 3 February. Available at: https://www.strategy-business.com/article/Building-a-culture-of-learning-at-work (Accessed: 18 November 2022).
10. Atkins, A. (2020). 'A modern leader's guide to organizational transparency', *Slack,* 1 October. Available at: https://slack.com/blog/transformation/a-modern-leaders-guide-to-organizational-transparency (Accessed: 18 November 2022).
11. Kossek, E. E., Barber, A. E. and Winters, D. (1999). 'Using flexible schedules in the managerial world: The power of peers', *Human Resource Management,* 8 March. Available at: https://onlinelibrary.wiley.com/doi/abs/10.1002/(SICI)1099-050X(199921)38:1%3C33::AID-HRM4%3E3.0.CO;2-H (Accessed: 18 November 2022).
12. McGregor, L. and Doshi, N. (2015). 'How company culture shapes employee motivation', *Harvard Business Review,* 25 November. Available at: https://hbr.org/2015/11/how-company-culture-shapes-employee-motivation (Accessed: 18 November 2022). [「従業員のパフォーマンスを左右する6つの動機」https://dhbr.diamond.jp/articles/-/4205]
13. Blackwell, A. G. (2017). 'The curb-cut effect', *Stanford Social Innovation Review,* Winter. Available at: https://ssir.org/articles/entry/the_curb_cut_effect (Accessed: 18 November 2022).
14. Blackwell, A. G. (2020). 'Why the curb-cut effect is key to beating COVID-19', *PolicyLink,*

12, 1 July. Available at: https://www.policylink.org/commentary/curb-cut (Accessed: 18 November 2022).

15. Cross, R., Benson, M., Kostal, J. and Milnor, M. J. (2021). 'Collaboration overload is sinking productivity', *Harvard Business Review*, 7 September. Available at: https://hbr.org/2021/09/collaboration-overload-is-sinking-productivity (Accessed: 18 November 2022). [「非生産的なコラボレーションをどうすれば回避できるのか」 https://dhbr.diamond.jp/articles/-/8588]
16. Stanford VMware Women's Leadership Innovation Lab (2021). 'Fostering inclusive workplaces: The remote work revolution', 12 October.

Step 7 成果に基づき評価する

1. Mortensen, M. and Gardner, H. K. (2021). 'WFH is corroding our trust in each other', *Harvard Business Review*, 10 February. Available at: https://hbr.org/2021/02/wfh-is-corroding-our-trust-in-each-other (Accessed: 18 November 2022). [「在宅勤務で失われた信頼をどうすれば再構築できるのか」 https://dhbr.diamond.jp/articles/-/7534]
2. Mortensen, M. and Gardner, H. K. (2021). 'WFH is corroding our trust in each other', *Harvard Business Review*, 10 February. Available at: https://hbr.org/2021/02/wfh-is-corroding-our-trust-in-each-other (Accessed: 18 November 2022).
3. Price, D. (2021). 'It's time to stop measuring productivity', Work Life, *Atlassian*, 10 August. Available at: https://www.atlassian.com/blog/productivity/the-problem-with-productivity-metrics (Accessed: 18 November 2022).
4. Kantor, B. (2018). 'The RACI matrix: Your blueprint for project success', *CIO*, 30 January. Available at: https://www.cio.com/article/2395825/project-management-how-to-design-a-successful-raci-project-plan.html (Accessed: 18 November 2022).
5. Gallup (2020). 'State of the American workplace report', 6 February. Available at: https://www.gallup.com/workplace/285818/state-american-workplace-report.aspx (Accessed: 18 November 2022).
6. Gallup (2017). 'State of the American workplace report'. Available at: https://qualityincentivecompany.com/wp-content/uploads/2017/02/SOAW-2017.pdf (Accessed: 18 November 2022).
7. Morgan, B. (2018). 'The un-ignorable link between employee experience and customer experience', *Forbes*, 23 February. Available at: https://www.forbes.com/sites/blakemorgan/2018/02/23/the-un-ignorable-link-between-employee-experience-and-customer-experience/?sh=36a349b848dc (Accessed: 18 November 2022).
8. Judd, S., O'Rourke, E. and Grant, A. (2018). 'Employee surveys are still one of the best ways to measure engagement', *Harvard Business Review*, 14 March. Available at: https://hbr.org/2018/03/employee-surveys-are-still-one-of-the-best-ways-to-measure-engagement (Accessed: 18 November 2022).

未来の働き方ツールキット

1. Sarasohn, E. (2021). 'Priya Parker on what leaders should consider before bringing teams back together', *Future Forum*, 13 October. Available at: https://futureforum.com/2021/10/13/priya-parker-on-bringing-your-team-back-together/ (Accessed: 18 November 2022).

本書内容に関するお問い合わせについて

このたびは翔泳社の書籍をお買い上げいただき、誠にありがとうございます。弊社では、読者の皆様からのお問い合わせに適切に対応させていただくため、以下のガイドラインへのご協力をお願いいたしております。下記項目をお読みいただき、手順に従ってお問い合わせください。

■ご質問される前に

弊社Webサイトの「正誤表」をご参照ください。これまでに判明した正誤や追加情報を掲載しています。

正誤表　https://www.shoeisha.co.jp/book/errata/

■ご質問方法

弊社Webサイトの「刊行物Q&A」をご利用ください。

刊行物Q&A　https://www.shoeisha.co.jp/book/qa/

インターネットをご利用でない場合は、FAXまたは郵便にて、下記"翔泳社 愛読者サービスセンター"までお問い合わせください。電話でのご質問は、お受けしておりません。

■回答について

回答は、ご質問いただいた手段によってご返事申し上げます。ご質問の内容によっては、回答に数日ないしはそれ以上の期間を要する場合があります。

■ご質問に際してのご注意

本書の対象を超えるもの、記述個所を特定されないもの、また読者固有の環境に起因するご質問等にはお答えできませんので、あらかじめご了承ください。

■郵便物送付先およびFAX番号

送付先住所 〒160-0006　東京都新宿区舟町5

FAX番号 03-5362-3818

宛先 (株)翔泳社 愛読者サービスセンター

※本書に記載されたURL等は予告なく変更される場合があります。

※本書の出版にあたっては正確な記述につとめましたが、著者や出版社などのいずれも、本書の内容に対してなんらかの保証をするものではなく、内容やサンプルに基づくいかなる運用結果に関してもいっさいの責任を負いません。

〈訳者紹介〉

山本真麻 Maasa Yamamoto

英米文学専攻卒業後、電機メーカー勤務を経て翻訳者に。訳書に『クソみたいな仕事から抜け出す49の秘訣』（双葉社）、『それはデートでもトキメキでもセックスでもない』（イースト・プレス）、『世界標準のデータ戦略完全ガイド』（翔泳社）などがある。

ブックデザイン　小口翔平＋阿部早紀子＋嵩あかり（tobufune）
DTP　BUCH⁺

Slack《スラック》が見《み》つけた 未来《みらい》の働《はたら》き方《かた》

いつ、どこで働いても
全員が成果を出せる組織づくりのすべて

2023年1月20日　初版第1刷発行

著者　ブライアン・エリオット
　　　シーラ・スブラマニアン
　　　ヘレン・カップ
訳者　山本真麻《やまもとまあさ》
発行人　佐々木 幹夫
発行所　株式会社 翔泳社（https://www.shoeisha.co.jp）
印刷・製本　株式会社 広済堂ネクスト

ISBN 978-4-7981-7743-4　　Printed in Japan